国际经济学评论

International Economics Review

2008 年第二辑（总第二辑）

佟家栋 海 闻 主编

中国财政经济出版社

图书在版编目（CIP）数据

国际经济学评论.2008年.第二辑：总第二辑/佟家栋，海闻主编.—北京：中国财政经济出版社，2008.11
ISBN 978-7-5095-1975-2

Ⅰ.国… Ⅱ.①佟…②海… Ⅲ.国际经济学-文集 Ⅳ.F11-0

中国版本图书馆CIP数据核字（2010）第009777号

责任编辑：张　军　　　责任校对：黄亚青
封面设计：水平面　　　版式设计：汤广才

中国财政经济出版社出版
URL：http：//www.cfeph.cn
E-mail：cfeph @ cfeph.cn
（版权所有　翻印必究）
社址：北京市海淀区阜成路甲28号　邮政编码：100142
发行处电话：88190406　财经书店电话：64033436
北京财经印刷厂印刷　各地新华书店经销
787×1092毫米　16开　11.75印张　284 000字
2008年11月第1版　2008年11月北京第1次印刷
定价：25.00元
ISBN 978-7-5095-1975-2/F·1953
（图书出现印装问题，本社负责调换）
本社质量投诉电话：010-88190744

编委会名单

顾　　问：熊性美　薛敬孝
主　　编：佟家栋　海　闻
编委会成员：冼国明　马君潞　宫占奎　刘秉镰
　　　　　　戴金平　高乐咏　黄兆基　李坤望
　　　　　　盛　斌　李荣林　朱　彤　蒋殿春
　　　　　　张伯伟　周　申　李长英　尹翔硕
秘　　书：苑　涛　包　群

目 录

国际贸易理论与政策

入世后中国快递业制度变迁中的成本驱动分析 …………… 赵春明 殷 彪（3）
中国劳动力市场一体化与经济开放的作用 ………………… 周 申 易 苗（19）
产品内国际分工与中国工业的产业升级 …………………… 胡昭玲 陈鸳鸯（41）
中国对外贸易扩张：特点、成因及影响 …………… 苑 涛 张林霞 王孝松（52）
服务贸易、货物贸易和劳动生产率变动：理论和实证
　　——基于李嘉图连续统模型的贸易差额分析 ………… 周 燕 黄建忠（63）
贸易政策选择的经济发展阶段思考 ………………………………… 曹吉云（77）
金融市场发展与贸易竞争力：基于中国各行业的面板数据分析 …… 齐俊妍（93）
东亚生产者服务贸易结构变迁研究
　　——基于"雁阵"模式的实证分析 …………………………… 王荣艳（108）

区域经济一体化、汇率与国际直接投资

自由贸易协定的生产和福利效应：基于自由资本模型的分析
　　………………………………………………………… 李荣林 于明言（127）
新兴市场经济体的汇率制度选择、名义冲击与经济增长
　　——一个基于金融约束临界特征的微观解释 ………… 刘 程 佟家栋（138）
知识产权保护对我国外商直接投资的影响研究 ……… 许和连 柒江艺 赖明勇（157）
"挤入效应"与FDI在中国的区位分布 …………………………………… 高 越（171）

国际贸易理论与政策

国际经济学评论
International Economics Review

入世后中国快递业制度变迁中的成本驱动分析

赵春明　殷　彪[①]

> **摘要**：本文的研究对象是中国快递业的制度变迁，在制度经济学的分析框架中引入产业组织理论的思想，构建模型分析了中国快递业制度变迁的关键性解释变量，并在非纵向一体化模型的基础上引入新的变量，解释了入世后中国快递业市场呈现"三足鼎立"新格局的原因。本文通过证明逻辑上依次展开的四个命题，给中国快递业制度变迁的过程予以理论解释，并且通过相关的数据和案例对理论模型进行论证。最后，本文得出结论认为：在中国快递业制度变迁和市场化进程的过程中，除了WTO营造公平竞争的市场环境外，成本驱动成为制度变迁的主要因素，以此提高了非国有企业和国有企业增长率之间的差距。因此，WTO为中国快递业市场制度变迁提供了外部保障，而成本驱动为增强市场开放的内生动力提供了支持。
>
> **关键词**：WTO　中国快递业　制度变迁　成本驱动

一、引　言

中国在WTO协议中对原本包含在国内邮政业中的快递业作出了相关承诺，这对我

[①] 赵春明、殷彪，北京师范大学经济与工商管理学院，电子邮件：cmzhao@bnu.edu.cn。

国快递业产生了全方位的影响。快递业是中国的新兴行业，也是增长最为迅速的行业之一。进入21世纪以来，快递业的增长率保持在30%以上，特别是2001年中国加入WTO后，市场扩张更加明显。2006年，中国快递业继续以超过25%的速度快速增长[1]，这是服务业中的其他行业不可比拟的。因此，本文选取中国经济中至关重要的快递业作为研究对象，这对于说明WTO对中国快递行业制度变迁及市场化进程的影响具有典型意义，对解释服务业中其他类似行业的制度变迁过程也具有普遍意义。

中国加入WTO前后，人们普遍对市场开放具有忧患意识，往往担心国有企业和民营企业会被强势的外资企业冲垮。加入WTO前夕，学术界有大量文献对快递业的命运表示担忧，最乐观的观点也是"有利有弊"（袁芳，2000；董阎礼，2001；王世春，2001）；对快递业有相关预测的文献都表明，入世将对中国快递业产生直接或间接的冲击，但对于民营快递何去何从的问题尚存争论。

比较乐观的预测认为，外资的大量投入将推动我国服务业迅速成长。入世后，我国服务业不同行业受冲击的程度大致可分为"大、中、小"三级，其中，邮政业受直接冲击较小，但有间接影响（李江帆，2000）。李善同等人（2000）就中国入世对中国经济的影响进行了一般均衡分析，认为中国入世对服务贸易的影响比人们预期的要小，但对快递业没有进行专门的论述。

另一方的观点着重于中国入世带来的冲击，认为即使中国加入WTO，国有企业能够依靠各种政策优势很好地"存活"（田春生，2000），而民营企业很有可能被迫退出市场。就我国快递业来说，传统的商业界限在WTO下将被冲破，各种分销业和辅助分销业的市场准入将全面开放，包含其中的快递业也将受到冲击（徐从才，2001）。

市场的开放对民营企业和国有企业是否产生同样的作用，就此问题存在两种不同的观点，导致各自结论的不一致。一方认为，如果竞争能够很好地发挥作用，国有企业通过竞争仍然可以保持效率（Jackson和Price，1994）[2]，这类观点流行于早些年间私有化的反对派（Caves & Christensen, 1980）[3]。另一方则认为，国有企业在激烈竞争中没有内生动力去提高效率，日本学者Mizutani和Uranishi（2003）[4]通过对日本邮政的案例研究发现，市场开放仅对提高民营企业的生产率和降低经营成本有作用，而对国有企业无效。

在国内，民营快递受中国邮政监管并与其直接竞争，如果民营快递的增长率总大于

---

[1] 中国快递市场发展研究课题组：《中国快递市场发展研究报告》，中国经济出版社2006年版，第5~7页。

[2] Jackson, P. M., and C. Price. 1994, *Privatization and Regulation: A Review of the Issue.*, Privatization and Regulation, 1 – 34, edited by Peter M. Jackson and Catherine M. Price, Harlow, U.K.: Longman.

[3] 例如Caves和Christensen（1980）分析了加拿大铁路私营和国有企业的TFP之后得出没有区别的结论。

[4] Fumitoshi Mizutani & Shuji Uranish, *The Post Office vs. Parcel Delivery Companies: Competition Effects on Costs and Productivity*, Journal of Regulatory Economic; 23: 3 299 – 319, Kluwer Academic Publishers, Manufactured in The Netherland, 2003.

中国邮政,那么民营企业将有机会突破制度"瓶颈"得以不断发展。樊纲(2000)构建的体制转轨动态模型从宏观经济制度变迁的角度论证了该命题,虽然该模型没有涉及某个具体的产业,但也对这个命题进行了有力的佐证。

中国加入WTO后,快递业市场上的民营快递并没有被外资快递冲垮,因此我们有理由认为这是政府的开放策略对快递业形成制度保护的正外部性。中央政府对服务业开放的基本构思是采取循序渐进的方式,实现有秩序的市场竞争(盛斌,2002)。

Myron A. Brilliant 和 Jeremie Waterman(2003,2004)① 在连续两年关于中国入世的美国商会报告中都特别针对中国快递行业进行了分析。他们认为,新的邮政立法应该反映中国加入WTO的承诺,不能允许中国邮政将现有的垄断延伸到新的领域。他们建议"邮政专营"的范围应该从350克下降到250克再到150克。这与Sokol(2003)的建议类似,而且与中国邮政法草案的变化趋势一致。

综上所述,后WTO时代的中国快递业现状与入世前业界和学术界的普遍担忧形成悖论,而目前就WTO与中国快递业制度变迁的理论分析尚处于初期,因此WTO对中国快递业发展产生的影响以及民营快递崛起的深层次原因有待研究。

二、中国快递业发展概述

到目前为止,中国快递业的发展历程大致可以归纳为以下三个阶段:

1. 20世纪80年代初到90年代后期。这是中国快递业的起步时期。这个时期,中国邮政EMS几乎垄断整个中国快递业市场,包括国际快递、城际快递和同城快递市场,并在相当长的一段时期保持50%以上的市场份额②。此时,由于政策壁垒高筑,外资快递几乎被排除在市场之外,仅能以合资、合作的方式参与市场。随着改革开放不断深化,民营快递逐渐进入中国快递业市场,并成为中国快递业制度变迁的导火索。

2. 20世纪90年代后期到入世保护期结束前。随着民营快递大量进入市场③,与中国邮政发生的摩擦越来越多,而此时的外资快递在国门外守候,待中国加入WTO后立即进入④。中国的入世承诺和WTO协议增强了外资快递和民营快递的博弈能力,逐渐

---

① China's WTO Implementation: A Three-Year Assessment. Report Prepared by: Myron A. Brilliant (Vice President, East Asia) and Jeremie Waterman (Director, Northeast Asia). U. S. Chamber of Commerce, September, 2004.
② 中国快递市场发展研究课题组:《中国快递业市场发展研究报告》,中国经济出版社2006年版,第6页。
③ 目前已经占整个市场份额的75%以上。资料来源同上。
④ 目前中国邮政EMS的国际快递业务已经从90年代初的80%下降到不足20%,大量市场被国际速递占领。资料来源同上。

撬开了"邮政专营"的制度枷锁。

中国入世后初期，500克"邮政专营"的范围一度成为民营快递不可逾越的壁垒，中国快递业市场经历了漫长的开放历程，但最终随着保护期的结束，带来更多的外资进入，这个壁垒不断降低①。

3. 入世保护期结束至今。无论在保护期内还是之后，民营快递始终没有被管理完善、实力雄厚的外资快递挤出市场，却占领了75%以上的同城快递市场，并涉足城际快递和国际快递。然而，保护期结束后，中国快递业市场上的外资企业完全摆脱了束缚，以更快的速度占领市场，存在民营快递被外资并购的趋势，本文暂且不涉及该问题的探讨。

综上所述，中国加入WTO开启了快递业市场通往自由竞争的大门。下面，本文试图对这个制度变迁过程予以理论解释。

三、中国快递业制度变迁的内因和外因

本文试图将制度变迁的分析框架与产业组织理论中的某些思想结合起来，通过证明逻辑上依次展开的四个命题，对中国快递制度变迁的过程和市场新格局予以相应的理论解释。

（一）中国快递业制度变迁的内生动力

命题一：中国快递业制度变迁的原动力是国有企业和非国有企业间增长率的差异。

本文认为，快递行业制度变迁直接的内生动力是企业不同的增长率，体制转轨动态模型（樊纲，2000）初步论证了该结论，在此基础上，本文进一步讨论增长率不同的原因。入世前中国快递业制度变迁具有内生动力，这也是使得民营企业不惜代价触犯"邮政专营"②的根本原因。

我们首先作如下假设：

1. 部分垄断市场假设。在这种情况下，国有企业被称为"支配性主导企业"，新进入的企业被称为"竞争性周边企业"（William et al, 1998）③，这种市场被称为"部分

---

① 目前"邮政专营"的范围已经下降为150克。
② 这也是《邮政法》改革中非邮政企业与邮政企业据理力争的关键所在。
③ Hallagan, William and J. Zhang, 1998, *Growth in Industrial Output in Post-reform China: Dual Pricing and Competitive Fringe*, 1998, East Asian Review, no. 2 (March), 1–17.

垄断市场",即该市场已不完全是垄断市场,但也不是完全竞争市场①。

2. 在加入WTO前,快递业虽然被中国邮政垄断,但是市场中存在两类企业②,即国有企业(S)和民营企业(P),它们各自所占的比重不同。

3. 假设国有企业③被要求覆盖农村(r)和城市(u)全部市场,因此其均衡产量为x_s^r,x_s^u,均衡价格为p_s^r,p_s^u,在农村和城市的经营成本分别为c_s^r,c_s^u,且$c_s^r > c_s^u$;而民营企业可以任意选择,因此一般选择经济发达的城市(u)覆盖寄递网络,其均衡产值为x_p^u,均衡价格为p_p^u,且$p_s^r > p_s^u > p_p^u$④,成本为c_p^u,且$c_s^r > c_s^u > c_p^u$。

4. 这里用J_0表示中国邮政产量与民营快递和外资快递产量之比,下标0表示中国加入WTO之前的状态。J_0越大,表示国有快递所占的产值比重越大,快递业的垄断程度越高,反之亦然。因为动态地看,体制转轨根本问题就是非国有经济比重的不断提高和经济所有制结构的转变(樊纲,2000)。

因此,我们定义:

$$J_0 = \frac{p_s^r x_s^r + p_p^u x_p^u}{p_p^u x_p^u}, J_0 > 0$$

假设中国邮政产值的增长率为r_{s0},民营企业产值的增长率为r_{p0}。体制改革的原因是旧体制的效率较低而新体制的效率较高,因此可以假定效率的差别将长期内体现在各部门的增长率的差别上(樊纲,2000)。但是,为什么两者的增长率存在差异,原模型并没有给予具体的解释。

为了深入分析这种差异,我们定义$r = \left(\frac{\dot{px}}{c}\right)$,则国有企业的增长率为$r_s = \left(\frac{p_s^r \dot{x}_s^r + p_s^u \dot{x}_s^u}{c_s^r + c_s^u}\right)$,即$r_s = (p_s^r \dot{x}_s^r + p_s^u \dot{x}_s^u) - (\dot{c}_s^r + \dot{c}_s^u)$;民营企业的增长率为$r_p = \left(\frac{p_p^u \dot{x}_p^u}{c_p^u}\right)$,即$r_p = (p_p^u \dot{x}_p^u) - (\dot{c}_p^u)$。我们可以将$r$类似地看做是全要素生产率(TFP)的增长率。有学者将TFP分解为三个方面:非边际成本定价效应、规模报酬非连续效应和技术效应(Denny et al, 1981, Nadiri and Schankerman, 1981)。一些学者在这些上述研究的基础上,进一步考虑诸如竞争、私有化和放松管制等制度变迁因素(Kwoka, 1993; Oniki et al, 1993, 1994)。根据上述思想,我们将成本函数的影响因素进一步分解为:

$C = f(x, w, R)$

---

① 该市场中各企业的成本收益函数将在后文中阐述。
② 跨国公司由于政策壁垒基本被排除在外。
③ 这里假设中外运、民航快递和中铁快递的寄递网络覆盖中国所有地区,或者其可以趋于0的成本租用中国邮政的网络。
④ 由于受到"普遍服务"的约束,可能的实际情况是$p_s^r = p_s^u > p_p^u$。

式中，x 为产量；w 为投入要素的价格；R 为制度因素，即政府放松管制、中国加入 WTO 等。

在中国加入 WTO 的情况下，国内外贸易将更加迅猛增长，尤其是"长三角"和"珠三角"地区的贸易量将与日俱增。因此就这个方面来说，相对于中国邮政 EMS 而言，中国入世对民营快递无疑是"利好"政策。受"利好"制度影响，成本将随着时间的变化不断降低，即 $\frac{\partial c_p^u}{\partial t} < 0$；而对于国有企业来说，新的制度安排将使其失去垄断地位（这无疑是负面影响），因此其成本相对于民营企业来说反而上升了。而且，不受"普遍服务"约束的民营快递业选择网络定位的成本将远远小于中国邮政①，两者运营成本之间的差距也会增大。从制度的角度来说，宏观制度正逐渐向着市场开放的有利方向发展：一方面，中国加入 WTO 这个外生制度冲击给民营快递创造了更开放的市场环境和更多的市场；另一方面，从客观上来说，这种制度设计帮助民营企业与国有企业拉开了经营成本之间的差距，制度的作用便内生化了。

因此，随着市场的开放，民营企业的增长率将大于国有企业，我们假设这个时点为 i，即 $r_{pi} > r_{si}$。

假设从 i 期开始，在 t 时期快递业市场的状态为：

$$J_t = \frac{p_s^r x_s^r + p_p^u x_p^u}{p_p^u x_p^u} \left| \frac{1+r_{si}}{1+r_{pi}} \right|^t$$

不难证明，$\frac{\partial J_t}{\partial t} < 0$。这表示随着中国加入 WTO，中国邮政的产值比重在降低，快递市场的竞争程度和开放程度可以得到提高。显而易见，$\frac{\partial J_t}{\partial t}$ 的绝对值越大，中国邮政的产值比重下降得越快，快递业市场的开放速度就越快。中国快递业市场开放的过程如此迅速，从20世纪八九十年代的垄断和缺乏竞争到如今民营企业遍地开花，WTO 对宏观政策和微观个体的影响都是关键性的因素。

最后，对 J_t 取极限可得：

$$\lim_{t \to \infty} J_t = \lim_{t \to \infty} \frac{p_s^r x_s^r + p_p^u x_p^u}{p_p^u x_p^u} \left| \frac{1+r_{si}}{1+r_{pi}} \right|^t = 0, \quad r_{pi} > r_{si}$$

$\lim_{t \to \infty} J_t = 0$ 表明，如果民营企业的增长率高于国有企业，那么市场开放的制度变迁过程是具有内生动力的。

从1995年起，EMS 营业额的年增长率只有2%，而其市场份额也在以每年4%的速度衰退。同一时期，民营快递和 FedEx、UPS 等国际速递巨头的营业额增长却保持在

---

① 如果中国邮政对城市市场增加网点，后面将证明这未必是更有效率的。

20% 以上。这便可以解释为什么在中国加入 WTO 之前，快递业市场中就已经存在一些民营企业，同时这与我们"竞争性周边企业"的假定一致。再者，中国加入 WTO 前后，EMS 在国内的市场份额已由最高峰时的近 97% 跌至目前的 40% 左右，也就是说，此时民营快递在国内的市场份额已经超过一半。上述数据①证实了当企业之间增长率差异带来的制度变迁，可见增长率差异越大，制度变迁的过程越快。

通过在体制转轨动态模型的基础上构建新的模型以及对增长率差异的深入分析，命题一得以证明，这成为我们逻辑的起点。进而，我们将通过证明命题二和命题三给出中国快递业制度变迁的充要条件。

（二）中国快递业制度变迁的外部保障

中国快递业的发展历程并非一帆风顺。随着该市场逐步开放，原本由中国邮政垄断的市场现在逐渐被外资企业和民营企业瓜分，再加上中国邮政将逐步与政府分离，中国邮政在我国加入 WTO 前后采取了一系列措施来维持自己的垄断地位。

在这部分中，笔者沿袭制度变迁理论的分析框架（North，1971），并引入产业组织理论的思想，以简单的古诺模型（Cournot，1983）为基础，构建简单博弈模型来解释第二个和第三个命题。

命题二：入世是中国快递业制度变迁的必要条件。

由于现在讨论的仍然是中国加入 WTO 初期，因此包括"部分垄断市场"在内的上述假设依然成立。加入 WTO 初期，中国的快递业市场相对垄断，假设 n 为经营者的总数目，每一个厂商需求和成本函数均为：

$$p = a - b\left(\sum_{j=1}^{n} q_j\right), \quad C(q_j) = c' + cq_j$$

其中，$a > 0$，$b > 0$，$c' > 0$，$c > 0$，所有厂商之间展开古诺博弈。

这里需要强调：首先，c' 表示消费者消费单位快递服务承担的除了 c 以外的成本，是由普遍服务带来的固定成本（C'）的单位分摊；其次，我们可以将 c' 看做是国有企业为了开展普遍服务特有的成本，不管消费者是否消费"农村快递业商品"，c' 都要发生。

根据上述假设，我们可以得到企业 j 的利润函数为：

$$\pi_j = q_j\left(a - b\sum_{k=1}^{n} q_k\right) - (c' + cq_j)$$

根据利润最大化条件，解得每个企业的均衡产量为：

$$q_j^* = \frac{(a-c)}{(n+1)b}$$

---

① 中国快递市场发展研究课题组：《中国快递业市场发展研究报告》，中国经济出版社 2006 年版。

获得的利润为:$\pi_j = \frac{(a-c)^2}{b(n+1)^2} - c^r$,且 $\pi_j > 0$

假设 m 为加入 WTO 初期快递业市场上现存企业的数目①。下面我们分析，入世之后民营快递和外资快递能否合法进入中国邮政所谓"邮政专营"领域②的市场的可能性。

若第 $(m+1)$ 家非国有企业进入市场，则作为原有垄断者的国有企业（主要为中国邮政 EMS）的机会损失为：

$$c_m = m\left[\left(\frac{(a-c)^2}{b(m+1)^2} - c^r\right) - \left(\frac{(a-c)^2}{b(m+2)^2} - c^r\right)\right] = \frac{(a-c)^2}{b} \frac{m(2m+3)}{(m+1)^2(m+2)^2}$$

$(m \in N)$

若有第 $(m+1)$ 个企业合法进入市场，则其潜在利润为：

$$\pi_{m+1} = \frac{(a-c)^2}{b[(m+1)+1]^2} - c^r = \frac{(a-c)^2}{b(m+2)^2} - c^r$$

中国邮政在快递市场上的双重身份，增大了其"寻租"行为的可能性③。在快递业改革的市场化进程中，监管者一再要求外资快递进行登记（国邮联 64 号、472 号和 629 号文件）以及在《邮政法》修改稿草案第一稿中就曾出现的"普遍服务基金"④ 等，说明中国邮政这种利益转嫁需求的存在。因此我们认为，若 $\pi_{m+1} - c_m > 0$，则中国邮政允许外资企业和民营企业合法经营本属于"邮政专营"范围内的部分业务。换句话说，如果管制者从民营快递手中可以获得的收益大于垄断的内部化收益，在利益最大化的驱动下，中国邮政将允许外资快递和民营快递进入"邮政专营"市场。

令 $\pi_{m+1} - c_m > 0$，即 $m^2 + m - 1 + \frac{bc^r(m+1)^2(m+2)^2}{(a-c)^2} < 0$，无论 m 取何值，该不等式无解。这表明，无论市上已经存在多少家企业，即使上述制度变迁的内生动力存在，也将出现制度锁定现象⑤，从而整个快递产业被锁定在一种制度非均衡状态，却又无法内生地得到解决，命题二得以证明。

---

① 这其中包括了上述四大国有企业和非国有企业。其中，非国有企业中的外商合资企业以合资的方式进入市场，而民营企业由于"竞争性周边"的假定，其价格和利润的约束条件为 $p_p^u = c_p + c_p^u \Rightarrow \pi_p = 0$。
② 这里假设邮政专营的范围按照重量划分，即 $0 \sim 500g$。
③ 管制俘虏理论（Stigler, 1971, Peltzman, 1976）可以解释上述问题的部分原因，但这并不是本文要研究的重点。
④ 从 2002 年《邮政法》修改稿草案第一稿到 2004 年第六稿中，中国邮政提出"经许可从事信件速递业务的其他企业，应当按照国家规定缴纳一定的费用，作为邮政普遍服务基金，用于支持边远、农村和西部地区邮政设施建设"，但该提议在随后的草案中被弱化。
⑤ 所谓"制度锁定"，是指一方面，对消费者、民营快递有利的新制度即市场准入制度无法得到供给，存在制度供给不足；另一方面，一些无效的、陈旧的制度，即维护垄断经营的规则迟迟不能被修改，形成制度的供给过剩。

面对"制度锁定"（472 号文件中的第二个"60 天大限"），非邮政企业也采取了相应的行动①，但出人意料的是，DHL、FedEx、UPS、TNT 等跨国快递巨头于 2002 年 11 月 5 日分别与国家邮政局办理了委托手续，四大外资巨头最终与邮政总局达成协议，他们选择了妥协。可惜的是，本文作者在对 CAPEC 采访中并没有了解到妥协的真正原因，我们的解释是：此时中国加入 WTO 不久，民营企业仍然处于发展期，博弈能力尚弱。再者，此时的快递业处于保护期，外资只能以合资的方式进入市场，进入的外资冲击强度还远远不够。

根据上述分析，在中国加入 WTO 之前的初始条件下，无论起始垄断厂商规模多大，针对非邮政企业的市场准入制度供给始终无法实现，制度变迁虽然有内生动力，但是不能继续进行以致最后完成。打破制度封锁、突破制度"瓶颈"无法在"部分垄断市场"的假设中实现，我们希望引入更强的外生冲击（即中国加入 WTO 后大量外资进入中国这一外生制度冲击的变量），来分析中国入世对于快递业市场开放的作用。

命题三：中国快递业市场彻底开放的充分条件是外资冲击达到一定的强度。

首先我们作如下假设：

1. 中国加入 WTO 以后，跨国快递公司根据 WTO 协议和我国入世时在 GATS 中的承诺，在保护期结束后可以完全自由地进入市场；

2. 获得监管者批准，合法进入市场的民营快递和外资快递数量分别为 x_p 和 x_f；

3. 外企进入后总的厂商数量变为 $n(n > m)$。

要使监管者允许民营企业合法进入市场，即中国邮政降低"邮政专营"的范围的条件同上，即：

$$\pi_{n+1} - c_n = \frac{(a-c)^2}{b(n+2)^2} - c^r - \frac{(a-c)^2}{b} \frac{m(2n+3)}{(n+1)^2(n+2)^2} > 0 \qquad (n \in N)$$

令 $d = \frac{b(n+1)^2(n+2)^2}{(a-c)^2} c^r$

解上述不等式并舍去不合理的根，有：$x_p + x_f > \sqrt{m^2 + m + d} - 1$ $(x_p, x_f \in N)$。在此条件下，对于给定的 m，x_p 和 x_f 值，第 $(n+1)$ 家非邮政企业被准入。这样，民营快递始终被排除在邮政专营之外的路径依赖终于得到解决，制度的"瓶颈"终于被打破。当然，外资冲击需要达到或超过一定强度，即满足：$x_f > \sqrt{m^2 + m + d} - 1 - x_p$，否则将导致制度变迁过程不能顺利进行。

通过计算很容易得到：由于我们引入了由"普遍服务"带来的固定成本 c^r，使得

---

① 2002 年 10 月下旬，一些美国企业（FedEx 和 UPS 等）曾通过游说白宫官员，使快递行业问题在中美两国领导人的德克萨斯州会晤中被提到，试图间接游说中国政府。2002 年 10 月 10 日，亚太速递协会（CAPEC）陈嘉良表示拒绝接受 472 号文件，如果不取消"60 天大限"，外资快递企业将减少对中国的投资，同时将诉诸 WTO 解决这一争端。

我们需要引入更多的外资才能解决制度锁定的问题①。因此，我们认为如果由普遍服务带来的固定成本很高，那么中国邮政的垄断意愿就越强，市场开放就越不容易。如果此时民营企业和外资企业占有绝大多数市场，并且提供的快递产品价格足够低，那么中国邮政往往难以达到盈亏平衡点，一般通过提高普遍服务的价格——邮票来弥补普遍服务的成本和在快递业市场上的损失。这也可以部分解释为什么邮政市场开放后，中国邮政EMS服务价格下降而邮资反而上涨的现象。

（三）后WTO时代中国快递业的市场新格局

1. 后WTO时代的中国快递业市场。中国快递市场的公平竞争机制已经初步形成，市场呈现出民营快递、中国邮政、外资快递分别占领同城快递、城际快递和国际快递市场的"三足鼎立"格局。

目前，我国从事快递业的民营企业上万家，从业人员多达100万人，年营业规模在100亿元以上②。民营快递公司主要分布在以上海、广州和深圳、北京为核心的长江三角洲、珠江三角洲和环渤海经济圈，以珠三角的顺丰速运和长三角的申通快递为代表。

以UPS、FedEx、DHL和TNT四大跨国快递公司为代表的外资企业，2000—2004年间的中国市场业务平均增长率约为50%，目前占有中国国际快递市场中的主要份额高达70%以上，而同城快递和城际快递业务相对较少。这四家跨国公司每年的业务量总和约50亿美元，占世界市场的85%③。

中国邮政一度垄断了中国快递业国际快递、城际快递和同城快递三大市场，但其国际快递的市场份额已经从20世纪90年代初的80%下降到不足20%。中国邮政80%以上的快递业务是城际快递业务，然而也从97%下跌到如今的40%以下④。

国家邮政局《全国首次快递服务统计调查结果分析》⑤ 中对2006年的快递市场进行了统计：2006年国有、民营、外资快递企业分别实现快递业务收入148.4亿元、52.4亿元、98.8亿元，分别占快递业务总收入的49.5%、17.5%、33%。同年，国有、民营、外资快递企业分别完成业务量61927.5万件、28571.8万件、15493.6万件，分别占总业务量的58.4%、27%、14.6%。同期，国有快递企业的国内异地快递业务

---

① 如果不引入 c^r，则只需满足 $x_f > \sqrt{m(m+1)} - 1 - x_p$。
② 数据来源：中国快递市场发展研究课题组：《中国快递业市场发展研究报告》，中国经济出版社2006年版，第114页。
③ 数据来源：中国快递市场发展研究课题组：《中国快递业市场发展研究报告》，中国经济出版社2006年版，第114页。
④ 数据来源：中国快递市场发展研究课题组：《中国快递业市场发展研究报告》，中国经济出版社2006年版，第114页。
⑤ 资料来源：国家邮政局网站，http://www.chinapost.gov.cn/folder7/folder31/2007/07/2007-07-24173.html，2008年3月18日。

收入占该板块快递业务总份额的 64.1%，民营快递企业的国内同城快递业务收入迅速增长，较 2005 年实现了 54.4% 的增幅，同城快递业务份额提升了 6.8 个百分点。在国际快递业务方面，2006 年外资企业占该板块业务总收入的 60.1%。

最后，本文关注后 WTO 时代的中国快递业呈现如此格局的原因，于是我们提出如下命题：

命题四：优质的服务和低廉的成本是企业瓜分中国快递业市场的核心竞争力。

2. 后 WTO 时代中国快递业市场新格局的成因分析。为了证明上述命题，本文引入产业组织理论中的非纵向一体化模型（Tirole，1997）。便于分析，我们首先要对其基本模型作一个简单的介绍，并作如下假设：

（1）每一个消费者消费或者不消费一种"快递产品"。
（2）这种快递产品的服务质量用 S 表示。
（3）当市场内出现同种类型的快递产品、但是质量不同时，我们认为它们是不同的快递产品，即不同质。
（4）消费者的偏好函数如下：

$$U = \begin{cases} \theta s - p & \text{如果使用具有质量 } s \text{ 价格为 } p \text{ 的快递} \\ 0 & \text{如果不使用} \end{cases}$$

U 是 θs 与 p 之间的差，表示消费者消费该快递服务而产生的消费者剩余。s 表示该商品的质量。θ 表示消费者的偏好函数，即给定价格，所有的消费者都喜欢更高质量的快递，如揽货速度快、运送速度快、查询方便等。同时，具有越大 θ 的消费者更愿意为获得更高的服务质量而付费。

（5）假设消费者偏好同上，对质量的喜好参数 θ 均匀分布在 $\underline{\theta} \geq 0$ 和 $\bar{\theta} = \underline{\theta} + 1$ 之间的消费人口中，其密度为 1。在区间 $[0, +\infty]$ 中有累计分布函数 $F(\theta)$，其中 $F(0) = 0$，$F(+\infty) = 1$。该累计分布函数是偏好参数小于 θ 的消费者的比例。

对于高质量和低质量产品的需求函数分别为（其中 $\Delta s \equiv s_2 - s_1$）：

$$D_1(p_1, p_2) = \frac{p_2 - p_1}{\Delta s} - \underline{\theta}$$

$$D_2(p_1, p_2) = \bar{\theta} - \frac{p_2 - p_1}{\Delta s}$$

假设快递业市场有两个提供不同质量产品的企业：提供低质量产品的企业和提供较高质量产品的企业。两类企业提供的两种产品质量分别为 s_1 和 s_2 且 $s_1 < s_2$。这里假设成本不同，分别为 c_1 和 c_2，且 $c_1 > c_2$，$\Delta c = c_1 - c_2 > 0$。

博弈的纳什均衡是每个企业 i 选择 p_i 最大化 $(p_i - c_i)D_i(p_i, p_j)$，则两个企业市场份额的均衡解为 d_2^*, d_1^*，由于我们假设 $c_1 > c_2$，因此 $d_2^* > d_1^*$；同样，两个企业的均衡利润分别为 π_1^*, π_2^*，同理，$\pi_2^* > \pi_1^*$。

与第一个命题中的假设类似，这里我们认为 c_1 是中国邮政为了开展普遍服务负担的总成本，而 c_2 则是民营快递或者外资快递在经济发达地区经营快递业务的成本，显然前者要大于后者。并且，由于我们假设 $s_1 < s_2$，说明后者提供的产品质量高于前者。

快递业的服务质量一般包括：（1）快递服务的速度（收揽、分拣、运输都决定该速度）；（2）速递服务过程跟踪查询系统的便利性；（3）物品损坏或遗失后的赔偿；（4）快递业务员的服务等。

多数人认为民营快递服务较好的原因是，与中国邮政 EMS 在邮局"坐等业务"不同，这些民营快递主动"上门揽件"，并且民营企业的投递人员往往更具有亲和力。民营企业目前几乎都建立了速递服务过程跟踪查询系统，因此，从服务质量的角度来说，消费者更偏好民营企业提供的产品，相信消费者在使用快递服务的过程中已经有深刻的亲身体会。值得注意的是，与不引入成本变量的博弈模型相比，引入成本变量后，企业间的市场占有率和利润之间的差距变大了①，即质量更好的产品拥有更多的市场需求，赚取更多的利润。

但中国快递业市场上的现实情况是：民营快递和外资快递分别在同城快递和国际快递较中国邮政拥有更多的市场，赚取更多的利润，但前两者提供快递服务的价格较低。通过计算可以得到两个企业价格差为 $p_2^* - p_1^* = \frac{\bar{\theta}+\underline{\theta}}{3}\Delta s - \frac{\Delta c}{3}$，由于我们引入了成本差异的因素，因此，企业均衡价格 p_2^*, p_1^* 之间的关系就不能被确定。若 $\Delta c < (\bar{\theta}+\underline{\theta})\Delta s$，则 $p_2^* > p_1^*$；若 $\Delta c > (\bar{\theta}+\underline{\theta})\Delta s$，则 $p_2^* < p_1^*$。第一个命题中已经假设成本受制度的影响 $C = f(x, w, R)$，且 $\frac{\partial c_p^u}{\partial t} < 0$，即民营企业和中国邮政成本之间的差距会随着制度的变迁而变大。因此，在制度变迁的过程中，$\Delta c > (\bar{\theta}+\underline{\theta})\Delta s$ 将会得到满足，即民营快递和外资快递提供的产品将具有明显的价格优势②。如果成本差异的因素不被考虑，那么模型的结论（$p_2^* - p_1^* > 0$③）恰恰相反，即与高质量的服务相应的是更高的价格，这对于我国快递业市场实际情况的解释力就相对较弱。当然，如果民营企业和外资快递在产

---

① 在不考虑成本差异的情况下，计算可得：$d_2^* - d_1^* = \frac{\bar{\theta}+\underline{\theta}}{3}$；考虑成本差异后的模型结果是 $d_2^* - d_1^* = \frac{\bar{\theta}+\underline{\theta}}{3} + \frac{2\Delta c}{3\Delta s}$，因此我们认为需求量的增加（$\frac{2\Delta c}{3\Delta s}$）主要是由成本差距造成的。

② 举例来说，民营快递不仅上门收揽个人业务，而且同城快递和省际快递的单价一般为 6 元和 10 元，而中国邮政 EMS 的单价在 20 元左右，这种价格差距是显而易见的。

③ 在不考虑成本差异的情况下，计算可得：$p_2^* - p_1^* = \frac{\bar{\theta}+\underline{\theta}}{3}\Delta s$。

品价格上占有绝对优势,那么对于中国邮政来说很可能出现"死亡螺旋"① (Crew and Kleindorfer,2005)②,理论上来说中国邮政 EMS 的"普遍服务"就很难维持下去。

需要强调的是,本文将"成本的差异化"假说贯穿于四个模型当中,并且该参数在每个模型中都起着较为关键的作用。快递业是劳动密集型产业,雇佣劳动力的性质决定了企业的成本;快递业又是依托网络发展的产业,网络是企业的战略性资产;同时,快递业又属于服务业,命题四中的市场分割中服务就是一个重要因素,这些因素本质上都是成本。

进一步分析,我们的模型中的成本主要区别在于开展服务的地点,从本质上来说,是快递企业寄递网络的选址问题。一般认为,快递业具有规模效应,所以网络越大则越好,其实并非如此。中国邮政拥有全国最大的网络,但却为此付出了高昂的固定成本。因此,并不是网络的规模决定了快递企业的成本,而是网络的"灵活性"。像中国邮政这样拥有遍布城乡的投递网络的经营者,如果试图加大经济发达地区的网络密度,未必是经济和有效率的③。再加上中国邮政国有企业的性质决定了其网络的相对稳定性,因此现有网络的调整将付出巨大的成本。但民营快递却不同,它们不受"普遍服务"的约束,依靠在经济发达地区实行迅速的网络扩张战略而崛起。

我们用民营企业的代表——顺丰速运的案例来进一步证明。顺丰从广东起家,在夯实了珠三角地区密集的快递网络之后,在长三角地区复制了其业务模式,进而再向华北、华中和西南地区不断扩张。目前,顺丰在全国的网络覆盖19个省、直辖市及香港特别行政区,共计282个城市。其中,广东、福建共有网点114个,覆盖非常密集。顺丰的网点完全自营,没有建设代理网点或采取加盟连锁的方式,其网络策略是"自然延伸",即根据自身实力和发展程度,哪里有市场就将网络铺设到哪里。在经济发达地区建设密集网点,放弃经济不发达地区,如在珠三角地区的广东省几乎每个县都有顺丰的快递站点;华南的福建,长江三角洲的上海、江苏、浙江,顺丰的网点也相当密集;而在经济欠发达的广西、云南、贵州、江西、青海等省,顺丰一个站点也没有建设。

---

① "死亡螺旋"是指一个动态过程:当生产者被允许进入邮政市场并开展高利润的一些业务后,失去部分市场的邮政当局难以维持盈亏平衡则提高邮资,因此吸引更多快递经营者进入市场,这样邮政当局的盈亏平衡再次被打破,反复多次,直到邮政当局无法维持"普遍服务"。

② Crew, M. and P. Kleindorfer. 2005, *Competition, Universal Service and the Graveyard Spiral in Regulatory and Economics Changes in the Postal and Delivery Sector*, edited by M. Crew and P. Kleindorfer, Kluwer Academic Publishers, pp3.

③ Wasner, Michael and Gunter Zapfel. 2004, *An Integrated Multi-depot Hub-location Vehicle Routing Model for Network Planning of Parcel Service*, International Journal of Production Economics 90 (2004) 403 - 409. http://www.sciencedirect.com/.

有学者认为快递业是劳动密集型产业①,因此劳动力是影响快递企业成本的主要因素。中国邮政等国有企业的用工成本最高,因为他们雇用的员工一般走事业单位编制。而民营快递往往雇用外地打工人员,甚至一些民营快递企业并不与投递员签订正式合同,非法用工的现象屡有发生,两者劳动力成本的差距显而易见。

然而,劳动力的因素可以纳入网络。因为网络是由人和物共同构成的,外资企业和民营企业对劳动力的调动支配能力要明显强于中国邮政,因此,国有企业劳动力同样缺乏灵活性,这同时也降低了其网络的灵活性。

正如国家邮政局在《快递服务统计分析》中所述:在同城快递市场,民营快递比中国邮政占有更多市场份额,获得高利润,形成高增长率;民营快递提供的快递产品价格比中国邮政更低。中国邮政依然在省际快递市场上占多数份额。国际快递市场的大多数市场份额则被外资占领。因此,中国快递业市场的竞争格局已经形成。

四、结 论

当今世界,在国际经济增长中一颗富有活力的新星——快递业,正在冉冉升起,因为快递业弥补了具有垄断特性的国家邮政在信息传递和沟通方面的很多缺陷。国际贸易中大量信息需要沟通,大量文件、样品、商品和货物需要传送,因此快递业成为世界经济增长的引擎,并且以超过20%的年增长率不断成长②。

全球一体化的经济秩序是构建在多边贸易体系中的,目前这个体系的载体是WTO。WTO中的基本原则以及涉及服务行业GATS中的条款,都对多边贸易体系中的成员具有约束作用,也对该成员国国内的微观个体起到潜移默化的影响。因为各个国家都设立了类似中国邮政的行业垄断机构,给快递业的进入者筑起一道道壁垒,阻碍了快递业的良性发展。因此,在世界上的多数国家中,快递业正在成为垄断与自由贸易之争的战场,不管是在发达国家,还是类似中国这样的发展中国家。

本文就是从中国邮政改革这个切入点出发,选取服务行业中具有代表性的中国快递业市场,分析WTO如何影响一个国家的某个行业如何在产业的制度变迁中发挥作用。在最近几稿《邮政法》修改稿草案中,"邮政专营"的范围不断缩小,中国快递业市场

---

① Direct Communications Group. 2002, *Competition Within The United States Parcel Delivery Market*, 2408 Colston Drive, #103* Silver Spring, MD* 20910.

② Joan M. Feldman, *Cargo Multilateral Stuck in Neutral*, AIR TRANSPORT WORLD, Sep 1st, 2001.

化进程势如破竹。总之，在中国快递业制度变迁和市场化进程的过程中，WTO 的主要作用是营造公平竞争的市场环境，而经营成本的降低驱动了非国有企业和国有企业增长率之间的差距，因此，WTO 为中国快递业市场制度变迁提供了外部保障，而市场开放的内生动力支持则为成本驱动。

参 考 文 献

1. 董阎礼：" 中国邮政该往哪里走"，《时代潮》，2001 年第 15 期。

2. 樊纲：" 论体制转轨的动态过程——非国有部门的成长与国有部门的改革"，《经济研究》，2000 年第 1 期。

3. 李善同等：" 中国加入世界贸易组织对中国经济的影响——动态一般均衡分析"，《世界经济》，2000 年第 2 期。

4. 李江帆：" WTO：我国发展服务业的机遇与挑战"，《财贸经济》，2000 年第 8 期。

5. 盛斌：" 中国加入 WTO 服务贸易自由化的评估与分析"，《世界经济》，2002 年第 8 期。

6. 田春生：" 从中国入世看国有企业改革与非国有经济发展"，《国际贸易》，2000 年第 3 期。

7. 王世春：" 浅析加入 WTO 对中国邮政的影响"，《邮政研究》，2001 年第 17 期。

8. 徐从才：" 加入 WTO 后中国流通产业发展的战略思考"，《财贸经济》，2001 年第 8 期。

9. 袁芳、杨海荣：" 加入世界贸易组织对中国邮政业的影响"，《北京邮电大学学报（社会科学版）》，2000 年第 2 期。

10. 中国快递市场发展研究课题组：《中国快递市场发展研究报告》，中国经济出版社 2006 年版。

11. Cournot, A. 1938. *Research into the Mathematical Principles of the Theory of Wealth*, Translated by N. T. Bacon. New York: Mcmillan Co. 1897.

12. D. Daniel Sokol. 2003. *Express Delivery and the Postal Sector in the Context of Public Sector Anti – Competitive Practices*, Northwestern Journal of International Law & Business, 23: 353, 353 ~ 382.

13. Douglass C. North, *Ocean Freight Rates and Economic Development 1750 – 1913*, The Journal of Economic History, Vol. 18, No. 4. (Dec 1958), 537 – 555.

14. Myron A. Brilliant (Vice President, East Asia) and Jeremie Waterman (Director, Northeast Asia), *China's WTO Implementation: A Three – Year Assessment*, Report Prepared

by: U. S. Chamber of Commerce, September, 2004.

15. Tirole, J. 1988, *The Theory of Industrial Organization*, Cambridge: MIT Press.

16. Zhao Hong, Wei Zhiliang and Li Wei. 2006, *Bicycle – Based Courier and Delivery Services in Beijing (Market Analysis)*. *Transportation Research Record*, Journal of the Transportation Research Board, No. 1954, Transportation Research Board of the National Academies, Washington. D. C. , 2006, pp. 45 ~ 51.

中国劳动力市场一体化与经济开放的作用[①]

周申 易苗[②]

> **摘要：** 本文从理论和经验上分析了中国劳动力市场一体化及经济开放对劳动力市场一体化进程的作用。研究表明，两个劳动力市场的均衡工资差距在受到外生冲击后回到均衡水平的能力是衡量我国区域劳动力市场一体化的一个较好标准；经济开放对我国区域劳动力市场一体化的程度和趋势具有显著的促进作用，其主要机制是降低或消除劳动力迁移过程中的各种障碍性因素、推进我国地区劳动力市场的开放等；我国各区域劳动力市场一体化进程不同，华北、华东、华南等区域劳动力市场一体化的程度更深，且往往有一个或两个省市作为区域劳动力市场的中心。
>
> **关键词：** 劳动力市场一体化　经济开放　劳动力迁移

一、引　言

中国 30 年来的改革开放是以市场为取向，市场一体化发展是反映经济改革成功与否的重要标志之一。商品市场和要素市场一体化是市场一体化的两个基本组成部分，而

[①] 本文得到教育部人文社会科学规划基金项目"国际贸易、FDI 对中国劳动力市场的影响研究"（编号：08JA790071）的资助。

[②] 周申、易苗，南开大学国际经济贸易系，天津，邮编：300071。

劳动力市场一体化发展是要素市场一体化的组成核心之一。

我国劳动力市场改革已经进行了近30年，劳动力的结构布局和行业分配发生了深刻的变化，劳动力的流动得到了显著促进。国家统计局的数据显示，1978年，绝大部分劳动力滞留在国有企业和农村公社中。到20世纪90年代末，约1/3的农村劳动力已转移到非农经济中，约3/5的城镇劳动力在非国有企业就业。目前，我国人口流动呈现出明显的持续增长趋势，人口流动的特征主要表现在两个方面：一是大量农村剩余劳动力涌入城市，参与城市建设和发展；二是内陆省份劳动力大量流向沿海省份。根据2005年全国1%人口抽样调查工作的统计结果，到2005年底，我国流动人口规模已达1.47亿人，其中，跨省流动人口4779万人。劳动力的流动促进了我国经济增长和对外开放，对外开放也可能通过各种机制促进劳动力的流动。虽然劳动力流动不能等同于劳动力市场一体化，但劳动力流动显然是劳动力市场的重要调节机制，也是劳动力市场一体化进程中的重要表现。

近年来，国内外出现了较多关于我国劳动力市场整合（大多关注城乡劳动力市场一体化）、工资差距和工资收敛的研究成果，在判断我国劳动力市场一体化中多存在以收入或工资是否收敛为依据的倾向。大多数该类研究表明，近年我国不同省份或地区的收入差距呈现扩大趋势。如果据此作出我国劳动力市场一体化停滞不前甚至倒退的判断，显然与我国劳动力流动不断增强的现象（及其对劳动力市场一体化的促进作用）相左而难以解释。因此，对劳动力市场一体化的合理界定、确定适宜判断依据，并在此基础上进行深入研究是非常重要的。

本文将研究重点集中在国内外已有研究较少关注的中国区域劳动力市场一体化，以及经济开放对我国区域劳动力市场一体化的作用。本文将较为系统地从理论和经验上分析如下两个方面问题：我国区域间及整体上的劳动力市场一体化程度如何，应该如何选取更为准确有效的方法进行测算？经济开放对我国劳动力市场一体化产生了怎样的作用，开放通过什么机制和途径影响了劳动力市场一体化？

二、相关文献回顾

Barro and Sala-i-Martin（1991，1992）是研究区域间人均收入收敛情况的奠基性文献。他们研究在新古典增长模型框架内，将跨国人均收入收敛的研究方法应用于一个国家或者共同体内各个地区的人均收入收敛研究。研究显示，1880—1988年期间，美国各州和1950年以来西欧的73个地区间都存在着人均收入收敛的情况①。同时，劳动力自由流动对条件收敛速度的贡献率达到1/3左右。

国内外不少学者按照Barro and Sala-i-Martin（1991，1992）的思路检验了改革开放以来中国各省区之间的人均收入收敛情况。林毅夫等（1998）发现，中国自1978年以来，人均GDP差异在东部、中部和西部地区内部减小，而东、中、西部地区间的差异却在扩大。都阳、蔡昉（2004）利用1995—2002年中国制造业细分行业的分省时间序列资料，考察了地区间工资的趋同性，结果显示，全国七大地理区制造业细分行业的名义工资和实际工资水平离差总体上呈现出下降的趋势，这表明中国的改革促进了地区间劳动力市场一体化的形成。钟笑寒（2005）利用1978—2002年的数据，分析了中国各地区工资的演变趋势，指出各地在1978—1991年间工资表现为显著收敛，但在1992—2002年间工资呈现显著发散（尽管在这一时期，各地区之间劳动力的流动是不断增加的），即使控制了物质资本投资和人力投资的影响，上述结果也不会改变。杨涛、盛柳刚（2007）利用收入收敛模型，分析了中国29个城市的面板数据，得到与国际经验不同的两个结论：第一，发达国家区域间劳动力市场虽然收敛速度较慢，但收敛是显著的，而中国尽管已有相当规模的劳动力流动，但是收敛并不显著；第二，在发达国家和其他发展中国家，一般具有受教育水平较高的劳动者流动性比较大的特点，而中国受教育水平高的劳动力流动性反而比较差。

收入收敛研究视角可以说明贫穷地区是否能够比富裕地区发展得更快，以及哪些因素会影响地区间的收敛。但是，这一视角无法说明区域劳动力市场在工资、就业和劳动力流动之间的巨大差异，也未能解释一些国家和地区劳动力流动增强而收入差距却有所加大的现象，因而将区域间收入收敛作为劳动力市场一体化的衡量指标的做法受到了一定的质疑。为解决这一问题，一些相关研究注重将劳动力迁移等因素纳入劳动力市场一体化的研究中。

Boyer and Hatton（1997）建立了一个把国内劳动力迁移和劳动力市场一体化联系起来的框架，对19世纪末的英格兰及威尔士的劳动力迁移和劳动力市场一体化状况进行了详细的分析。研究考察了劳动力迁移的特点、强度和方向，分析了迁移的主要决定因素以及城乡劳动力流动对农业工资率的影响。作者计算了年度工资的变异系数，系统分析了各地区各行业工资离散度的变化，并运用误差修正模型对英国的劳动力市场一体化的趋势和程度进行检验。研究认为，一个完美的劳动力一体化的市场也可能出现工资率不趋同的情况，劳动力市场一体化与劳动力市场内劳动力的迁移有很大关系，劳动的流动性应作为劳动力市场一体化的主要判断指标。Robertson（2000）沿用了Boyer and Hatton（1997）提出的误差修正模型，在此基础上建立了一个三区域的模型，用来检测

---

① 虽然收敛的速度缓慢，仅为年均2%左右，但在统计上是显著的。

边界、地理和人口如何影响冲击和收敛速度对美国与墨西哥均衡工资差别的效应。研究发现,尽管两地存在较大的工资差别,但劳动力市场一体化的程度在加深。研究指出,NAFTA之前的美国和墨西哥劳动力市场一体化主要是人口迁移的结果。Robertson (2000) 提出了劳动力市场一体化的标准:(1) 一个国家工资的变化是怎样影响邻国工资变化的;(2) 工资差别回到均衡的速度有多快。

分析经济开放对劳动力市场一体化影响的文献较为少见。一些文献仅从开放对劳动力跨区域迁移的影响等方面进行了初步的研究。Poncet and Zhu (2003) 运用中国省份数据分析了全球化对国内劳动力迁移的影响,指出中国自1978年改革开放政策使得区域间的收入和就业机会差距扩大,促使大量的劳动力从欠开放地区向开放地区迁移。然而本文未能进一步探讨经济开放通过促进中国国内省际劳动迁移对劳动力市场一体化的作用。

三、理 论 分 析

(一)劳动力市场一体化的界定

鉴于传统的收入或工资趋同标准判断劳动力市场一体化所存在的局限性,本文将把某一子劳动力市场的供求信息通过劳动力迁移等因素对其他子劳动力市场均衡的影响作为劳动力市场一体化的重要衡量标准,纳入理论与经验分析之中。根据这一思路,本文在对中国劳动力市场一体化的界定方面,借鉴了Robertson (2000) 的观点,将劳动力市场一体化界定为:某一子劳动力市场的供求关系信息对另一个子劳动力市场均衡产生的作用,包括两个方面:第一,一个子劳动力市场的工资怎样影响另一个子劳动力市场的工资;第二,受到外生冲击后,两个劳动力市场的工资差距回到均衡水平有多快。需要说明的是,本文的研究不是判定某个劳动力市场是否一体化,而是某个劳动力市场一体化程度是加深还是减弱(或某个劳动力市场有无一体化的趋势),以及经济开放在劳动力市场一体化趋势中的作用。本文使用的劳动力市场一体化定义适用于两个子劳动力市场之间,也可以推广到多个子地区,此时可理解为某个大市场内各地区劳动力市场之间互相影响的过程。

(二)理论框架

根据本文对劳动力市场一体化的界定,我们在理论框架中要重点考察某一子劳动力市场的供求关系信息对另一个子劳动力市场均衡产生的作用(一个子劳动力市场的工资怎样影响另一个子劳动力市场的工资,且受到外生冲击后,两个劳动力市场的工资差距回到均衡水平的调整速度)。另一方面,还需要深入分析经济开放对上述过程的影响。本文的理论框架在 Robertson(2000)模型的基础上,引入了两个经济开放对劳动力市场的影响系数 f_1 和 f_2,以同时考察中国劳动力市场一体化以及经济开放的影响。

假设有两个地区(子劳动力市场)i 和 j 之间存在劳动力流动,i 地区的劳动力供给将会受到 j 地区工资以及本地区当期和滞后期工资差异的影响。同时,i 和 j 组成的较大区域采取了经济开放政策。建立如下包含 i 地区当期工资、滞后期工资以及 j 地区工资的劳动供给函数:

$$L_t^s = \sigma_0 - (1 + f_1)\sigma_1 w_t^j + (1 - f_2)\sigma_2(w_t^i - \varphi w_{t-1}^i) + \sigma_3 \tag{1}$$

式中,L^s 表示 i 地区的劳动力供给,w^j 表示 j 地区的实际工资,w^i 表示 i 地区的实际工资。σ_0,σ_1,σ_2,φ 为劳动供给函数的参数,$\sigma_1 > 0$,$\sigma_2 > 0$。其中,σ_1 是 i 地区劳动供给对 j 地区工资的反应系数,j 地区工资上升将导致 i 地区工人离开 i 地迁移至 j 地,i 和 j 之间的迁移成本越低,该系数的值越大。σ_2 是 i 地区劳动供给对本地区当期和滞后期工资差异的反应系数,i 地区劳动力市场对外部信息越敏感,劳动供给对本地工资的反应系数 σ_2 的值就越小,φ 是 i 地区劳动供给对滞后一期工资的反应程度。f_1 和 f_2 为经济开放对劳动力市场的影响系数,$f_1 > 0$,$1 > f_2 > 0$,且 f_1 和 f_2 是经济开放程度的增函数,f_1 进入劳动供给函数的方式表明,经济开放将通过促进交通基础设施建设、减少制度障碍等方式降低地区劳动力市场之间的迁移成本,从而增加一个地区劳动供给对其他地区劳动力市场变量的反应敏感度;f_2 进入劳动供给函数的方式则显示,国际贸易、外资流入将通过推进我国商品市场一体化来促进地区的生产要素市场更加开放,地区劳动力市场之间的信息障碍下降,开放程度上升,进而劳动供给对本地工资信息的敏感度由于对外部信息的更强反应而有所下降。下标 t 表示相应变量所属的时期,最后一项表示一组与时期无关的对 i 地区劳动力供给产生影响的因素。

类似地,建立如下包含 i 地区当期工资、滞后期工资以及 j 地区滞后期工资的劳动需求函数:

$$L_t^d = \delta_0 + (1 + f_1)\delta_1 w_{t-1}^j - (1 - f_2)\delta_2(w_t^i - \gamma w_{t-1}^i) + \delta_3 \tag{2}$$

式中,δ_0,δ_1,δ_2,γ 为劳动需求函数的参数,$\delta_1 > 0$,$\delta_2 > 0$。其中,δ_1 是 i 地区劳动需求对 j 地区滞后一期工资的反应系数,j 地区工资上升意味着 i 地区劳动成本相对降低,i 地区劳动需求会增加,i 和 j 之间的劳动力流动障碍减少会导致该系数的值增大;δ_2 是 i 地区劳动需求对本地区当期和滞后期工资差异的反应系数,i 地区劳动力市场对外部信息越敏感,对本地工资的反应系数 δ_2 的值就越小;γ 是 i 地区劳动需求对滞后一期工资的反应程度。f_1 和 f_2 为经济开放对劳动力市场的影响系数,$f_1 > 0$,$1 > f_2 > 0$,且 f_1 和 f_2 是经济开放程度的增函数,为了分析的简化,假设劳动需求函数中的经济开放系数与劳动供给函数相同。其他符号的含义与劳动供给函数相同。

从上面的劳动供求函数可以看出,j 地区的工资越高,i 地区当期和前一期的工资差距越小，i 地区当期的劳动力需求越大；j 地区工资越低，i 地区当期和前一期的工资差距越大，i 地区当期的劳动力供给越大。参数 δ_1 和 σ_1 分别体现了劳动力市场上对需求方和供应方的劳动力流动等成本，成本越小，两个参数的数值越大。这些成本包括交通成本、制度障碍、信息障碍等所有妨碍劳动力迁移的因素所导致的成本，是阻止要素价格均等化以及劳动力市场一体化的重要障碍。由于这些成本的存在，使得均衡时 i 和 j 之间的工资出现差异。当劳动力市场受到冲击时，工资差异将会暂时性地偏离均衡工资差异，但最终仍然将回到均衡点。均衡时，劳动力市场的需求应等于供给，即：

$$\delta_0 + (1+f_1)\delta_1 w_{t-1}^j - (1-f_2)\delta_2(w_t^i - \gamma w_{t-1}^i) + \delta_3$$
$$= \sigma_0 - (1+f_1)\sigma_1 w_t^j + (1-f_2)\sigma_2(w_t^i - \varphi w_{t-1}^i) + \sigma_3 \tag{3}$$

由 (3) 式可以解出 i 地区的当期工资，表示为 i 地区滞后期工资、j 地区当期工资和滞后期工资的函数：

$$w_t^i = \frac{(\delta_0 - \sigma_0)}{(1-f_2)(\delta_2+\sigma_2)} + \frac{(\delta_3 - \sigma_3)}{(1-f_2)(\delta_2+\sigma_2)} + \frac{(\delta_2\gamma + \sigma_2\varphi)}{(\delta_2+\sigma_2)} w_{t-1}^i$$
$$+ \frac{(1+f_1)\sigma_1}{(1-f_2)(\delta_2+\sigma_2)} w_t^j + \frac{(1+f_1)\delta_1}{(1-f_2)(\delta_2+\sigma_2)} w_{t-1}^j \tag{4}$$

令：

$$\alpha_0 = \frac{(\delta_0 - \sigma_0)}{(1-f_2)(\delta_2+\sigma_2)} + \frac{(\delta_3 - \sigma_3)}{(1-f_2)(\delta_2+\sigma_2)},$$

$$e_0 = \frac{(\delta_2\gamma + \sigma_2\varphi)}{(\delta_2+\sigma_2)},$$

$$e_1 = \frac{(1+f_1)\sigma_1}{(1-f_2)(\delta_2+\sigma_2)},$$

$$e_2 = \frac{(1+f_1)\delta_1}{(1-f_2)(\delta_2+\sigma_2)},$$

则 (4) 式可简化为：

$$w_t^i = \alpha_0 + e_0 w_{t-1}^i + e_1 w_t^j + e_2 w_{t-1}^j \tag{5}$$

根据 D. F. Hendry and N. R. Ericsson (1991)，$e_0 + e_1 + e_2 = 1$[①]，(5) 式可变为：

$$w_t^i = \alpha_0 + (1-e_1-e_2) w_{t-1}^i + e_1 w_t^j + (1-e_0-e_1) w_{t-1}^j \tag{6}$$

整理后可得：

$$w_t^i = \alpha_0 + w_{t-1}^i + e_1(w_t^j - w_t^i) - (e_1+e_2) w_{t-1}^i + (1-e_0) w_{t-1}^j \tag{7}$$

由 (7) 式可以得到：

$$\Delta w_t^i = \alpha_0 + e_1 \Delta w_t^j - (e_1+e_2)(w_{t-1}^i - w_{t-1}^j) \tag{8}$$

由 (8) 式可以简化为：

[①] 该条件由 David F. Hendry and Neil R. Ericsson (1991) 导出，详见原文。

$$\Delta w_t^i = \alpha_0 + \alpha_1 \Delta w_t^j + \alpha_2 (w_{t-1}^i - w_{t-1}^j) \tag{9}$$

其中,

$$\alpha_1 = e_1 = \frac{(1+f_1)\sigma_1}{(1-f_2)(\delta_2 + \sigma_2)} \tag{10}$$

$$\alpha_2 = -(e_1 + e_2) = -\frac{(1+f_1)(\sigma_1 + \delta_1)}{(1-f_2)(\sigma_2 + \delta_2)} \tag{11}$$

根据本文对劳动力市场一体化的界定,(9)式可以用来分析劳动力市场一体化的两个方面内容:第一,(9)式右边第二项 $\alpha_1 \Delta w_t^j$ 显示,i 地区的工资变化会与 j 地区的工资变化产生联动效应,如果 i 地区和 j 地区对相同的外来冲击产生反应,则 $\alpha_1 \neq 0$;如果外来冲击使得 j 地区工资上升,从而引致 i 地区工资也上升,那么 $\alpha_1 > 0$。第二,(9)式右边第三项 $\alpha_2 (w_{t-1}^i - w_{t-1}^j)$ 描述了受到冲击后 i 和 j 地区工资差异回到均衡的调整过程,调整的强度由系数 α_2 决定,如果 i 地区和 j 地区的工资倾向于收敛到均衡工资差异,那么 $\alpha_2 < 0$,且 α_2 绝对值越大,收敛的速度越快,因此,α_2 可视为衡量劳动力市场一体化的主要指标。

根据(11)式,α_2 是由 σ_1、δ_1、σ_2、δ_2、f_1 和 f_2 决定的。根据先前对劳动供求函数的分析,σ_1 和 δ_1 反映的是迁移成本、运输成本等影响地区之间劳动力调整的障碍性因素,σ_1 和 δ_1 绝对值越大,表示地区之间劳动力调整的障碍越小,σ_2 和 δ_2 体现的是 i 地区劳动力供给和需求对 i 地区当期与滞后期工资差异的反应程度,i 地区劳动力市场越开放、对外部信息越敏感,劳动供求对本地工资的反应系数 σ_2、δ_2 的值就越小(或者相对而言受本地区以外的要素价格影响较大)。不难看出,当 i 和 j 两个劳动力市场之间的劳动力迁移成本下降时(σ_1 和 δ_1 绝对值增大),α_2 的绝对值上升,表明劳动力市场的调整速度上升;而如果地区劳动力市场越开放、对外部信息越敏感(σ_2、δ_2 的值减小),同样会导致 α_2 的绝对值上升,促进劳动力市场更快调整。

根据本文对经济开放影响劳动力市场的参数 f_1 和 f_2 的相关假设和 f_1 和 f_2 进入供求函数的方式,经济开放中的国际贸易、外国直接投资(FDI)及其他开放因素对不同地区或区域之间的劳动力市场一体化进程是从以下方面产生影响:首先,(11)式分子中的开放参数 f_1 的作用体现为通过降低或消除劳动力迁移过程中的各种障碍性因素导致 α_2 的绝对值上升,推进劳动力市场调整速度上升、一体化程度增加。其次,(11)式分母中的开放参数 f_2 的作用体现为经济开放促进了我国商品市场的整合与开放,进而推进了我国地区劳动力市场的开放,导致国内各地区劳动力市场对外部的供需敏感性增加,对本地区的供需敏感性减弱,使得 α_2 的绝对值上升,加快了劳动力市场的调整速度。此外,从(10)式可以看出,经济开放通过类似的渠道还可使 i 地区劳动力市场对 j 地区劳动力市场受到冲击后产生的工资变动产生更强的联动效应。当然,本文的上述理论假说还需要通过经验研究加以检验和证实。

四、经验分析

下面将在本文理论框架的指导下,从两个方面展开经验研究。第一,从实证上测度中国各区域劳动力市场一体化的程度和趋势;第二,分析我国经济开放中的国际贸易、FDI等现象对劳动力市场一体化的影响。

(一) 我国劳动力市场一体化的经验测度

1. 计量方程。对(9)式中的实际工资变量取对数,可以将其改写为(12)式:

$$\Delta \log w_{i,t} = \alpha_0 + \alpha_1 \Delta \log w_{j,t} + \alpha_2 \log(w_i/w_j)_{t-1} + \mu_t \tag{12}$$

误差修正模型(12)式为本文测度中国各区域劳动力市场一体化所使用的计量方程。(12)式中的 α_1 能够衡量 j 地区工资变化对 i 地区工资的影响(文中将其称为冲击参数);α_2 则可以衡量 i 地区在面临 j 地区冲击时收敛到 i 和 j 的均衡工资差异的程度和速度(文中将其称为收敛参数)。根据先前的分析,经验研究将把 α_2 (收敛参数)作为度量我国区域劳动力市场一体化的主要指标。运用最小二乘估计法(OLS)对上述计量方程进行估计,如果两个地区的劳动力市场存在一体化的趋势,那么参数 α_2 应该显著小于0,且 α_2 的绝对值越大,说明一体化的程度越深。

作为市场化改革的重要组成部分,我国劳动力市场改革也经历了二十多年的历程。20世纪80年代中期,城市部门开始了以增强企业活力为核心的城市经济体制改革,企业也开始尝试对用工制度和劳动力要素配置进行改革,推动了劳动要素的流动和劳动力市场一体化进程,此后劳动力市场的改革不断发展和深化。本文将1987—2006年作为研究期,利用这期间的数据来实证分析我国劳动力市场一体化问题。

本文测度我国劳动力市场一体化所使用的数据来自中国经济信息网"中国经济统计数据库"的综合年度库。实际工资使用各省、市1987—2006年的年度在岗职工平均工资除以各年的居民消费价格指数得到①。在进行全国性劳动力市场一体化测度时,东、中、西部各年度的平均实际工资水平由各省、市的实际工资水平以各省、市在岗职工人数为权重加权平均计算得出。由于重庆1997年才从四川分离出去,所以缺乏重庆1996年之前的所有数据,我们把重庆和四川1987—2006年的数据归并到了一起,给这两个地区合并后的数据取名为"川渝"。

---

① 为了在时间上具有可比性,我们分别计算出各省、市以1994年为基期的居民消费价格指数,并对各年度、各省、市的在岗职工平均工资进行平减,从而得到在各地区之间具有可比性的实际工资水平。

2. 区域划分。从地区范围角度划分，劳动力市场一体化的进程可以分为地区性劳动力市场一体化、区域性劳动力市场一体化和全国性劳动力市场一体化，本文经验研究中主要考察后两种一体化的进程。

（1）区域性劳动力市场一体化的测度方法。为了测度我国各个区域的劳动力市场一体化状况，我们把全国31个省、自治区、直辖市（不包括台湾省）分成了六大区域，分别是：

东北区域（3省）：黑龙江、吉林、辽宁；

华北区域（6省、市）：北京、天津、河北、山东、山西、内蒙古；

华东区域（4省、市）：上海、江苏、安徽、浙江；

华南区域（8省）：广东、广西、湖南、江西、福建、河南、湖北、海南；

西南区域（5省、市）：重庆、四川、云南、贵州、西藏；

西北区域（5省）：陕西、甘肃、宁夏、青海、新疆。

划分区域的标准主要参考《中国统计年鉴》对中国区域地理划分的标准，考虑到劳动力流动是劳动力市场相互影响和调整的重要表现，所以研究中在划分区域时同时参考了省份之间人口流动的数据①，如把山东归到华北区域，福建归到华南区域。研究中将分别对这六大区域的劳动力市场一体化状况进行测算与分析。具体到每一个区域，先将区域中的省份两两配对，然后参考两省之间劳动力流动的数据，把人口净流出省份作为 i 地区，人口净流入省份作为 j 地区，利用（12）式对两省的 α_2 值进行估计，最后通过汇总比较各个配对省份的 α_2 值，得出该区域劳动力市场一体化的状况的结论。

（2）全国性劳动力市场一体化测算。为了测度全国整体劳动力市场一体化的状况，我们把全国31个省、自治区、直辖市（不包括台湾省）分成东、中、西三个部分，分别是：

东部（12省、市）：北京、天津、河北、山东、辽宁、上海、江苏、浙江、福建、广东、广西、海南；

中部（9省）：山西、内蒙古、吉林、黑龙江、安徽、江西、河南、湖北、湖南；

西部（10省、市）：重庆、四川、贵州、云南、西藏、陕西、甘肃、宁夏、青海、新疆。

由于中国的劳动力流动呈现中、西部向东部大规模迁移的特点，所以在研究中国整体劳动力市场一体化状况时，我们划分的标准完全按照中国区域地理的标准划分。与对区域劳动力市场一体化测算类似，研究中将利用（12）式对东、中、西各部分之间的 α_2 值进行估计，最后通过汇总比较 α_2 值，得出全国域劳动力市场一体化的状况的一个初步结论。

---

① 数据来自《中国2000年人口普查资料》，下册，第7卷第1813~1817页，中国统计出版社2002年版。

3. 测度的结果。利用（12）式对全国六大区区域性劳动力市场一体化状况进行估计，各区域内部劳动力市场一体化的测算结果如下：

（1）东北区域（3省）：黑龙江、吉林、辽宁（见表1）。

表1　　　　　　　东北区域1987—2006年劳动力市场一体化估测结果

迁出地	辽宁	吉林	黑龙江
迁入地	冲击参数 α_1		
辽宁		0.657681***	0.897761***
		(4.7132)	(9.2984)
吉林			0.835231***
			(5.2123)
黑龙江			
	收敛参数 α_2		
辽宁		−0.401624	−0.360795**
		(−1.0494)	(−2.1612)
吉林			−0.268518
			(−1.6998)
黑龙江			

注：估计系数下括号内为t值，* 表示在10%的置信度下通过检验；** 表示在5%的置信度下通过检验，*** 表示在1%的置信度下通过检验。

将东北区域中的省份两两配对，然后参考两省之间劳动力流动的数据，把人口净流出省份作为 i 地区，人口净流入省份作为 j 地区。在东北区域，存在吉林向辽宁、黑龙江向吉林和辽宁的净人口流出。我们对这三组省份分别利用计量方程（12）估计了系数 α_1（冲击参数，结果在表1的上半部分）和 α_2（收敛参数，结果在表1的下半部分），其他各个区域的估计方法与此相同。

由表1可以看出，东北区域冲击参数 α_1 数值均显著大于零，说明当其中一省劳动力市场受到外来冲击影响的时候，会明显影响其他两省。但是，本文测算劳动力市场一体化的主要指标——收敛参数 α_2，只有黑龙江到辽宁在5%的水平上显著，其他的两个收敛参数均不显著，说明当劳动力市场受到外生冲击时，该区域劳动力市场之间的调整能力比较弱，回到均衡工资差异的速度较慢，整体上看该区域劳动力市场一体化程度不深。

（2）华北区域（6省、市）：北京、天津、河北、山东、山西、内蒙古（见表2）。

中国劳动力市场一体化与经济开放的作用

表2　华北区域1987—2006年劳动力市场一体化估测结果

迁出地	北京	天津	河北	山西	内蒙古	山东
迁入地	冲击参数 α_1					
北京		0.608789*** (5.5516)	0.741477*** (5.2730)	0.567917*** (4.8687)	0.300074 (1.4025)	0.646659*** (4.8941)
天津			0.649455*** (2.9569)	0.512058** (2.5973)	0.476446 (1.6824)	0.512809** (2.4653)
河北					0.497422** (2.1051)	0.898419*** (32.4546)
山西		0.702944*** (4.1089)			1.007187*** (5.0324)	
内蒙古						
山东				0.691651*** (11.8859)	0.805006*** (3.8749)	
	收敛参数 α_2					
北京		-0.405397** (-2.5761)	-0.020331 (-0.2136)	-0.158895** (-2.2807)	-0.324230*** (-3.5180)	-0.106862 (-1.2750)
天津			-0.175790 (-1.2771)	-0.241425 (-1.5515)	-0.334813*** (-2.9877)	-0.272230** (-2.1608)
河北					-0.736821 (-1.7268)	-0.479269** (-2.2757)
山西		-0.016276 (-0.1468)			-0.292592 (-1.4442)	
内蒙古						
山东				-0.244210** (-2.1133)	-0.358877** (-2.5670)	

注：估计系数下括号内为t值，*表示在10%的置信度下通过检验；**表示在5%的置信度下通过检验，***表示在1%的置信度下通过检验。

根据表2的估计结果，华北区域绝大部分的冲击参数 α_1 都显著地大于零，这说明华北区域的劳动力市场互相之间联系紧密。华北地区劳动力市场主要有北京、天津这两个中心地区，劳动力主要以北京、天津为迁移的目的地，北京、天津劳动力市场工资的变化将会引起周边地区甚至更远地区劳动力市场的相应变化。与东北区域不同，华北区域的收敛参数 α_2 超过50%，是显著的，且都小于零，这说明华北区域的劳动力市场之间相互调整的速度较快。其中，京津、鲁冀之间，收敛参数为负且绝对值较大（超过了0.4），表示京津、鲁冀之间的劳动力市场一体化程度较高。京津、鲁冀地理相邻且交通便利，信息传递也较通畅，劳动力市场在这种良好条件的促进下也表现出高效的调整能力，在面对外来的冲击和影响时，一个劳动力市场供求状况的变化将迅速引起另一个劳动力市场供求关系的改变，从而达到两个市场共同作用。华北区域劳动力市场以京津为中心的一体化趋势较为明显。

（3）华东区域（4省、市）：上海、江苏、浙江、安徽（见表3）。

表3　　　　　华东区域1987—2006年劳动力市场一体化估测结果

迁出地	上海	江苏	浙江	安徽
迁入地	冲击参数 α_1			
上海		0.622125 *** (4.9651)	0.746246 *** (3.7914)	0.390446 ** (2.4104)
江苏				0.622603 *** (4.9619)
浙江		0.548772 *** (4.8207)		0.224541 * (1.7456)
安徽				
	收敛参数 α_2			
上海		-0.681119 *** (-4.0893)	-0.501198 * (-1.7514)	-0.293798 *** (-3.9241)
江苏				-0.272842 ** (-2.2237)
浙江		-0.299407 *** (-3.4546)		-0.242931 *** (-4.8665)
安徽				

注：估计系数下括号内为t值，*表示在10%的置信度下通过检验；**表示在5%的置信度下通过检验，***表示在1%的置信度下通过检验。

表3的估计结果显示，华东区域劳动力净流入省份集中在上海和浙江，说明上海和浙江是华东区域劳动力市场的中心省、市。表3的所有估计参数都通过了显著性检验，显示华东区域劳动力市场呈现出以上海、浙江为中心的较明显的一体化趋势，华东区各省份的劳动力市场之间能够有效地互相调整。上海是长江三角洲区域经济的中心城市，而浙江省也是改革开放以来我国经济较快发展的省份之一，两省、市经济迅速发展带来的优厚工资和较多的工作机会吸引了大批外省劳动力的流入，推进了自身和周边省、市的劳动力市场相互调整和整合过程，促进了华东区域的劳动力市场一体化。

（4）华南区域（8省）：广东、广西、湖南、江西、福建、河南、湖北、海南（见表4）。

表 4 华南区域 1987—2006 年劳动力市场一体化估测结果

迁出地	福建	江西	河南	湖北	湖南	广东	广西	海南
迁入地	冲击参数 α_1							
福建		0.467133 (1.5589)	0.771312*** (3.0519)	0.595496** (2.3340)	1.058860 (1.5489)			0.814185** (1.8450)
江西								
河南		0.661767*** (4.9760)						
湖北		0.801373*** (3.3050)	0.703419*** (4.4963)					
湖南		0.756991*** (3.5901)	0.702561*** (5.6615)	0.817430*** (10.1846)				
广东	0.823661*** (5.2516)	0.588847** (2.9074)	0.862509*** (4.1016)	0.871802*** (4.5337)	1.068318*** (6.1236)		1.463306*** (12.0574)	0.852563** (2.6918)
广西	0.370373*** (2.9238)	0.786416*** (4.6914)	0.705238*** (7.0992)	0.725264*** (7.2062)	0.876385*** (10.0828)			
海南		0.686496*** (4.6420)	0.496287*** (2.9274)	0.533911*** (4.9870)	1.283524*** (4.3089)		0.655957*** (4.9552)	
	收敛参数 α_2							
福建		-0.342817** (-2.5226)	-0.569196 (-1.2427)	-0.184220** (-2.2813)	-0.288009 (-0.9426)			-0.231253 (-1.5409)
江西								
河南		-1.055446*** (-4.6959)						
湖北		-0.197326 (-0.9026)	0.087323 (0.7178)					
湖南		-0.274188 (-1.2577)	0.012750 (0.1160)	-0.437662** (-2.5573)				
广东	-0.477242** (-2.1051)	-0.371689*** (-3.9195)	-0.290767* (-1.8175)	-0.178611*** (-3.0331)	-0.205762*** (-3.9408)		-0.229911** (-2.1368)	-0.480616*** (-4.2818)
广西	0.061761 (0.6562)	-0.306634 (-1.4115)	0.019499 (0.1666)	-0.186249 (-1.2712)	-0.345314** (-1.8635)			
海南		-0.465465* (-2.0903)	-0.080731 (-0.3578)	-0.508318*** (-3.1353)	-0.514866** (-1.8648)		-0.834227*** (-4.1644)	

注：估计系数下括号内为 t 值，* 表示在 10% 的置信度下通过检验；** 表示在 5% 的置信度下通过检验，*** 表示在 1% 的置信度下通过检验。

由表 4 可知，华南区域劳动力市场存在两个中心省份——广东和海南，特别是广东省。华南区域的冲击参数 α_1 大多在 0.7 到 0.8 的水平上，显著性水平也普遍较高，表明华南区域内的劳动力市场联系非常紧密。劳动力市场一体化的主要指标——收敛参数 α_2 有一半以上都很显著，且这些显著的指标集中于以广东、海南为迁入地的区域。广东是中国人口迁入的大省，2000 年人口普查资料显示，1995—2000 年间流入广东省的人口有约 1211 万人，占全国省际流动人口的 1/3 强，其中大多数人口来自华南地区，仅湖南省流入广东省的人口就有约 250 万人。华南区域劳动力大规模流入广东是省份劳动力市场之间进行相互调整的一个重要基础，加上以广东为迁入地的收敛参数 α_2 绝对值较大，且均相当显著，可以判断华南区域的劳动力市场一体化程度很高，且以广东省为核心。

（5）西南区域（5 省、市）：重庆、四川、云南、贵州、西藏（见表 5）。

表 5　　　　　　　　西南区域 1987—2006 年劳动力市场一体化估测结果

迁出地	川渝	贵州	云南	西藏
迁入地	冲击参数 α_1			
川渝		0.846355*** (6.4742)		
贵州				1.103637** (2.4783)
云南	0.730496*** (3.8547)	0.658195*** (3.3216)		0.991361* (2.0991)
西藏	0.211771** (2.2203)			
	收敛参数 α_2			
川渝		-0.023822 (-0.1303)		
贵州				-0.362279* (-1.8338)
云南	-0.147849 (-0.8346)	-0.781506 (-1.5773)		-0.339568* (-1.7869)
西藏	-0.181781 (-1.2291)			

注：估计系数下括号内为 t 值，*表示在 10% 的置信度下通过检验；**表示在 5% 的置信度下通过检验，***表示在 1% 的置信度下通过检验。

表 5 结果显示，西南区域劳动力市场之间联系较紧，但一体化程度不深。虽然冲击

参数均显著大于零,但2/3的收敛参数不显著,表明西南区域劳动力市场间调整的效率不高,速度不快。西南区域劳动力资源丰富,整体上供给方面比较充足,但区域内部劳动力需求相对不足,无法形成较大规模的劳动力流动,所以内部互相调整的效率较低,劳动力市场一体化程度和趋势较弱。

(6)西北区域(5省):陕西、甘肃、青海、宁夏、新疆(见表6)。

表6　　　　　　西北区域1987—2006年劳动力市场一体化估测结果

迁出地	陕西	甘肃	青海	宁夏	新疆
迁入地	冲击参数 α_1				
陕西		0.649070*** (5.2225)	0.881360*** (5.6634)		
甘肃					
青海		0.642121*** (6.2367)		0.732567*** (5.1249)	
宁夏	0.721568*** (3.5975)	0.796095*** (5.2795)			
新疆	1.106718*** (5.5869)	0.801911*** (5.2443)	1.204967*** (7.3076)	0.876642*** (3.4797)	
	收敛参数 α_2				
陕西		-0.243873* (-1.9238)	-0.582373 (-0.5903)		
甘肃					
青海		-0.308584** (-2.3141)		0.119868 (0.5690)	
宁夏	-0.554593 (-0.9963)	0.002411 (0.0186)			
新疆	-0.308325 (-1.4539)	-0.442163** (-2.2590)	-0.701130*** (-3.1281)	0.183850 (0.6895)	

注:估计系数下括号内为t值,*表示在10%的置信度下通过检验;**表示在5%的置信度下通过检验,***表示在1%的置信度下通过检验。

西北区域是我国相对贫困的地区,开放程度较低,自然条件较差,交通不便、信息不畅给人口的流动带来了较大的障碍。从表6估计的参数可以看出,冲击参数均显著大于零,但收敛参数具有统计显著性的数量低于50%,表明西北劳动力市场之间虽然具有一定联系,但劳动力市场的一体化趋势较弱。

对全国六大区域性劳动力市场一体化状况的经验测算结果总体显示:全国各区域劳

动力市场内部之间联系已较为紧密，但华北、华东、华南三个区域劳动力市场一体化程度较深。其中两个重要特征是：第一，我国各区域劳动力市场一体化进程步调不一致，经济越发达、开放程度越高的区域，劳动力市场一体化的程度越深（华北、华东、华南都是全国经济相对发达和开放的区域）；第二，劳动力市场一体化程度较深的区域往往有一个或两个省、市作为该区域劳动力市场的中心地区。华北、华东和华南分别包括了环渤海、长三角和珠三角三个经济圈，北京、天津、上海、浙江、广东不仅仅是这些区域的经济文化中心，也是区域内部劳动力市场一体化进程中的中心省、市，这几个区域的劳动力市场都呈现以中心省、市为轴的一体化趋势。

（7）全国性劳动力市场一体化的初步测算。利用（12）式对全国劳动力市场一体化状况进行初步估计，与区域劳动力市场一体化检验略有不同的是，在考察我国东、中、西三大部分之间劳动力市场关系时，我们没有限于将人口净流出地区作为 i 地区，人口净流入地区作为 j 地区的做法，而是考察了三大部分之间劳动力市场劳动力双向流动的相互影响。测算结果如表7所示。

表7　　　　　全国1987—2006年劳动力市场一体化估测结果

迁出地	西部	中部	东部
迁入地	冲击参数 α_1		
西部		0.994821*** (5.4984)	0.885511*** (4.5160)
中部	0.657331*** (5.4984)		1.016626*** (9.3217)
东部	0.632833*** (4.5160)	0.825686*** (9.5322)	
	收敛参数 α_2		
西部		-0.007371 (-0.0496)	-0.003538 (-0.0463)
中部	-0.192244* (-1.7359)		-0.166352 (-1.5612)
东部	-0.128858** (-2.3047)	-0.201010*** (-3.7184)	

注：估计系数下括号内为 t 值，*表示在10%的置信度下通过检验；**表示在5%的置信度下通过检验；***表示在1%的置信度下通过检验。

根据表7的估算结果，1987—2006年间，冲击参数均显著大于零，且参数值较大，说明全国东、中、西部劳动力市场之间联系较紧密，这与区域性劳动力市场一体化测算的结果一致。收敛参数表现为由西到东迁移的参数都显著地小于零,这与我国人口大规模地由西部内陆地区向东部沿海地区迁移是一致的。在三个显著的收敛参数中,绝对值排序为:中到东的收敛参数>西到中的收敛参数>西到东的收敛参数,表明中、东部之间的劳动力市场一体化程度最深,西、中部之间次之,西、东部之间再次。相邻的两个部分之间劳动力市场互相调节的速度和程度比不相邻的两部分之间快和深,可能是由于相邻区域地理障碍较小,所带来的交通、信息障碍和文化障碍导致的迁移成本也较小。与区域劳动力市场一体化结果类似,越是开放和发达的地区,劳动力市场一体化的进程越快越深,这主要体现在中、东部与西、中部相比,中、东部的收敛参数绝对值更大,显著水平更高。

(二) 经济开放对我国劳动力市场一体化影响的经验分析

在对我国劳动力市场一体化的经验测度中,研究发现,区域劳动力市场一体化与区域经济开放可能存在一种正向关系,即经济较为开放的地区,劳动力市场一体化程度和趋势较强。根据本文的理论分析,经济开放中的国际贸易、FDI等因素对不同地区或区域之间的劳动力市场一体化进程主要通过以下两条途径产生影响:一是通过降低或消除劳动力迁移过程中的各种障碍性因素推进劳动力市场调整速度上升、一体化程度增加;二是促进我国商品市场的整合与开放,并进而推进我国地区劳动力市场的开放,导致国内各地区劳动力市场对外部的供需敏感性相对增加,对本地区的供需敏感性相对减弱,加快了劳动力市场调整速度。反映在本文测度劳动力市场一体化的主要指标α_2上,经济开放将使得系数α_2具有显著性,且绝对值有所增大。据此,本文对经济开放对我国劳动力市场一体化影响的经验检验将采取如下思路:首先检验国际贸易、FDI等因素对劳动力市场一体化经验指标α_2统计显著性的影响;然后检验经济开放对α_2绝对值的影响。

1. 经济开放对α_2统计显著性的影响。根据表1至表6中对我国六大区域劳动力市场一体化的经验测度结果,在将六大区域内部的省份两两配对进行估计的68个α_2系数中,其中37个至少能够通过置信度为10%的t检验,另外31个则无法通过显著性检验。建立如下的Probit计量模型来检验地区的国际贸易、FDI等因素对劳动力市场一体化经验指标α_2统计显著性的影响:

$$SIG_{ij} = \theta_0 + \theta_1 Trade_j + \theta_2 FDI_j + \theta_3 ADJ_{ij} + \theta_4 POPU_i + \theta_5 GDP_{ij} + \mu \quad (13)$$

(13)式中,SIG_{ij}表示利用计量方程(12)估计的1987—2006年i和j两个省份之间α_2系数是否具有统计显著性,如果α_2至少能够通过置信度为10%的t检验且为负值,SIG_{ij}取1,否则SIG_{ij}取0。$Trade_j$代表劳动力净流入省份(j省份)的1987—2006年的平均国际贸易依存度(即20年间的年均贸易额与年均GDP)之比,FDI_j表示劳动力净流入省份（j 省份）的 1987—2006 年的年平均实际利用外资额（对数值）①，ADJ_{ij} 为 i 和 j 两个省份地理上是否相邻的虚拟变量（相邻取 1，否则取 0），$POPU_i$ 人口净流出省份（i 省份）1987—2006 年的年平均人口数（对数值），GDP_{ij} 为 i 和 j 两个省份 1987—2006 年的年平均 GDP（即 i 省份的年均 GDP 与 j 省份的年均 GDP 之和的对数值），θ 为估计参数，μ 为误差项。由于方程（13）的因变量 SIG_{ij} 是取值为 0 和 1 的两点变量，解释变量为区域劳动力市场中各省份的特征，我们这里采用二元选择模型中的 Probit 模型，利用极大似然法进行参数估计。考虑到解释变量 $Trade_j$ 与 FDI_j 可能存在较强的相关性，在回归分析中，将贸易和 FDI 指标分别估计。计量分析的样本容量为 68 个，表 8 为详细的计量估计结果。

表 8 经济开放对 α_2 统计显著性影响的 Probit 模型估计结果

解释变量	方程（1）	方程（2）
$Trade_j$	1.787701*** （3.215250）	
FDI_j		0.458651** （2.528194）
ADJ_{ij}	0.195860 （0.552797）	0.299349 （0.822856）
$POPU_i$	-0.232701 （-0.974314）	-0.272482 （-1.169079）
GDP_{ij}	-0.036496 （-0.102548）	-0.418796 （-0.845663）

注：估计系数下括号内为 z 值，* 表示在 10% 的置信度下通过检验；** 表示在 5% 的置信度下通过检验，*** 表示在 1% 的置信度下通过检验。

从表 8 的估计结果可以看出，经济开放中的国际贸易、FDI 等因素对区域劳动力市场一体化具有非常显著的影响，贸易依存度变量的估计系数统计显著性达到了 99%，而 FDI 变量的估计系数统计显著性也达到了 95% 以上，且上述两个变量的系数值均较大。这表明劳动力净流入省份（研究表明这多为区域劳动力市场的中心省份）在研究期内的贸易和利用外资迅速发展对 i 和 j 两个省份之间 α_2 系数的统计显著性具有明显的正向影响，从而初步显示了经济开放能够促进区域劳动力市场的一体化进程。两个省份地理上相邻对劳动力市场一体化具有积极影响，这主要是通过降低劳动力迁移障碍实现

---

① 根据中国的实际情况，我们假设国际贸易、FDI 等开放因素对区域劳动力市场一体化进程的影响主要来自人口净流入省份。

的，劳动力净流出省份的人口规模与两个省份的总 GDP 规模均对劳动力市场一体化有一定负面影响，这是由于人口众多、经济规模大的区域劳动力市场整合的难度相对较大，但地理相邻、人口和 GDP 规模三个变量的估计系数未能通过统计显著性检验。

2. 经济开放对 α_2 绝对值的影响。根据本文的理论分析，经济开放影响劳动力市场的参数 f_1 和 f_2 均具有提高系数 α_2 绝对值的作用，从而推进区域劳动力市场调整速度上升、一体化程度增加。因此，研究在检验了经济开放对 α_2 统计显著性的影响之后，进一步就经济开放对 α_2 绝对值的影响进行经验检验。我们将本文先前估计的 68 个 α_2 系数中能够达到 90% 及以上统计显著性的系数（37 个）取其实际绝对值作为被解释变量，其余未通过显著性检验的系数（31 个）将其绝对值取 0 作为被解释变量，由于被解释变量为受限变量，我们采用如下的 Tobit 模型对经济开放对劳动力市场一体化经验指标 α_2 绝对值的影响进行估计：

$$ABVALUE_{ij} = \psi_0 + \psi_1 Trade_j + \psi_2 FDI_j + \psi_3 ADJ_{ij} + \psi_4 POPU_i + \psi_5 GDP_{ij} + \mu \quad (14)$$

（14）式中，$ABVALUE_{ij}$ 表示利用计量方程（12）估计的 1987—2006 年 i 和 j 两个省份之间 α_2 系数的绝对值，如上所述，如果 α_2 至少能够通过置信度为 10% 的 t 检验且为负值，$ABVALUE_{ij}$ 取其实际绝对值，否则 $ABVALUE_{ij}$ 取 0。各解释变量的含义与（13）式相同，ψ 为估计参数，μ 为误差项。根据方程（14）因变量的受限变量特征，研究采用 Tobit 模型，利用极大似然法进行参数估计。类似地，考虑到解释变量 $Trade_j$ 与 FDI_j 可能存在较强的相关性，在回归分析中将贸易和 FDI 指标分别估计。计量分析的样本容量为 68 个，表 9 为详细的计量估计结果。

表 9 经济开放对 α_2 绝对值影响的 Tobit 模型估计结果

解释变量	方程（1）	方程（2）
$Trade_j$	0.310462** (2.217395)	
FDI_j		0.102892* (1.812628)
ADJ_{ij}	0.012435 (0.119824)	0.048494 (0.440299)
$POPU_i$	-0.060806 (-0.861664)	-0.074269 (-1.060611)
GDP_{ij}	-0.021370 (-0.189986)	-0.102373 (-0.657254)

注：估计系数下括号内为 z 值，* 表示在 10% 的置信度下通过检验，** 表示在 5% 的置信度 F 通过检验，*** 表示在 1% 的置信度下通过检验。

从表 9 的估计结果可以看出，国际贸易、FDI 等因素对 α_2 的绝对值具有显著的正向影响。年均贸易依存度变量的系数为 0.31，能够在 5% 的置信度下通过显著性检验，年均实际利用外资额的系数为 0.103，能够在 10% 的置信度下通过显著性检验，这表明劳动力净流入省份国际贸易的发展和外商直接投资流入对促进 i 和 j 两个省份之间 α_2 系数的绝对值提升具有明显的作用，进一步显示了经济开放对我国区域劳动力市场一体化的程度具有显著的促进作用。地理相邻虚拟变量、人口和 GDP 规模三个变量对区域劳动力市场一体化的影响与（13）式的估计结果相同，且这些变量的估计系数未能通过统计显著性检验。

3. 小结。本文有关经济开放对我国劳动力市场一体化影响的经验分析表明，国际贸易、FDI 等经济开放中的因素对劳动力市场一体化经验指标 α_2 统计显著性和绝对值具有显著的正向影响。这一结果不仅反映了经济开放对我国区域劳动力市场一体化的程度和趋势具有显著的促进作用，而且在较大程度上从经验上证实了本文理论分析中有关经济开放促进我国区域劳动力市场一体化的机制——通过降低或消除劳动力迁移过程中的各种障碍性因素推进劳动力市场调整速度上升、一体化程度增加，促进我国商品市场的整合与开放并进而推进我国地区劳动力市场的开放，加快劳动力市场的调整速度。

五、结论与建议

（一）主要结论

本文从理论和经验上对中国劳动力市场一体化及经济开放的影响进行了分析。理论探讨的结果显示，首先，劳动力市场一体化可能在很大程度体现为某一子劳动力市场的供求关系信息对另一个子劳动力市场均衡产生的作用，其中关键是两个劳动力市场的均衡工资差距在受到外生冲击后回到均衡水平的调整能力，以通常意义上的工资收敛来衡量劳动力市场一体化（尤其是中国劳动力市场一体化）不一定是一个好的做法；其次，通过在理论框架中引入经济开放参数 f_1 和 f_2，分析结论指出，国际贸易、FDI 等因素对不同地区或区域之间的劳动力市场一体化进程主要通过以下两条途径产生影响：一是通过降低或消除劳动力迁移过程中的各种障碍性因素推进劳动力市场调整速度上升、一体化程度增加；二是促进我国商品市场的整合与开放并进而推进我国地区劳动力市场的开放，导致国内各地区劳动力市场对外部的供需敏感性相对增加，对本地区的供需敏感性相对减弱，加快劳动力市场调整速度。反映在本文测度劳动力市场一体化的主要指标 α_2 上，经济开放将使得系数 α_2 具有显著性，且绝对值有所增大。

本文利用1987—2006年数据进行的经验分析结果表明：第一，在区域劳动力市场一体化方面，我国各区域劳动力市场一体化进程不同，华北、华东、华南等经济相对发达、开放的区域劳动力市场一体化的程度更深，且劳动力市场一体化程度较深的区域往往有一个或两个省、市作为该区域劳动力市场的中心区。而对全国性劳动力市场一体化的初步经验测度显示，中、东部之间的劳动力市场一体化程度最深，西、中部之间次之，西、东部之间再次。第二，本文有关经济开放对我国劳动力市场一体化影响的经验分析表明，国际贸易、FDI等经济开放中的因素对劳动力市场一体化经验指标α_2统计显著性和绝对值具有显著的正向影响。这一结果不仅反映了经济开放对我国区域劳动力市场一体化的程度和趋势具有显著的促进作用，而且在较大程度上从经验上证实了本文理论分析中有关经济开放促进我国区域劳动力市场一体化的机制——通过降低或消除劳动力迁移过程中的各种障碍性因素推进劳动力市场调整速度上升、一体化程度增加，促进我国商品市场的整合与开放并进而推进我国地区劳动力市场的开放，加快劳动力市场的调整速度。

本文以两个劳动力市场的均衡工资差距在受到外生冲击后回到均衡水平的趋势和速度来衡量劳动力市场一体化，使得经验上测度出的我国1987—2006年劳动力市场一体化状况与该期间内我国省际、区域之间不断增长的大规模人口迁移现象基本相符，在一定程度上解决了先前相关研究中一个颇为困扰的问题：作为我国劳动力市场之间相互调整的重要表现——省际、区域之间人口迁移的迅速发展与这些研究中的劳动力市场一体化指标工资收敛的趋势出现了明显不一致的状况。

（二）政策建议

一体化的劳动力市场对于提高中国经济发展的效率、降低经济发展的成本以及增加经济发展的福利效应都具有重要意义。根据本文的研究结论，我们提出如下几点建议：首先，坚定不移地继续深化对外开放政策，巩固和提升东部地区在经济开放中取得的巨大成果，通过开放，持续推动东部沿海发达地区内部劳动力市场之间的迅速有效调节，促进东部劳动力市场一体化进一步发展。其次，需要重视西部落后地区劳动力市场的开发和扶持。西部地区各省、市要通过外部扶持和自身发展相结合，吸收东部劳动力市场一体化发展的经验，缩小与东部地区商品市场和劳动力市场等要素市场发展的差距①。再次，加大中部和西部地区的对外开放程度，以开放促进中部和西部地区劳动力市场一体化的发展和深化。中、西部在进一步对外开放中潜力巨大，国际贸易和吸收外资的迅速发展将能有效地带动中、西部地区商品市场和劳动力市场的发展。

---

① 根据东部经验，我们认为西部地区可尝试在条件相对成熟的情况下建立几个劳动力市场中心省市来带动整个区域劳动力市场的发展。

参 考 文 献

1. 都阳、蔡昉:"中国制造业工资的地区趋同性与劳动力市场一体化",《世界经济》,2004年第8期。

2. 杨涛、盛柳刚:"中国城市劳动力市场的一体化进程",《经济学(季刊)》,2007年第4期。

3. 钟笑寒:"改革时期中国各地区工资演变",《清华大学学报》,2005年第3期。

4. R. J. Barro, N. G. Mankiw and X. Sala‑i‑Martin, *Capital Mobility in Neoclassical Models of Growth*, NBER Working Paper, No. 4206, 1992.

5. R. J. Barro, X. Sala‑i‑Martin, *Technological Diffusion, Convergence, and Growth*, NBER Working Paper, No. 5151, 1995.

6. R. J. Barro, X. Sala‑i‑Martin, *Convergence across States and Regions*, Brookings Paper of Economic Activities, 1991 (1): 107–158.

7. R. J. Barro, X. Sala‑i‑Martin, *Convergence*, Journal of Political Economy, 1992, 100 (2): 223–251.

8. G. R. Boyer, T. J. Hatton, *Migration and Labour Market Integration in Late Nineteenth‑Century England and Wales*, The Economic History Review, 1997, 50: 697–734.

9. D. F. Hendry, N. R. Ericsson, *An Econometric Analysis of UK Money Demand in "Monetary Trends in the United States and the United Kingdom by Milton Friedman and Anna J. Schwartz"*, American Economic Review, 81, 8–38, 1991.

10. R. Robertson, *Wage Shocks and North American Labor‑Market Integration*, The American Economic Review, 2000, 90: 742–764.

11. S. Poncet, N. Zhu, *Globalization, labor market and internal migration: Evidence from China*, Paper for the 43rd European Congress of the Regional Science Association, 2003.

产品内国际分工与中国工业的产业升级[1]

胡昭玲　陈鸳鸯[2]

摘要： 发展中国家参与产品内国际分工能够产生资金供给、技术扩散、出口示范与竞争、产业关联等积极效应，从而促进产业的升级和发展。本文从理论上分析了产品内国际分工对产业升级的影响机制，并就中国工业的情况进行实证。经验事实与计量分析都表明，中国以加工贸易为主要方式积极参与产品内国际分工，推动了工业总体的升级和发展，但进一步提升我国在全球生产价值链中的地位是今后应着力解决的重要问题。

关键词： 产品内国际分工　产业升级　中国工业

一、引　言

随着经济全球化的不断深入，国际分工进一步深化，以生产工序分工为特征的产品内国际分工现象获得了迅速发展。同一产品的不同生产阶段分散于不同的国家和地区，

---

[1] 本文得到教育部人文社会科学研究项目"中国在全球产品内分工体系中的地位与对策研究"（批准号：07JC790033）、南开大学"985"工程"跨国公司研究"哲学社会科学创新基地和国家社会科学基金（08CJL025）资助。

[2] 南开大学国际经济贸易系，天津，邮编：300071。

这为包括中国在内的发展中国家嵌入全球生产价值链、提高生产和创新能力、实现产业的调整与升级提供了机遇。对于产品内国际分工的产业升级效应，国内外理论界多持肯定态度。Barney（1996）指出，发展中国家企业承接跨国公司全球生产价值链中的加工环节，可以产生技术转移与技术外溢效应，从而有利于发展中国家技术水平的提高和产业升级。Ge（1999）认为，加工贸易带来的技术学习和适应效应对欠发达国家的经济开放和产业结构调整产生了积极影响。

中国自改革开放以来积极参与国际分工，加入全球生产网络，其主要形式是加工贸易。因此，有关产品内国际分工对中国产业升级影响的研究主要集中于加工贸易的产业升级效应。社科院财贸经济研究所加工贸易课题组（2000）认为，加工贸易既是以加工生产为基础的贸易方式，也是以"两头在外"为特征的产业运作方式，作为国际产业化的一个链条，加工贸易促进了我国的产业升级。隆国强（2002）站在经济全球化的高度，指出加工贸易是发展中国家接受跨国产业转移的重要方式，并着重分析了加工贸易的技术外溢效应对技术进步和产业升级的贡献。刘似臣（2005）运用要素连续统计模型分析了加工贸易的产业升级效应，认为这种效应在我国主要表现为产业结构的优化和加工贸易产业内部的阶梯递升。虽然国内一些学者指出，由于我国加工贸易存在技术含量和增值率较低等不足，在促进产业升级过程中存在一些问题，但如上所述，多数学者肯定了以加工贸易方式参与产品内国际分工对我国产业升级的推动作用。不过，学者们对于这种作用发生的渠道和机制存在不同观点，并且国内理论界在此方面尚缺乏以计量经济学工具等进行的实证分析。

本文就产品内国际分工对中国工业产业升级的影响进行研究。后文安排如下：第二部分从理论上探讨产品内国际分工对中国等发展中国家产业升级的影响机制；第三部分对中国工业产业升级和参与产品内国际分工的经验事实加以分析；在此基础上，第四部分对两者的关系进行计量检验；第五部分提出结论。

二、产品内国际分工对产业升级的影响机制

发达国家与发展中国家之间的产品内分工主要有两种形式：一种是发达国家企业通过契约等方式将某些生产环节外包给发展中国家企业；另一种是发达国家企业从事内部垂直一体化生产，通过直接投资将某些生产环节转移到发展中国家进行。上述两种形式往往都涉及发展中国家从发达国家进口中间产品，再将加工后的产品出口到发达国家，只是在后一种形式下这类贸易表现为公司内贸易。可见，对中国等发展中国家而言，参与产品内国际分工往往和加工贸易以及外商直接投资相联系。而在从事加工贸易和吸

收、利用外国直接投资的过程中，会产生资金供给、技术扩散、出口示范与竞争、产业关联等效应，这些都成为促进发展中国家产业升级的渠道。

（一）资金供给效应

产品内国际分工的资金供给效应主要体现在两个方面：一是加工贸易的出口创汇；二是发达国家直接投资对发展中国家的资金注入。在前一方面，加工贸易出口规模的增长与增值率的提高为创汇提供了空间，为发展中国家积累了资金，为产业升级奠定了物质基础。这些外汇收入中有相当一部分用于对高新技术产业的投资和对传统产业的技术改造，从而促进了产业的优化和升级。在后一方面，外国直接投资为资金短缺的发展中国家提供了产业发展的重要资金来源，并且通过合资等途径使东道国相关产业的资源运作效率和生产技术水平也得以提高。

（二）技术扩散效应

技术进步是产业升级的内在动力，产品内国际分工为发达国家向发展中国家的技术扩散提供了途径（见图1），对发展中国家的技术进步和产业升级起到了推动作用。加工贸易是中国等发展中国家参与产品内国际分工的主要方式。从加工贸易进口看，发展中国家从发达国家进口的中间产品可能包含专业技术和研发成果，并可能刺激本国企业开发出有竞争性的类似产品；从加工后的出口看，也可能产生"边出口边学习"的积极效应，发展中国家企业为满足发达国家企业对产品的较高要求会努力提高自身的技术水平，发达国家企业也可能主动提供技术援助。此外，如果产品内分工涉及发达国家企业对发展中国家的直接投资，母公司对子公司进行主动的技术转移，或者在技术当地化过程中发生技术外溢，均会对发展中国家的技术进步产生积极影响。

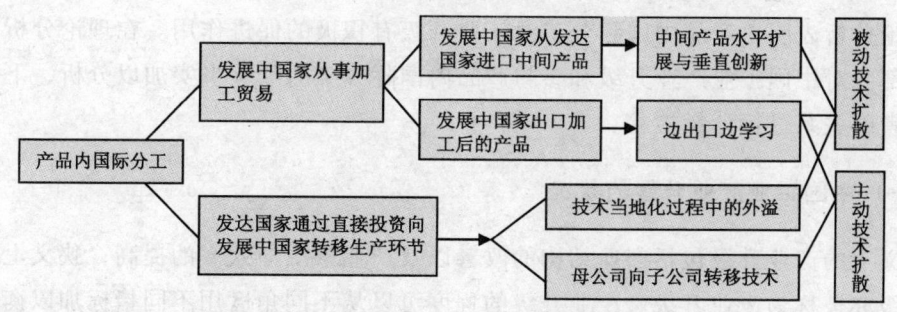

图1　产品内国际分工的技术扩散路径

（三）出口示范与竞争效应

发展中国家以加工贸易等方式参与产品内国际分工，客观上带来了明显的出口示范和市场竞争效应。通过加工贸易的示范作用,发展中国家的出口产业与其他企业逐步掌握了国际贸易惯例和业务流程,有利于解决贸易中的问题,促进出口。本国与海外市场建立稳定的联系后,还可以承接发达国家或新兴工业化国家转移而来的产业,这些产业对发展中国家来说是相对先进的,并有可能沿着产业链不断攀升,从而促进发展中国家的产业结构调整。在竞争效应方面,参与产品内国际分工意味着直接面对国际市场,必然促使发展中国家的相关产业和企业提高竞争意识,更加注重资源配置效率和技术能力;而与跨国公司内部一体化生产相联系的外商直接投资也对发展中国家国内的同类产业和企业造成压力,迫使其增强竞争能力。

(四) 产业关联效应

加工贸易是跨国公司将中国等发展中国家纳入其全球生产网络的载体,从长远利益出发,跨国公司需要在发展中国家内部发展配套产业,进行当地采购。这会为发展中国家相关产业的发展提供难得的机遇,一方面使资源得到更有效的配置,加强了上游产业的生产能力;另一方面,跨国公司在发展中国家国内采购的过程中,按照自己的技术规范对上游生产企业提出产品要求,设定质量标准,甚至派出技术人员对上游企业的生产加以指导,从而为关联和配套产业提供了技术支持,提高了相关产业的技术水平。

三、中国工业的经验事实

理论分析表明,产品内国际分工对产业升级有积极的促进作用。在理论分析的基础上,本部分对中国工业产业升级和参与产品内国际分工的经验事实加以分析,下一部分则对两者的关系进行计量检验。

(一) 中国工业产业升级的状况

广义上的产业升级包括产业结构的改善以及产业素质与效率的提高;狭义上的产业结构升级亦被称为产业升级。产业升级的程度可以从不同角度用不同指标加以衡量,篇幅所限,本文仅以反映产业结构高度化的一个指标,即资本与技术密集型行业产值比重来大致考察中国工业产业升级的状况。王岳平(2004)按照要素密集度将工业行业划分为总技术密集型、总资本密集型与劳动密集型三大类,其下又分为若干小类,如总技术密集型行业根据其中劳动和资本要素所占的比重可分为技术密集型行业、中度资本技术密集型行业、中度劳动技术密集型行业。本文根据王岳平(2004)对工业行业的分类方法，计算了各类行业产值占工业总产值的比重。

图2显示了1992—2003年中国工业中总技术密集型、总资本密集型与劳动密集型三大类行业占工业总产值比重的变化趋势，从中可以看出，总技术密集型行业所占的比重最高并且在持续上升，劳动密集型行业所占的比重则逐步下降。2003年总技术密集型行业占工业总产值的比重大约为55%，再加上总资本密集型行业，这两大类行业（下文简称为"总资本技术密集型行业"）在工业总产值中的比重超过70%。工业结构的这种现状是和产品内国际分工密不可分的，改革开放以来，我国以加工贸易方式积极参与国际分工，不断吸引跨国公司把更高技术水平、更大增值含量的加工制造环节转移到我国，从而引导了工业总体的转型升级。

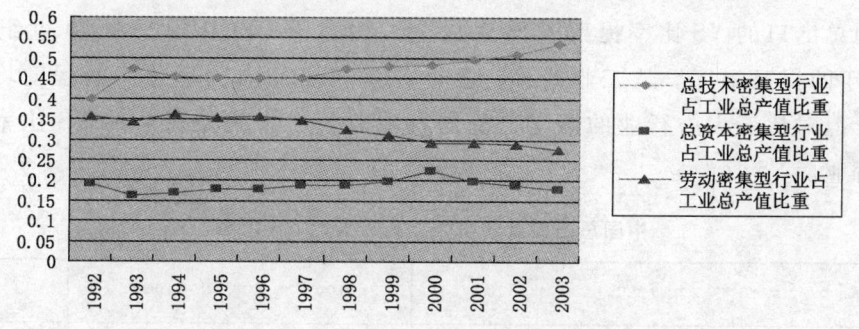

图2 三大类工业行业占工业总产值的比重

资料来源：根据《中国统计年鉴》相关年份数据计算、绘制。

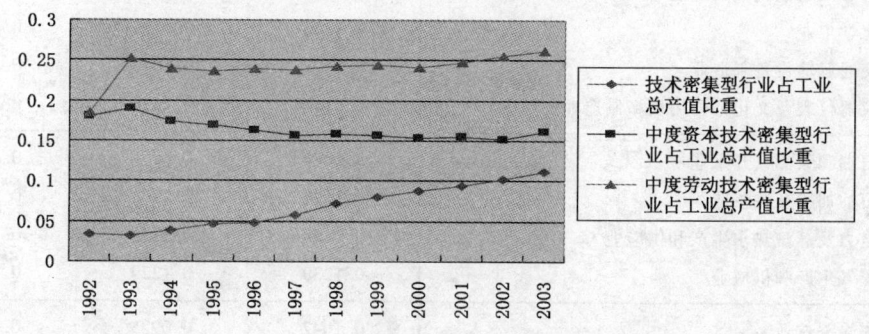

图3 总技术密集型行业中各分行业的比重

资料来源：根据《中国统计年鉴》相关年份数据计算、绘制。

但是，另一方面，对各大类行业内部的进一步分析却显示出产业结构方面的问题。总技术密集型行业是工业中比重最大的行业，但如图3所示，在总技术密集型行业内部，中度劳动技术密集型行业所占的比重最高，技术密集型行业的比重最低。这种情况仍然和我国参与产品内国际分工的实际情况密切相关。中国拥有巨大的市场和廉价的劳动力，跨国公司纷纷看好这些优势，加大在我国市场的投入。然而，受到资本积累和技术创新能力的限制，当前我国处于全球生产价值链的低端，成为跨国公司的生产基地。

虽然我国总技术密集型行业的比重逐年增加，但实际上大部分从事的是这类行业的低端环节，偏向于劳动密集型。

（二）中国工业参与产品内国际分工的程度

度量产品内国际分工程度的一个普遍使用的指标是 Hummels 等（2001）提出的 VS（vertical specialization）比率，即出口中包含的进口中间投入的比重。北京大学中国经济研究中心（CCER）课题组（2005）利用这一指标计算了 1992—2003 年我国总体及主要行业参与产品内国际分工的情况，根据本文的研究目标，我们从中选取了我国总出口和部分代表性工业行业的 VS 比率，详见表 1。1992—2003 这 12 年间，我国总出口的 VS 比率提高了 50% 以上，相当于 OECD 国家在 20 世纪 70—90 年代 20 年的提高幅度。从工业来看，各行业参与产品内国际分工的程度均呈现上升趋势，但对比三大类行业的情况，我们发现总技术密集型行业的 VS 比率要高于另两类行业。

表1　　　　　　　　中国总出口及代表性工业行业的 VS 比率

	行　业	1992	1997	2003
	总出口 VS 比率	0.1422	0.1519	0.2182
总技术密集型行业	电子及通信设备制造业	0.1910	0.1877	0.2284
	化学工业	0.1356	0.1497	0.1787
	交通运输设备制造业	0.1898	0.1880	0.2129
	仪器仪表及文化办公用机械制造业	0.2144	0.2575	0.3744
总资本密集型行业	石油和天然气开采业	0.0870	0.0654	0.0894
	石油加工及炼焦业	0.1520	0.2141	0.2152
	电力及蒸汽热水生产和供应业	0.0892	0.1231	0.1580
	煤气生产和供应业	0.1239	0.1229	0.1431
劳动密集型行业	煤炭采选业	0.1042	0.0925	0.1162
	纺织业	0.1494	0.1421	0.1606
	非金属矿物制品业	0.1071	0.1126	0.1521
	金属制品业	0.1571	0.1582	0.1935

资料来源：根据 CCER 课题组（2005），表1、表3整理。

将我国参与产品内国际分工和工业产业升级的状况加以比较，可以发现两者的变化趋势呈现明显的一致性。如图4所示，总出口 VS 比率和总资本技术密集型行业，特别是其中总技术密集型行业占工业总产值的比重均呈现上升趋势，变化幅度也很相似。我们还发现，三大类工业行业中，总技术密集型行业参与产品内国际分工的程度最高，其在工业总产值中占的比重也最大。这些事实在一定程度上表明产品内国际分工和产业升级之间存在密切联系。实际上，如上文所述，中国工业总体上的优化升级与内部存在的问题都和参与产品内国际分工的现状紧密相连，下一部分即用计量经济学方法对两者的相关性进一步加以验证。

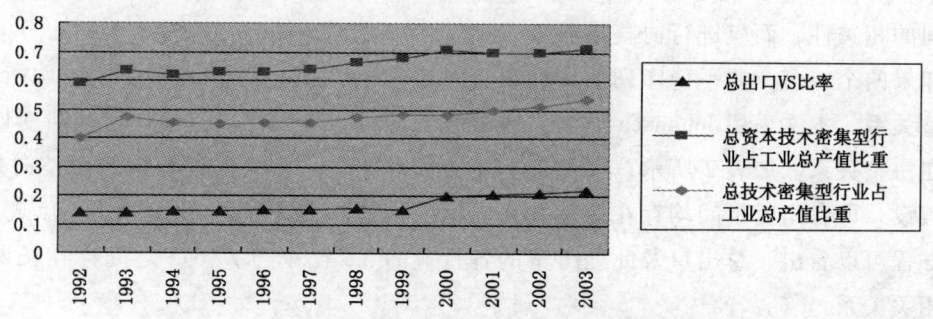

图4 中国总出口 VS 比率与产业结构变动趋势的比较

资料来源：总出口 VS 比率来自 CCER 课题组（2005），表1；其余根据《中国统计年鉴》相关年份数据计算、绘制。

四、计 量 分 析

在对变量平稳性进行检验的基础上，本部分采用协整检验和 Granger 因果检验方法，就产品内国际分工对中国工业产业升级的影响进行计量分析。仍以 VS 比率衡量产品内国际分工的程度；为简化起见，以总资本技术密集型行业占工业总产值的比重（ZZBJS）作为反映产业升级状况的指标。具体说，我们分析了中国总出口 VS 比率（ZVS）与 ZZBJS 的关系；并且，我们从总技术密集型、总资本密集型、劳动密集型行业中各选取两个代表性行业，分别为电子及通信设备制造业（DZ）与交通运输设备制造业（JT）、石油和天然气开采业（SY）与煤气生产和供应业（MQ）、纺织业（FZ）与金属制品业（JS）[①]，考察不同行业 VS 比率与 ZZBJS 的关系。中国总出口及分行业的 VS 比率引自 CCER 课题组（2005），ZZBJS 根据《中国统计年鉴》相关数据计算，样本区间为 1992—2003 年，使用的计量软件是 Eveiws5.0。

[①] 后文中用代表行业的字母缩写加上 VS 表示该行业的 VS 比率，如 DZVS 表示电子及通信设备制造业的 VS 比率，以此类推。

（一）协整检验

为避免直接使用传统的 OLS 估计方法对非平稳变量进行回归可能导致的伪回归问题，首先要对变量进行平稳性检验。本文采用 ADF 方法检验各变量的平稳性，结果表明，各变量的原序列在 10% 显著性水平下均为非平稳序列，但各一阶差分序列在 1% 显著性水平下都是平稳的，即均为一阶单整序列。因此，不能采取普通回归分析方法考察变量间的相关性，而应进行协整检验。

如果两个或多个非平稳序列的线性组合是平稳的，则它们之间存在长期均衡关系，即协整关系。本文采用 Johansen 方法，通过迹统计量和最大特征值统计量判断变量间是否存在协整关系。如表 2 所示，在相应的显著性水平下，各组变量均拒绝协整向量为 0 的原假设，即各组变量间均存在协整关系。标准化的协整方程见（1）～（7）式，[①] 由这些方程可以看出，总出口及此处考察的各行业的 VS 比率与 ZZBJS 之间存在长期稳定的正相关关系。

$$ZZBJS = 1.081207 ZVS + 0.479596 \quad (1)$$
$$(0.13045)$$

$$ZZBJS = 1.782543 DZVS + 0.3300753 \quad (2)$$
$$(0.19328)$$

$$ZZBJS = 2.895678 JTVS + 0.091351 \quad (3)$$
$$(0.30977)$$

$$ZZBJS = 10.38606 SYVS - 0.184309 \quad (4)$$
$$(2.72045)$$

$$ZZBJS = 3.513727 MQVS + 0.204919 \quad (5)$$
$$(0.36321)$$

$$ZZBJS = 5.178249 FZVS - 0.120235 \quad (6)$$
$$(0.93716)$$

$$ZZBJS = 1.907554 JSVS + 0.338318 \quad (7)$$
$$(0.17595)$$

表 2　　　　　　　　　　Johansen 协整检验结果

变量组	协整向量个数原假设	特征值	迹统计量	最大特征值
ZVS 与 ZZBJS	None	0.779458	15.16725 *	15.11667 **
	At most 1	0.005045	0.050574	0.050574
DZVS 与 ZZBJS	None	0.866876	20.17336 ***	20.16473 ***
	At most 1	0.000863	0.008630	0.008630
JTVS 与 ZZBJS	None	0.866662	20.15628 ***	20.14865 ***
	At most 1	0.000762	0.007627	0.007627
SYVS 与 ZZBJS	None	0.753555	14.28962 *	14.00615 *
	At most 1	0.027949	0.283474	0.283474

---

① 括号中的数字为标准化协整系数估计值的标准差。

产品内国际分工与中国工业的产业升级

续表

变量组	协整向量个数原假设	特征值	迹统计量	最大特征值
MQVS 与 ZZBJS	None	0.865862	20.09416***	20.08887***
	At most 1	0.000529	0.005293	0.005293
FZVS 与 ZZBJS	None	0.841647	18.50619**	18.42927**
	At most 1	0.007662	0.076918	0.076918
JSVS 与 ZZBJS	None	0.860297	19.68270**	19.68234***
	At most 1	3.66E-05	0.000366	0.000366

注：***、**、*分别表示在1%、5%、10%的显著性水平下拒绝原假设。

(二) Granger 因果关系检验

变量间存在协整关系并不能说明它们之间是否存在因果关系，在协整检验后，我们用 Granger 因果关系检验来确定产品内国际分工与中国工业产业升级之间的因果关系。表3的检验结果显示，总出口以及各行业的 VS 比率和 ZZBJS 之间存在双向因果关系。滞后1期时，除石油和天然气开采业外，各组检验结果均显示 ZZBJS 是相应 VS 比率的 Granger 原因；滞后2期时，除石油和天然气开采业与纺织业，大多数变量组的检验仍显示 ZZBJS 是相应 VS 比率的 Granger 原因，但其影响有所减弱，接受原假设的概率比滞后1期时均有提高。另一方面，滞后1期时，总出口与各行业的 VS 比率均不是 ZZBJS 的 Granger 原因，但滞后2期时，各组检验结果均显示在相应的显著性水平下总出口与各行业的 VS 比率是 ZZBJS 的 Granger 原因。

表3　　　　　　　　　　　　Granger 因果关系检验结果

变量组	原假设	滞后期=1 F 统计量	滞后期=1 概率	滞后期=2 F 统计量	滞后期=2 概率
ZVS 与 ZZBJS	ZVS 不是 ZZBJS 的 Granger 原因	0.01764	0.89761	3.99598*	0.09188
	ZZBJS 不是 ZVS 的 Granger 原因	5.15223*	0.05290	5.24370*	0.05922
DZVS 与 ZZBJS	DZVS 不是 ZZBJS 的 Granger 原因	0.12222	0.73567	11.5923**	0.01326
	ZZBJS 不是 DZVS 的 Granger 原因	5.49103**	0.04717	3.79420*	0.09943
JTVS 与 ZZBJS	JTVS 不是 ZZBJS 的 Granger 原因	0.11185	0.74660	11.3187**	0.01390
	ZZBJS 不是 JTVS 的 Granger 原因	5.52092**	0.04670	3.87349*	0.09640
SYVS 与 ZZBJS	SYVS 不是 ZZBJS 的 Granger 原因	2.09554	0.18576	9.74341**	0.01884
	ZZBJS 不是 SYVS 的 Granger 原因	0.84045	0.38607	0.29930	0.75375
MQVS 与 ZZBJS	MQVS 不是 ZZBJS 的 Granger 原因	0.08425	0.77900	10.6140**	0.01590
	ZZBJS 不是 MQVS 的 Granger 原因	5.62231**	0.04520	4.10731*	0.08810

续表

变量组	原假设	滞后期=1		滞后期=2	
		F 统计量	概率	F 统计量	概率
FZVS 与 ZZBJS	FZVS 不是 ZZBJS 的 Granger 原因	0.76831	0.40629	15.1418***	0.00756
	ZZBJS 不是 FZVS 的 Granger 原因	3.50212*	0.09820	1.70313	0.27285
JSVS 与 ZZBJS	JSVS 不是 ZZBJS 的 Granger 原因	0.01647	0.90110	8.10336**	0.02700
	ZZBJS 不是 JSVS 的 Granger 原因	5.90187**	0.04120	5.07124*	0.06270

注：***、**、*分别表示在1％、5％、10％的显著性水平下拒绝原假设。

（三）对检验结果的分析

由上述计量检验结果，可以对产品内国际分工与中国工业产业升级的关系作出如下判断：

第一，产品内国际分工与中国工业产业升级之间存在长期均衡关系，并且这种关系是正向的。中国总体上以及各行业参与产品内国际分工的程度越高，总资本技术密集型行业在工业总产值中占的比重越大，产业升级的性状越明显。

第二，与理论分析相符，产品内国际分工可以促进产业升级。而与此同时，我们也发现产品内国际分工与产业升级之间存在双向因果关系，并且在这种反馈关系中，产品内国际分工对产业升级的影响时滞要长一些。这就是说，工业的资本、技术水平等发展现状是我国加入全球生产网络的条件之一，产业结构的高度影响着参与产品内国际分工的程度；而随着产品内分工程度的不断加深，通过本文第二部分所述的影响机制使本国产业的发展和升级得到推动。实际上，当一国进入更高的产业结构高度，就能嵌入产品内分工价值链的更高环节，这又进一步促进了分工的发展，可见两者是相互影响、相互促进的关系。

第三，不同类型的行业参与产品内国际分工，均会对产业升级产生积极影响，但这种影响的程度并不相同。从标准化协整系数绝对值的大小来看，总技术密集型行业 VS 比率对产业升级的影响相对较小，要小于总资本密集型行业以及劳动密集型行业中的纺织业。一般认为，总技术密集型行业参与产品内国际分工应该能够产生更大的技术扩散和产业关联等效应，从而对产业升级产生更有力的推动作用，但是在我国，这种作用并没有得到充分发挥，这可能与我国在产品内国际分工链条中的低端地位有关，我国总技术密集型行业参与产品内国际分工承担的仍然主要是其中技术含量和附加值较低的劳动密集型生产环节。

五、结 论

在经济全球化背景下,产品内国际分工得到迅速发展。对发展中国家而言,承接发达国家生产环节的转移、从事加工贸易能够产生资金供给、技术扩散、出口示范与竞争、产业关联等正面效应,从而为产业的升级和发展提供了良好的机遇。对中国工业参与产品内国际分工和产业升级的经验事实分析和对两者关系的计量检验,都验证了产品内国际分工对产业升级的促进作用。但另一方面,我们也应该看到,我国参与产品内国际分工主要是基于低成本劳动力的比较优势,这就决定了我国在全球生产价值链中的低端地位。我国的资本与技术密集型行业借助这种国际分工形式获得了较快发展,但是,在这些行业中,我国从事的主要还是劳动密集型的加工制造环节。因此,虽然从表面上看资本与技术密集型行业在我国工业中已占据主体地位,但如何在这些行业内部进一步提高技术与效率,逐步推进生产工序的升级,沿生产价值链不断攀升,这是我国今后应着力解决的重要问题。

参 考 文 献

1. 北京大学中国经济研究中心课题组:《垂直专门化、产业内贸易与中美贸易关系》,2005年。

2. 刘似臣:"我国加工贸易的产业升级效应研究",《统计研究》,2005年2月。

3. 隆国强:"加工贸易——全球化背景下工业化新道路",《国际贸易》,2002年12月。

4. 王岳平:《开放经济条件下的工业结构升级》,经济管理出版社2004年版。

5. 中国社会科学院财贸经济研究所加工贸易课题组:"迈向市场经济的前沿——加工贸易对我国国民经济总体作用的评价",《国际贸易》,2000年9月。

6. Barney, J., *Gaining and Sustaining Competitive Advantage*, Addison Wesley Publishing Company, 1996.

7. Ge, W., *The Dynamics of Export - processing Zones*, UNCTAD Discussion Papers, 1999.

8. Hummels, D., J. Ishii, and K. - M. Yi., *The Nature and Growth of Vertical Specialization in World Trade*, Journal of International Economics, 2001.

中国对外贸易扩张:特点、成因及影响

苑 涛 张林霞 王孝松[①]

摘要: 改革开放以来,特别是中国入世以来,中国在对外贸易方面取得了巨大的成就,这样的成就源于中国丰裕的劳动力资源和广泛地参与到国际分工当中。FDI和外包活动的盛行导致了世界范围内生产的重组,并促使中国对外贸易迅速扩张,进出口结构发生了显著变化。中国对外贸易扩张对世界的生产分工格局产生了重要的影响,也是贸易摩擦与冲突的原因之一。在未来,中国需要对内提升技术水平,对外积极推行外交策略,才能缓和中国同贸易伙伴之间的贸易摩擦,使中国对外贸易沿着健康的道路发展。

关键词: 中国 贸易扩张 国际分工 贸易摩擦

一、中国对外贸易迅速扩张

自 1978 年中国实行改革开放政策以来,中国对外贸易额逐年增长。如表 1 所示,中国对外贸易总额由 1978 年的 206 亿美元增长到 2007 年的 21700 亿美元;1978 年,中

[①] 苑涛,男,南开大学国际经济贸易系(天津,300071)副教授、系主任助理,主要研究方向为国际经济学、WTO。张林霞,女,河北工业大学外国语学院(天津,300401),研究方向为世界经济。王孝松,男,南开大学国际经济贸易系(天津,300071)博士研究生,主要研究方向为国际经济学。

国进口额为 109 亿美元，2007 年为 9560 亿美元；出口的增长率更高，1978 年出口额为 98 亿美元，2007 年飙升至 12200 亿美元，增长了 120 多倍。

表 1　　　　　　　　　　　　　　中国对外贸易发展状况　　　　　　　　　　　　　　单位：亿美元

年　份	进出口	出口	进口	差额
1978	206.4	97.5	108.9	-11.4
1980	381.4	181.2	200.2	-19.0
1985	696.0	273.5	422.5	-149.0
1990	1154.4	620.9	533.5	87.4
1991	1357.0	719.1	637.9	81.2
1992	1655.3	849.4	805.9	43.5
1993	1957.0	917.4	1039.6	-122.2
1994	2366.2	1210.1	1156.1	54.0
1995	2808.6	1487.8	1320.8	167.0
1996	2898.8	1510.5	1388.3	122.2
1997	3251.6	1827.9	1423.7	404.2
1998	3239.5	1837.1	1402.4	434.7
1999	3606.3	1949.3	1657.0	292.3
2000	4742.9	2492.0	2250.9	241.1
2001	5096.5	2661.0	2435.5	225.5
2002	6207.7	3256.0	2951.7	304.3
2003	8509.9	4382.3	4127.6	254.7
2004	11545.0	5933.0	5612.0	321.0
2005	14280.0	7620.0	6660.0	960.0
2006	17606.9	9690.7	7916.1	1774.6
2007	21738.3	12180.1	9558.2	2622.0

资料来源：http：//zhs.mofcom.gov.cn/table/200712jcktj.zip。

不同阶段的增长率水平存在着显著的差异。1978—1990 年，中国的贸易额较小且增长缓慢。这一时期，中国的贸易差额（无论顺差还是逆差）规模也很小。1990 年之后，中国的进出口额急剧增长，而且贸易顺差越来越大。自 2002 年之后，中国对外贸易迅速扩张，增长率超过以往任何时期。特别地，在 2003 年，中国的出口额和进口额分别达到 4380 亿美元和 4130 亿美元的水平，出口和进口的增长率分别为 34.6% 和 39.8%。2004 年，出口和进口的增长率又达到极高的水平，分别为 35.4% 和 36%。

2005—2007 年，尽管进出口增长率稍有下降，但贸易顺差却急剧增长。2005 年，中国的贸易顺差为 960 亿美元。2006 年，顺差达到了 1770 亿美元，是 2005 年的 1.85

倍。2007年，尽管中国政府实施了一系列旨在限制贸易顺差的措施，中国的贸易顺差仍然达到2620亿美元的高峰。

我们将中国改革开放后的时期划分为三个阶段，并计算出每个阶段的进口、出口和进出口总额的增长率。如表2所示，在整个时期，中国对外贸易保持了较快的增长速度，增长率在18%左右。1979—1990年，中国的进出口增长率为16.2%；出口增长率为17.3%；进口增长率稍低，为15.8%。1991—2001年，三个增长率都低于上一时期。与此同时，这一时期的进口年均增长率稍高于出口年均增长率。自中国入世之后，进出口额以每年27.5%的速度迅速增长，比世界贸易增长率高出10个百分点。在这一时期，中国的出口增长率大幅度高于进口增长率，以将近30%的出口年均增长率吸引了世界的目光。

表2　　　　　　　　　　不同阶段中国对外贸易增长状况　　　　　　　　　　单位：%

阶段	进出口年增长率	出口年增长率	进口年增长率
1979—2007	18.0	18.7	17.7
1979—1990	16.2	17.3	15.8
1991—2001	14.8	14.6	15.3
2002—2007	27.5	28.9	25.9

资料来源：http://zhs.mofcom.gov.cn/table/200712jcktj.zip。

中国入世之后，贸易伙伴占中国贸易份额的情况也发生了显著的变化。如表3所示，在中国的前几位出口市场中，日本所占份额越来越低。1995年，19.2%的中国商品出口到日本，但这一比例在2000年和2001年分别下降到16.7%和16.9%。此后，2002—2007年，中国对日出口比例继续下降。到2007年，中国对日本出口占总出口的比重仅为8.4%。与此同时，中国对美出口也有小幅下降，从2002年的21.5%下降到2007年的19.1%。

表3　　　　　　　　　　中国主要出口市场的构成　　　　　　　　　　单位：%

国家/地区	1995	2000	2001	2002	2003	2004	2005	2006	2007
日本	19.2	16.7	16.9	14.9	13.6	12.4	11.0	9.5	8.4
四小龙	23.2	27.6	26.2	26.9	26.1	26.1	25.3	25.2	24.1
四小虎	1.4	3.6	3.8	4.1	4.0	4.1	4.1	4.0	4.1
美国	16.6	20.9	20.4	21.5	21.1	21.1	21.4	21.0	19.1
欧盟	13.6	16.4	15.4	14.8	16.4	16.8	17.7	17.4	18.2

资料来源：联合国Comtrade数据库（网址为http://comtrade.un.org/db/&ei=Z_L8SvznFsGdkAWJv5z5Cw&sa）。

入世以来，中国对美、日两个发达国家的出口份额下降，而整体出口水平却迅速上升（见表3和表4），那么这种上升是由哪些贸易伙伴贡献的呢？亚洲四小龙一直是中国重要的贸易伙伴①，尽管近年来这些国家和地区占了中国出口的1/4，但其占中国出口比重逐年下降。相反，中国对欧盟的出口比例呈现出上升的趋势。2007年，18.2%的中国产品出口到欧洲，而2002年，这一比例仅为14.8%。同时，我们应该关注中国同四小虎②之间的贸易状况，因为这些国家的资源禀赋同中国相似且在地理位置上和中国比邻。由表3可见，中国向四小虎出口的比例很小，而且中国入世之后，这种状况也没有显著变化。但我们应该看到，1995年，中国向四小虎出口占总出口比例仅为1.4%，而2000年之后，这一比例一直维持在4%左右。

表4　　　　　　　　　　中国主要进口市场的构成　　　　　　　　　　单位：%

国家/地区	1995	2000	2001	2002	2003	2004	2005	2006	2007
日本	22.0	18.4	17.6	18.1	18.0	16.8	15.2	14.6	14.0
四小龙	24.2	25.1	26.8	28.6	27.6	27.2	27.3	25.9	24.6
四小虎	3.4	5.8	6.8	7.7	8.4	8.2	8.4	8.6	9.1
美国	12.2	10.0	10.8	9.2	8.2	8.0	7.4	7.5	7.3
欧盟	13.9	13.9	14.6	13.1	12.9	12.1	10.9	11.0	11.1

资料来源：联合国 Comtrade 数据库（网址为 http://comtrade.un.org/db/&ei=Z_L8SvznFsGdkAWJv5z5Cw&sa）。

表4列出了中国从主要贸易伙伴进口的份额。中国入世以来，从日本、美国、欧盟以及四小龙的进口份额一直在下降，但中国从四小虎的进口比重在不断上升。东盟国家（包括亚洲四小虎）提供原材料和中间产品，中国进口这些产品，同时出口制成品到世界各地（包括美欧等发达国家和东盟市场），是目前国际分工形式的直接体现。中国与东盟已经签订自由贸易协定，预计中国与东盟、四小虎的贸易额将继续上升。

二、中国对外贸易结构的转变

中国入世之后，不仅贸易额迅速扩张，而且贸易结构发生了显著的变化（见表5和表6）。20世纪80年代上半期，中国出口的初级产品价值和制成品价值几乎相等。从20世纪80年代下半期开始，制成品出口迅速增长。到2001年，初级产品出口占全部

---

① 四小龙是指中国香港、中国台湾、新加坡和韩国。
② 四小虎是指马来西亚、菲律宾、泰国和印度尼西亚。

产品出口的比重降至10%。此后，从2002年开始，这一比例持续下降，到2007年，中国出口初级产品仅占全部出口的5.1%（见图1）。在工业制成品当中，机电产品和高新技术产品出口占中国总出口比重持续增加。2007年，机电产品出口占中国总出口比重达到57.6%，而高新技术出口比重为28.6%。

表5　　　　　　　　　　　　中国出口结构　　　　　　　　　　　　单位：%

年份	初级产品	工业制成品	机电产品	高新技术产品
1980	50.3	49.7	—	—
1985	50.5	49.5	6.1	—
1990	25.6	74.4	17.9	—
1995	14.4	85.6	29.5	6.8
2000	10.2	89.8	42.3	14.9
2001	9.9	90.1	44.6	17.5
2002	8.7	91.3	48.2	20.8
2003	7.9	92.1	51.9	25.2
2004	6.8	93.2	54.5	27.9
2005	6.4	93.6	56.0	28.6
2006	5.5	94.5	56.7	29.0
2007	5.1	94.9	57.6	28.6

资料来源：http://zhs.mofcom.gov.cn/table/200712jcktj.zip。

表6　　　　　　　　　　　　中国进口结构　　　　　　　　　　　　单位：%

年份	初级产品	工业制成品	机电产品	高新技术产品
1980	35.0	65.0	—	—
1985	12.4	87.6	43.6	—
1990	18.5	81.5	40.2	—
1995	18.5	81.5	44.8	16.5
2000	20.8	79.2	45.7	23.3
2001	18.8	81.2	49.5	26.3
2002	16.7	83.3	52.7	28.1
2003	17.6	82.4	54.5	28.1
2004	20.9	79.1	53.8	28.8
2005	27.4	77.6	53.1	30.0
2006	23.6	76.4	54.0	31.2
2007	25.4	74.6	52.2	30.0

资料来源：http://zhs.mofcom.gov.cn/table/200712jcktj.zip。

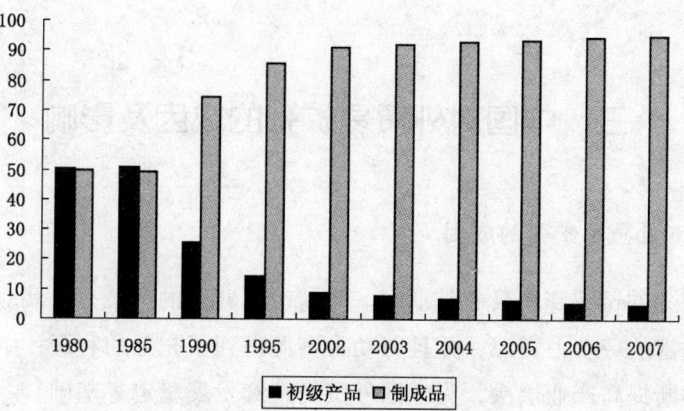

图1 中国出口结构（份额,%）

资料来源：根据 http：//zhs. mofcom. gov. cn/table/200712jcktj. zip 的数据绘制。

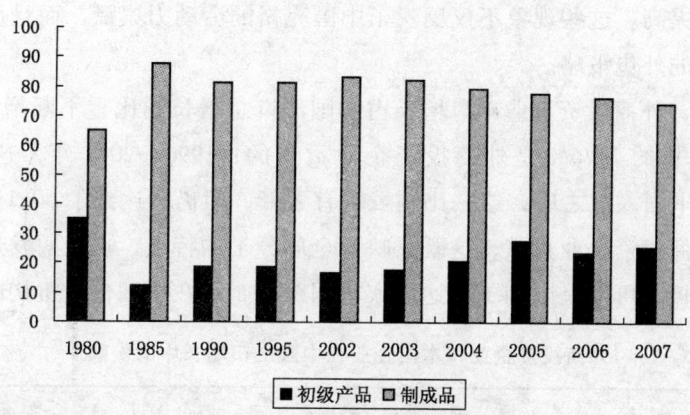

图2 中国进口结构（份额,%）

资料来源：根据 http：//zhs. mofcom. gov. cn/table/200712jcktj. zip 的数据绘制。

在进口结构方面，1980—2001 年，中国进口初级产品的比重逐渐下降。但从 2002 年开始，伴随着中国经济的持续增长，中国经济结构的不断提升和加工贸易的盛行，中国开始进口越来越多的初级产品，初级产品进口比重在 2005 年达到了 27.4% 的顶峰。与此同时，中国进口工业制成品的比重逐年下降，从 2002 年的 83.3% 下降到 2007 年的 74.6%。由图2 可以看到，工业制成品的进口份额一直高于初级产品的份额，但是中国入世之后，两者之间的差额越来越小。同出口情形一样，中国入世后进口了越来越多的机电产品和高新技术产品，尽管增长率并不高且出现过波动，但总体相对稳定。

三、中国对外贸易扩张的成因及影响

（一）中国对外贸易扩张的成因

中国对外贸易的迅速膨胀具有其动因。坚持改革开放的国策是开展对外贸易的政策保障；中国拥有丰富的劳动力资源，并且劳动力资源得到了充分的利用；中国有意识地参与国际分工，并不断提高产业层次，为中国外贸的持续发展奠定了基础。

20世纪80年代，中国利用其劳动力优势生产并出口大量的纺织品和服装。如表5所示，1990年之后，中国开始出口越来越多的机电产品；2000年之后，中国高新技术产品出口的比重逐年提高。这些现象不仅反映了中国充裕的劳动力禀赋，而且反映了国际生产分工和跨国公司的外包策略。

如表7所示，外商投资企业出口增长占中国出口总增长的比重不断增加。1985—1990年，中国出口增长的21.6%是外商投资企业贡献的；1996—2001年，这一比例达到了64.3%的高峰；中国入世之后，这一比例虽略有下降，但仍然达到了60.1%。中国出口的增加大部分由外商投资企业贡献，这既反映了全球分工的特点，也说明发达国家对中国产品出口的限制，极有可能是限制了发达国家本国跨国企业在中国分支机构的出口。

表7　　　　外商投资企业和本国企业在中国出口增长中的份额　　　　单位：%

时　期	外资企业	本国企业
1985—1990	21.6	78.4
1991—1995	45.1	54.9
1996—2001	64.3	35.7
2002—2007	60.1	39.9

资料来源：作者根据以下数据计算：http://zhs.mofcom.gov.cn/tongji.shtml。

通过计算我们发现，1990年之后，加工贸易出口占中国总出口的50%左右。这一比例在1996年达到了55%的峰值，而中国入世之后，这一比例维持在50%左右。2007年，加工贸易进口占中国总进口的38.5%。[①] 加工贸易的特点是"两头在外，大进大出"，即原材料和中间产品由海外进口，制成品也出口到海外。在中国进行的加工贸易中，相当大

---

① 根据商务部官方网站发布的进出口统计数据计算，http://zhs.mofcom.gov.cn/tongji.shtml。

的部分是由跨国企业进行的,是跨国公司外包战略的反映;这些跨国公司在中国大陆投资,然后将大陆生产的制成品回购。加工贸易的大量存在,显著提高了中国对外贸易进出口总额,在统计数据上提高了中国对外贸易的依存度。

(二) 中国对外贸易扩张的影响

中国对外贸易扩张会对世界经济产生一系列的影响,不仅有积极方面,也有消极方面。总体来说,中国廉价商品的大量出口,会在全球范围内抑制消费品的通货膨胀,由于劳动密集型产品在中国出口中所占比重很大,因而可以使世界范围内资本报酬保持在相对较高的水平。来自中国的需求拉动因素作用日益明显,在全球经济危机的背景下,对于刺激经济复苏,提高世界的购买力水平具有重大的作用。同时,中国贸易扩张会带来中国对外投资的增加,并对改善全球的资源配置作出贡献。

然而,不可否认,中国对外贸易的迅速扩张会对一些国家的特定行业构成竞争威胁,一些厂商倒闭,工人被迫脱离原先的工作岗位。对发达国家来说,从制造业向服务业的不断倾斜,会造成国家的产业空心化问题,而中国制造业产品出口的迅速扩张又会加剧这一状况。中国在大量出口最终产品的同时,会大量进口初级产品和零部件,这些投入品的需求上升,会拉动其价格上涨,特别是中国对能源、矿产品的需求巨大,中国对世界能源、矿产品价格的影响日益明显。

此外,中国贸易扩张是全球新的分工格局的结果,反过来也会对新的生产分工格局产生重大的影响。20世纪90年代,东亚国家和美国主要从日本进口资本品和最终消费品,而中国入世之后,中国则成为东亚国家和美国资本品和消费品的主要供给者,日本的地位逐渐降低,这种新的格局便是中国对外贸易扩张给世界生产分工格局带来的重要影响。

(三) 中国对外贸易扩张是发达国家贸易逆差的首要原因吗

一些发达国家对中国贸易发展表示恐慌,认为中国商品会对本国商品构成极大的威胁,从而损害自身利益,特别是美国,总以各种各样的理由试图阻碍中国对外贸易的发展。然而,中国对外贸易扩张是否危及了发达国家的利益,是否是美国等发达国家贸易赤字的首要原因呢?

由表8可见,2001—2006年间,美国经常项目逆差迅速增长,绝对量增长了1.25倍,而经常项目逆差占GDP的比重也由3.85%激增到6.64%。再来看看对华贸易逆差状况。由于美国对华贸易逆差主要在于货物贸易方面,所以表8列出了2001—2006年对华货物贸易逆差的数据。2001年,美国对华货物贸易逆差为832亿美元,此后一路攀升,到2006年逆差扩大为2236亿美元,是2001年的约2.7倍,5年间年均增长率超过20%。只看绝对量,还不能得出明确的结论,因此表8也列出了这一阶段美国货物贸易逆差总额以及对华货物贸易逆差占其中的比重。同绝对量一样,这个比重也是一路攀升,从2001年的 20.24% 上升到 2006 年的 26.32%，也就是说，由于进口中国的产品而造成的美国货物贸易逆差已经超过了 1/4。美国人进而认为，大量的"中国制造"不仅是贸易逆差的来源，更是迫使本国制造业工人脱离岗位的直接原因。根据这些事实和推理，美国的进口竞争利益集团不断渲染巨额对华贸易逆差的危害，一些行政官员和国会议员出于不同的考虑也对逆差问题进行猛烈抨击，于是，对华贸易逆差就成为美国国内宏观经济困难的"罪魁祸首"。[①]

表8   2001 年至 2006 年美国贸易逆差统计

年份	GDP（10亿美元）	经常项目逆差（百万美元）	经常项目逆差/GDP（%）	货物贸易逆差（百万美元）	对华货物贸易逆差（百万美元）	对华货物贸易逆差/货物贸易逆差总额（%）
2001	10128.0	389456	3.85	410933	83171	20.24
2002	10469.6	475211	4.54	470291	103149	21.93
2003	10971.2	519679	4.74	535652	124139	23.18
2004	11734.3	668074	5.69	651735	162035	24.86
2005	12479.4	788492	6.32	766561	197265	25.73
2006	13176.1	874500	6.64	849572	223616	26.32

资料来源：根据 2007 年美国总统经济报告（Economic Report of the President）发布的数据整理。

实际上，中国对外贸易扩张并没有伤害美国的产业安全，而是反映了新的生产格局。图3描绘了中国1980—2006年的贸易收支状况，粗线为中国对世界的贸易差额，细线为中美贸易差额。[②] 如图3所示，从1986年开始，中国对美贸易呈现出顺差，1990年之后，除1993年之外的所有年份中国都实现了总体贸易顺差。从1986年起，除了中国经济低迷的四个年份（1990年、1991年、1997年和1998年），细线都是位于深线之上，也就是说中美双边贸易盈余大于中国对世界的总体贸易盈余（如果总体贸易出现盈余），这意味着中国同其他贸易伙伴之间存在着较大幅度的逆差。如今，美国从中国大量购买的产品是他们曾经从日本、韩国和东南亚各国购买的。零部件贸易和外包的盛行构成了这样的生产格局：中国从日、韩、东南亚诸国进口零部件，利用国内廉价劳动力组装成最终产品，然后向美国出口，这就在亚洲国家和美国之间构成了一个独特的生产、销售网络。如果剔除这些因素，美国对华贸易逆差将缩减一半以上。

全球生产分工是中国在对美国、欧盟的对外贸易中保持较大顺差的最重要原因之一，

[①] 实际上，这一阶段美国对华出口也呈现出强劲增长的势头。美国 2002 年整体出口水平下降 4.9%，对华出口则增长了 15%；2003 年整体出口上升 2%，对华出口上升 18.5%，2004 年、2005 年两年的对华出口分别上升 22.2% 和 20.5%，但美国各界出于自身的考虑，却将这些事实"忽略"了。

[②] 由于中美两国官方发布的双边贸易差额统计数据相差很大，所以我们使用了 IMF 的 Direction of Trade Statistics 数据库中两国官方发布数据的算术平均值。

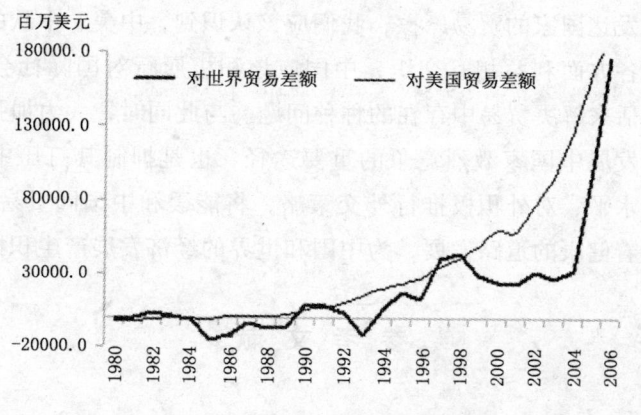

图3 1980—2006年中国贸易差额

资料来源：根据IMF的Direction of Trade Statistics（DOT）数据库中的数据计算而得（网址为http://www.imfstatistics.org/dot）。

由于全球生产分工是要素禀赋、经济全球化等多重因素作用的结果，所以不能单单靠人民币升值、中国采取出口限制措施来解决这个问题。另外，美国、欧盟的产业结构调整不及时、发达国家过高的消费倾向等也是造成这些国家贸易逆差持续的重要原因。在解决中国对发达国家贸易顺差问题时，发达国家本身的努力是关键性问题。

四、结 论

改革开放以来，中国对外贸易实现了高速的增长，而且贸易结构也发生了明显的变化，这种扩张主要是由于中国充分利用丰富的劳动力、全球生产分割的格局和跨国公司的外包策略引起的。中国对外贸易的扩张的确对世界生产分工产生了一定的影响，但这是在充分发挥各国比较优势的基础上形成的世界生产分工的新局面。

当前，无论是发达国家，还是发展中国家，都把中国贸易扩张当成自身发展的威胁。一方面，美国等发达国家认为中国的劳动密集型产品大量涌入本国市场，对国内进口竞争部门造成极大危害，非熟练劳动力失业激增；而且，近年来中国的高新技术产品出口增长势头十分迅猛，在世界市场上对美国同类产品形成挑战；更重要的，中国贸易扩张会动摇美国等西方大国的经济霸权。因此，发达国家纷纷打压中国商品，对其高筑贸易壁垒，给中国对外贸易的发展蒙上了一层阴影。另一方面，广大发展中国家具有同中国相似的要素禀赋和发展路径，因而其具有比较优势的商品同中国有很大重叠，即与中国商品的竞争程度很高。显然，这种比较优势重叠的状况会使中国商品成为一些发展中国家的攻击目标，各国采取了一系列隐蔽的非关税措施限制中国商品进入本国市场。

针对同美国等发达国家的贸易摩擦,我们应该认识到,中美、中欧的经贸往来十分密切,经济利益乃至各方面利益相互交织,中国应该积极履行对国际社会的各项承诺和义务,通过友好的对话来解决贸易中存在的种种问题。与此同时,大力加强研发、快速实现产业升级是避免与发展中国家激烈竞争的重要途径,也是抑制其打压中国商品的关键手段。对内提升技术水平、对外积极推行外交策略,将能缓和中国同贸易伙伴之间的摩擦,使中国对外贸易沿着健康的道路发展,为中国和世界的经济发展产生积极的影响。

参 考 文 献

1. Gaulier G., F. Lemoine & D. Ünal - Kesenci (2006), *China's Emergence and the Reorgnisation of Trade Flows in Asia*, CEPII Working Paper, 2006 - 05, March.

2. Hummels, D. Ishii, J. and Yi, K. (2001), *The Nature and Growth of Vertical Specialization in World Trade*, Journal of International Economics 54: 75 - 96.

3. Krugman P. (2006), *Wages, Wealth and Politics*, New York Times, August 18.

4. Subbaraman R. and Sun M. (2007), *China's Re - emergence in the World Economy: Assessing the Implications*, Lehman Brothers working paper. January, 2007.

5. Yuan, Tao and Fu Xu (2007), *China's Textile Industry: International Competitive Advantage and Policy Suggestion*, Journal of the Washington Institute of China Studies Vol. 2 (1):84 - 97.

服务贸易、货物贸易和劳动生产率变动：理论和实证

——基于李嘉图连续统模型的贸易差额分析[①]

周 燕 黄建忠[②]

摘要： 根据经验统计表明，服务贸易与货物贸易在差额变动和方向上存在替代性特征。本文以 Dornbush 等人（1977）的观点为基础，考虑一个两国开放经济的李嘉图连续统模型，分析各国不同部门劳动生产率变化与服务成为贸易品两个因素对贸易型式和贸易差额变化的影响。本文的研究表明，在服务可贸易条件下，不同国家在服务部门和货物生产部门劳动生产率发生的相对差异变动，是导致各国货物或服务贸易差额关系变化的决定因素。而中国—OECD（1982—2004 年）的劳动生产率及贸易差额的数据检验，也较好地支持了本文理论模型得出的结论。

关键词： 服务贸易 货物贸易 劳动生产率 李嘉图模型

[①] 本文受教育部重大课题项目《中国经济内外均衡的协调研究：理论、证据与政策》(06JJD790030) 资助。
[②] 周燕、黄建忠，厦门大学经济学院国际经济与贸易系，361005。通讯地址：周燕，zhouyan@xmu.edu.cn，(0592) 2183719。

一、服务贸易、货物贸易的发展及其差额变动的替代性

国际贸易对经济发展起着重要的推动作用,而服务贸易也在经济全球化趋势中扮演着愈加关键的角色。1990—2007年,世界贸易的年均增长速度为7%,其中服务贸易的年均增长速度略高于货物贸易。① 与此同时,全世界1990—2001年的GDP增长率为2.8%,2001—2006年均增长4.2%。② 从总体上看,服务贸易和货物贸易仍以较大幅度高于经济增长速度。而从西方七国(G7)的发展情况来看,1996—2007年间服务贸易增幅为7.4%,高于货物贸易增幅6.4%,说明服务贸易与货物贸易相比,更成为世界经济增长的有效推动力。

深入考察服务贸易可以发现,服务贸易差额同货物贸易差额的变动方向在一国甚至是一个经济体内呈现出明显的相互替代性,即对一国而言,当货物贸易为赤字时,服务贸易往往为顺差;反之亦然。如图1所示,在该图涉及的42个国家(地区)当中,收支平衡的分界线清晰地划分了服务贸易和货物贸易的差额,使其分列两边。从图形上还可以看出,对于具有较大货物贸易顺差的国家(地区),也基本上同时具有相对较大的服务贸易逆差。

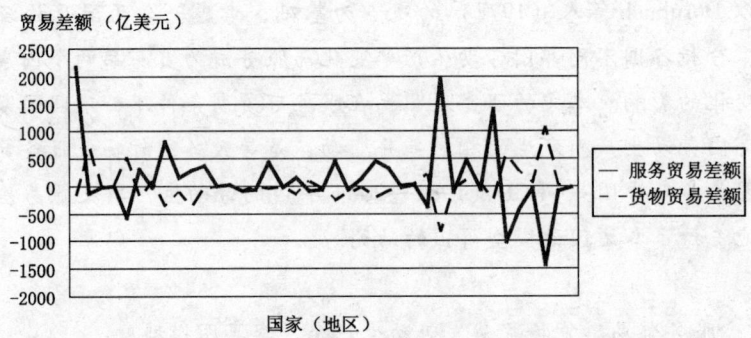

图1　2006年主要国家(地区)的货物贸易差额和服务贸易差额③

对世界上主要国家和经济体进行历史追溯,同样可以发现这种服务贸易和货物贸易发展在时间序列上呈现的替代性特征。表1列出了近年来美国、英国、日本和OECD整体在

---

① 数据出处:商务部网站统计资料。
② 世界总体的经济增长速度出自《国际统计年鉴2007》,中国统计出版社2008年版。
③ 该图横轴从左向右依次为各国(地区)依英文名称顺序排列(其中,中国列在首位),一共包括中国、OECD国家、新兴工业化国家和部分发展中国家等共计42个国家(地区);出于数轴刻度的考虑,该图并不包括美国的数据。美国的数据参见表1。数据来源:《国际统计年鉴2007》,中国统计出版社。

服务贸易和货物贸易差额上的数据。实际上，其他各主要经济体同样呈现类似特征。进一步观察各国数据还可发现，美国、英国等成熟发达市场经济国家近年来呈现服务贸易顺差，而日本等后起发达国家和中国等发展中国家则在近年呈现服务贸易逆差。

表1　　　　　　　　部分国家和经济组织的货物及服务贸易净额　　　　　单位：10亿美元

贸易净额	1990		2000		2003		2004		2005		2006		2007	
	货物	服务	货物	服务	货物	服务	货物	服务	货物	服务	货物	服务	货物	服务
美国	-111	24	-454	74	-550	53	-669	57	-787	72	-838	79	-815	106
英国	-36	8	-49	20	-86	34	-117	50	-118	42	-152	61	-175	77
日本	44	-46	119	-44	112	-36	136	-39	172	-23	165	-19	170	-21
中国	16	-2	24	-5	25	-8	32	-9	102	-9	177	-9	262	-11*
OECD	-1104	—	-3335	67	-3095	79	-3153	131	-5386	160	-6620	207	—	—

数据来源：中国数据来自于《中国统计年鉴》及商务部服务贸易司统计数据，其他国家和OECD经济数据来自OECD、STAT统计数据库。其中"—"表示缺少数据，"*"表示根据不完全统计值预测。

对于服务贸易和货物贸易净额的类似特征，理论界已经作出很多相关研究，一致认为服务贸易发展和货物贸易发展密切相关。其中，Melvin（1989）指出，当开展要素服务商品贸易时，出口服务的国家必然将在货物贸易上存在逆差。服务出口国在货物贸易上出现逆差，反映了服务部门的比较优势。[①] Djajic and Kierzkowski（1989）分析了国际交换中的货物贸易和服务贸易，指出服务品的密集类型和是否成为贸易品，是决定货物贸易及服务贸易型式的关键因素。谢康、李赞（2000）依据WTO（1980—1995年）和IMF（1970—1993年）的两套数据实证分析了中、美、英、法、加拿大等国家货物贸易与服务贸易的替代性特征，证实了Melvin（1989）提出的理论，指出美国对外贸易逆差是美国在国际经济中比较优势的反映，而中美贸易不平衡的实质是美国经济结构日趋服务化、信息化和中国以劳动密集型制造产业结构为基础的经济发展过程相互作用的结果。程南洋、余金花（2007）利用货物贸易与服务贸易及其结构变动的相关关系，建立了测算货物贸易发展对服务贸易影响的弹性系数模型。周燕、郑甘澍（2007）也对此问题进行分析，指出各国产业发展的不同阶段是导致该特征的主要原因。

上述研究都从结果和相关因素上对服务贸易和货物贸易净额的替代性特征进行了分析，但是并没有从理论上针对该问题进行明确的解释。本文以Dornbush等（1977）为基础考虑一个两国开放经济的李嘉图连续统模型，将Meivin（1989）和Djajic and Kierzkowski（1989）的思路纳入在本模型中，分析各国不同部门劳动生产率变化与服务是否成为贸

---

① Melvin（1989）将这种特征称之为货物贸易和服务贸易的互补性。谢康等（2000）的文献沿用了这种描述，而周燕（2007）及本文认为称之为货物贸易和服务贸易净额的替代性特征更为准确。

易品两个因素对贸易的影响。本文研究的明确结论是：不同国家在服务部门和货物生产部门劳动生产率发展的相对差异，是导致各国货物或服务贸易差额的决定因素。本文最后用中国—OECD（1982—2004年）的劳动生产率及贸易差额数据对模型进行了实证检验，较好地支持了本文理论模型得出的结论。

二、劳动生产率、服务业发展和服务贸易

（一）基本模型

本文采用 Dornbush（1977）为基础，考虑一个两国开放经济的李嘉图连续统模型，基本情形如下：

1. 生产。两个国家都仅使用一种要素即劳动力，采用规模报酬不变的线性技术生产 1~n 种制成品 X_i 和一种服务产品 X_θ，每种制成品在本国和外国的单位劳动投入根据数量分别排序为 $(a_1, a_2, \cdots, a_n)$ 和 $(a_1^*, a_2^*, \cdots, a_n^*)$，[①] 服务的单位劳动投入分别为 a_θ，a_θ^*。两国劳动人口分别为 L、L^*。其中，服务品的生产更加复杂。[②]

2. 消费。本国代表性消费者的效用函数为 $U = X_\theta^\theta \prod_i^z X_i^{\alpha_i}$，且假定外国消费者偏好与本国完全相同。因此各国在不同产品上具有相同的消费比例。

3. 封闭经济均衡。在封闭经济条件下，容易得到产品的均衡价格、均衡数量、均衡工资，以及在各产品上的消费份额。$b_i = \alpha_i$，$\int_0^1 b(z)dz = 1 - \theta$。

4. 开放经济均衡。本文进一步假定制成品可以在国际间无成本交换，而服务为非贸易品。令贸易品的产品特征根据复杂程度标准化 $z \in (0,1)$。同时，$a_i < a_i^*$，$A(z) \equiv \dfrac{a^*(z)}{a(z)}$，$A' < 0$。上述假定说明，外国在任一种产品生产上具有绝对优势，并且在相对复杂（要求更高单位劳动投入）的产品上具有比较优势。而本国则相应的在相对简单的产品上具有比较优势。具体来说，令 $\omega = \dfrac{w}{w^*}$，则对于某一种产品 $\tilde{z}$，当 $\omega < A(\tilde{z})$ 时，本国在该种产品上具有比较优势。因此，在贸易品中，各国比较优势的临界产品特征 $\tilde{z} = A^{-1}(\omega)$。因此可以得到：

$$\omega = A(\tilde{z}) \tag{1}$$

[①] 其中星标表示国外变量，下文同。
[②] 根据 Melvin（1989）、Feenstra（2003）等研究得出的一般假定。

令各国在本国制成品上的支出份额为 $v(\tilde{z})$，在外国制成品上的份额 $v^*(\tilde{z})$，容易得出：

$$v(\tilde{z}) = \int_0^{\tilde{z}} b(z)dz$$

$$v^*(\tilde{z}) = \int_{\tilde{z}}^1 b(z)dz = 1 - \theta - \int_0^{\tilde{z}} b(z)dz = 1 - \theta - v(\tilde{z})$$

再考虑各国对本国服务品的消费，有 $v(\tilde{z}) + v^*(\tilde{z}) + \theta = 1$；而贸易平衡要求 $wL(1-\theta) = v(\tilde{z})(wL + w^*L^*)$，因此有：

$$\omega = \frac{v(\tilde{z})L^*}{L(1-\theta) - v(\tilde{z})L} = \frac{v(\tilde{z})}{1-\theta - v(\tilde{z})}\left(\frac{L^*}{L}\right) = B\left(\tilde{z}, \frac{L^*}{L}\right) \tag{2}$$

开放经济下的均衡工资和临界产品由 $A(\tilde{z})$，$B\left(\tilde{z}, \frac{L^*}{L}\right)$ 共同决定，如图2所示，E 点决定了两国相对工资和临界产品。

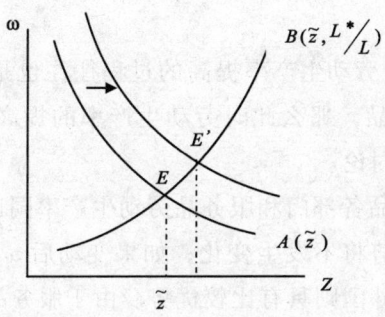

图2 相对工资和临界产品的决定

(二) 劳动生产率的提高和国际贸易

这一部分以（一）为基础，分析在非贸易品性质不发生改变的情况下，劳动生产率变化对均衡带来的影响。出于本文分析制成品和服务贸易的目的，这里假定制成品各行业的劳动生产率提高比例相同。即 $\dot{a}_i = j, \dot{a}_\theta = k$，同时 $\dot{a}_i^* = l, \dot{a}_\theta^* = m$，其中 $i \sim (1, n)$，j、k、l 和 m 均小于0。此时的劳动生产率的提高又可分为以下几种情况：

1. 服务仍然为非贸易品。当服务仍然为非贸易品的情况下，两国的贸易继续在制成品各行业之间展开。具体而言，此时的劳动生产率又可分为以下两种情况：

第一种情况：各国制成品各部门和服务品劳动生产率同比例提高，而服务品仍然保持为非贸易品。此时，$m = l = j = k$，因此 $a(\tilde{z})/a^*(\tilde{z})$，$v(\tilde{z})/v^*(\tilde{z})$ 不发生改变，均衡下的相对工资和临界产品均不发生改变，仍然如图1均衡点所示。此时，劳动力配置也不发生改变。但是在单位劳动投入降低的情况下，各国单位劳动力的实际工资同比例提高，使得各国福利水平改善。

另一种情形：发达国家和发展中国家的劳动生产率得到非均衡的提高。一般来说，本国作为发展中国家，其贸易品劳动生产率提高较快，而作为发达国家的外国非贸易品劳动生产率增长更快，即 $-\dot{a}_i > -\dot{a}_\theta$，$-\dot{a}_i^* < -\dot{a}_\theta^*$，或者可以表示为 $-j > -k$，$-l < -m$。当发展中国家的制成品劳动生产率比发达国家制成品劳动生产率增长更快时，该问题可以简化为 $j < k = 0$，$0 = l > m$。由 $A(z) \equiv a^*(z)/a(z)$ 可知，$A(z)$ 将增加，在图形中表示为向上移动，此时由式（2）表示的曲线不受影响。所以在这种情况下，临界产品和相对工资的均衡点如图2中所示，从 E 点向 E' 点移动，本国生产的制成品增加，外国生产的制成品范围减少，两国仍然保持国际贸易平衡。由于对本国制成品的消费比例提高，本国工资相对提高。在这种情况下，外国会从非贸易品劳动生产率提高中得到好处，但本国从贸易品的劳动生产率提高和开放经济中得到相对福利的提高。与此分析相类似，如果本国的制成品劳动生产率提高和外国提高一样快，而非贸易品部门的劳动生产率提高则低于外国，则两国的均衡工资和临界产品不发生变化，但外国能享受到更廉价的非贸易品，从而相对福利提高更多。

2. 服务品成为贸易品。劳动生产率提高的过程往往也是交易成本降低的过程，如果在此过程中服务品成为贸易品，那么此时劳动生产率的提高给两国经济将带来不同的影响。这里仍然分为两种情况讨论。

第一种情况：各国制成品各部门和服务品劳动生产率同比例提高，而服务品变为贸易品。那么各国制成品比较优势将不发生变化；如果变动后 $\omega < A(\theta)$，那么本国将在服务品上具有比较优势；反之，外国则具有比较优势。由于服务品进入贸易，因此贸易平衡条件将对制成品临界产品进行调整，以保持新的贸易平衡。根据前文对模型的假定，外国服务品的劳动生产率相对本国较高，具有潜在的比较优势，因此此时外国出口服务品。则各国代表性居民对于本国制成品、外国制成品的消费份额仍然等于：

$$v(\tilde{z}) = \int_0^{\tilde{z}} b(z) dz$$

$$v^*(\tilde{z}) = \int_{\tilde{z}}^1 b(z) dz = 1 - \theta - \int_0^{\tilde{z}} b(z) dz$$

由于服务成为贸易品，根据贸易平衡要求，$wL = (v(\tilde{z})(1-\theta)(wL + w^*L^*)$ 有：

$$\omega = \frac{v(\tilde{z})(1-\theta)L^*}{L - v(\tilde{z})(1-\theta)L} = \frac{v(\tilde{z})(1-\theta)}{1-(1-\theta)v(\tilde{z})}\left(\frac{L^*}{L}\right) = B\left(\tilde{z}, \frac{L^*}{L}\right) \tag{3}$$

从式（3）可以发现，当服务品成为贸易品，并且在外国具有比较优势以后，本国制成品的产品范围扩大，外国制成品的比较优势范围缩小，本国的相对工资下降。与服务品成为贸易品之前的均衡点 E 相比，新的均衡点位于 M 点，如图3所示。

第二种情况：各国的劳动生产率以不同比例提高。此种情形同前文分析过的类似，根据 $A(\tilde{z})$，$B\left(\tilde{z}, \frac{L^*}{L}\right)$ 在不同情况下的变动，决定新的临界产品和相对工资。

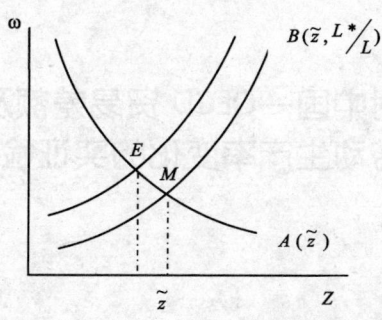

图 3　服务成为贸易品

不难推导出，如果本国制成品劳动生产率相对外国提高，并且服务成为贸易品，则 $A(\tilde{z})$ 向上移动，$B(\tilde{z},\frac{L^*}{L})$ 向下移动，此时本国的相对工资变化不确定，而本国制成品生产的临界范围扩大；如果本国制成品劳动生产率相对减少，同时服务品保持外国的比较优势，那么 $A(\tilde{z})$ 向下移动，$B(\tilde{z},\frac{L^*}{L})$ 向上移动，本国临界制成品范围减少，相对工资不确定；相应的，如果外国保持服务品为比较优势且制成品劳动生产率相对增加，则二者同时向下移动，则本国临界制成品范围不确定，本国相对工资减少。

综上所述，各种因素发生变化后导致的结果如表 2 所示。

表 2　劳动生产率提高及服务是否可贸易在不同情形下对本国的影响

影响因素	劳动生产率变化	同比提高	同比提高	本国制成品部门相对提高	本国制成品部门相对提高	外国制成品部门相对提高
	服务是否成为贸易品	非贸易品	贸易品	非贸易品	贸易品	贸易品
本国相对工资		不变	下降	上升	不确定	减少
本国制成品出口		不变	增加	增加	增加	不确定
本国服务品进口		无	增加	无	增加	增加

三、对中国—OECD贸易差额及相对劳动生产率变化的实证检验

(一) 计量模型

根据上文的分析我们可以看出,当服务部门劳动生产率提高使得服务品成为贸易品时,各国的比较优势和贸易平衡会发生变化。根据各国劳动生产率提高的一般规律,发达国家服务部门的劳动生产率提高相对更快,而发展中国家制成品部门的劳动生产率相对提高更多。在发达国家服务品劳动生产率初始就具有绝对优势的情况下,一旦出现劳动生产率提高带来服务产品成为贸易品,发达国家和发展中国家就呈现出不同的比较优势的变化。发达国家的服务品成为其比较优势,而发展中国家的制成品临界产品增加,成为新增的比较优势产品。体现在产品交换上,发展中国家将以更多范围的制成品交换发达国家的服务产品。最终呈现的特征就是发展中国家的制成品贸易顺差和发达国家的服务品贸易顺差,正如图1和表1所示的那样,劳动生产率提高引起的结果就是货物贸易和服务贸易顺差的分化。

沿用前文所述模型,令服务产品中进入国际贸易的比重为β,那么$\beta \sim (0, \theta)$,根据式(2)、式(3),在贸易均衡条件要求下,可以得到:

$$\omega = \frac{v(\tilde{z})(1+\beta-\theta)L^*}{L - v(\tilde{z})(1+\beta-\theta)L} = \frac{v(\tilde{z})(1+\beta-\theta)}{1-(1+\beta-\theta)v(\tilde{z})}\left(\frac{L^*}{L}\right)$$

$$= B\left(\tilde{z}, \frac{L^*}{L}\right) \tag{4}$$

式(4)表示了两国服务贸易、劳动力相对数量、相对工资率和制造业比较优势的相互关系。假定一段时期内两国的相对劳动力数量不变,由于服务在整个经济中的份额为θ,服务业进入贸易的份额也相应为$(0, \beta)$。当发达国家的服务业逐渐完全成为可贸易品并进入国际贸易时,β由0逐渐向θ过渡。由式(3)、式(4)及表2可知,此时出现的情形是发达国家的制成品比较优势范围减少;而发展中国家的制成品比较优势扩张,两国相对工资不确定。相应的,在服务贸易项下,发达国家就相应地出现顺差和顺差的扩张;发展中国家就出现逆差和逆差的扩张;而在货物贸易项下则出现相反的趋势。本文采用中国—OECD贸易差额和各国劳动生产率变化的数据,针对式(4)及表2的上述结论进行模型检验,以明确在各国劳动生产率有不同变动率的情况下,货物贸易和服务贸易是否出现如理论预期的结论,同时检查相对工资的变动情况。检验模型如下:

模型 I: $BOPS = \alpha + \beta_1 BOPM + \beta_2 DIF + \beta_3 RMEI + \varepsilon$ \qquad (5)

模型 II：$BOPS = \alpha + \beta_1 BOPM + \beta_2 DIF + \varepsilon$ (6)

模型 III：$BOPS = \alpha + \beta_1 DIF + \varepsilon$ (7)

其中，BOPS 表示中国对 OECD 的服务贸易差额；BOPM 表示中国对 OECD 的货物贸易差额；DIF 表示中国和 OECD 的劳动生产率变化差异；RMEI 表示双方相对工资。三个不同模型用于甄别各变量对服务贸易差额的解释程度。各变量说明及计量用数据详见附录一、二。

（二）检验结果

表 3 是对上述三个模型的检验结果。

表 3 对三个模型的检验结果

	模型 I	模型 II	模型 III
DIF	3.70 (4.74, 0.00018)	4.17 (6.05, 1.01E−05)	4.99 (7.18, 7.9E−07)
BOPM	−0.04 (−2.81, 0.012)	−0.03 (−2.57, 0.019)	—
RMEI	−101.15 (−1.21, 0.24)	—	
R−Square	0.82	0.80	0.73
F	25.65 (1.53E−06)	36.767 (4.39E−07)	51.67 (7.9E−07)
Correlation Matrix	BOPS 1.00 BOPM 0.63 1.00 RMEI −0.10 −0.43 1.00 DIF 0.85 −0.46 −0.19 1.00 　　　BOPS　BOPM　RMEI　DIF	BOPS 1.00 BOPM −0.63 1.00 DIF 0.85 −0.46 1.00 　　　BOPS　BOPM　DIF	

注：各变量系数括号内的数值先后为 t 值及 Prob > |t| 的概率；F 值括号为 Prob > |F|。

由上述模型检验的结果得知，不同的解释变量中，BOPM 和 DIF，即货物贸易差额和劳动生产率变化差异的 t 值都可以通过较高显著性水平，说明劳动生产率变化差异和服务贸易差额相关性较高。其中，模型 III 的一元回归中有最高的 t 值和 F 值，但 R^2 并不理想。由于所用数据跨越了 1994 年中国汇率的改革，因此模型可能存在一定的结构不稳定性。对此，针对模型 III，以 1994 年为断点，把数据分为 1994 年前和 1994 年后分别进行回归和 Chow 检验，结果如表 4 所示。根据表 4 的数据可以发现，Chow 检验统计量超过相应的 F 值，同时结构模型三的指标都不能通过一般显著性水平的检验，表明 1994 年对模型变量之间的关系起到了结构性变化的作用，不能接受两个结构方程系数相同的假设。这符合我们对汇率改革作用的预期。从表4的结果也可以看出，系数负号在三个结构模型中都保持为正值，说明整体模型的相关性方向不受影响，但是具体系数发生了变化，1994年汇率改革的确对贸易差额产生了重大的影响。[①]

表4　　　　　　　　　结构模型和Chow检验

	结构模型一：1984—2004年	结构模型二：1984—1994年	结构模型三：1995—2004年
DIF	4.99 (7.18, 7.9E−07)	2.13 (3.52, 0.0064)	2.4471 (1,00, 0.34)
SS	28898 (20)	1042.9 (10)	5525.6 (9)
R−Square	0.73 (0.71)	0.58 (0.53)	0.11
F	51.67 (7.90E−007)	12.443 (0.0064)	0.99 (0.34)
Chow 检验统计量	28.89 (F (2, 17, 99% =6.11))		

注：SS括号内为自由度。其他同表3。

从上述检验模型总的情况来看，实证数据较好地支持了前文理论所预期的结论。

首先，中国—OECD服务贸易差额对中国—OECD劳动生产率变化差异显著正相关。根据本文的变量设定，这意味着当中国制造业劳动生产率相对服务业劳动生产率的增幅比OECD相应值高时，中国服务贸易逆差就会增加。从系数值上表明，这个相对差异每增加一个百分点，中国服务贸易逆差会增加4亿美元左右。

其次，服务贸易差额对货物贸易差额的逆相关也得到证实。在两个模型中，服务贸易差额都和货物贸易逆向相关，t值接近通过99%的检验。但目前各自差额的绝对值差别较大，因此系数较小。实质上，双方目前货物贸易仍占据绝对份额，服务贸易也仅占双方贸易额较小的比例。

最后，前文理论模型认为在发展中国家制成品部门劳动生产率提高相对更快的情况下，发展中国家的相对工资结果不确定。模型Ⅰ回归的系数表明中国服务贸易差额对中国—OECD相对工资增长率存在负相关，但是t值不能通过显著性检验。而相关系数矩阵也表明，相对工资增长率和服务贸易差额的负相关性很小，同货物贸易差额有一定负相关，即中国的制造业平均工资增幅高于OECD会带来中国货物贸易顺差减少，这也符合理论预期。

[①] 鉴于1994年后数据长度和汇率因素的复杂性，本文在这里不作进一步分析。

四、结论和启示

Meivin（1989）提出的货物贸易和服务贸易发展互补性猜想在本文的理论模型和实证中得到了验证，并且在本文中进一步进行了原因分析和探讨。本文的研究表明，随着经济发展过程和分工环节的深化，一国根据其要素禀赋结构会在不同部门产生不同程度的劳动生产率进步，并相应地影响各国的比较优势和贸易分工，继而在服务成为贸易品后产生了货物贸易和服务贸易的差额替代性特征，即 Meivin（1989）提出的互补性。

一般说来，发展中国家在经济开放以后，制成品部门的劳动生产率会在全球产业转移、技术学习、知识共享中产生飞速的进步，而服务品作为一种相对复杂的产品，会更加和本国的禀赋结构、人力资本紧密结合，较难进行国际学习和转移，再因之不同于制成品的性质，发展中国家的服务业劳动生产率提高上很难达到制成品部门劳动生产率提高的速度。无论最初的劳动生产率分布状况如何，最终形成在经济全球化加深的过程中，发展中国家的制成品相对于服务品的劳动生产率增速会高于发达国家制成品相对于服务品的劳动生产率增速。因此，以劳动生产率增速的相对优势为基础，形成各国的不同比较优势；这与传统李嘉图模型以劳动生产率本身的相对优势为基础形成各国比较优势一脉相承。

当服务成为贸易品，原本只由制成品决定的比较优势和贸易型式，此时就演化为由劳动生产率增速差异所表现的比较优势和贸易型式，因此，发达国家相对拥有服务的生产和出口优势，而经济快速发展的发展中国家拥有制成品的生产和出口优势，最终在贸易差额的结果上表现为服务贸易和货物贸易的差额替代性，正如本文计量分析所证实的那样。

本文也进一步指出该如何看待中国的贸易差额。首先正如谢康等（2000）研究所表明，要合理认识到中国当前的货物贸易顺差和服务贸易逆差是经济结构和比较优势演化的必然结果，并且会在将来一定时期内保持；而本文所要进一步说明的是，这种差额情况和各国劳动生产率演化存在密切的关系，因此，以劳动生产率为着眼点来定量考察甚至推测贸易差额的演变情况就有据可依；或者反之，以贸易差额的情况来判定我国的各部门劳动生产率的变动速率的相对高低。这对我国的经济实践分析和政策指导提供了更深入的理论基础。

参考文献

1. Feenstra, Robert C (2003), *Advanced International Trade: Theory and Evidence*, Princeton: Princeton University Press.

2. Melvin (1989), *Trade in producer services: H - O approach*, Journal of Political Economics, 97 (5), pp1180 - 1196.

3. R. Dornbusch; S. Fischer; P. A. Samuelson (1977), *Comparative Advantage, Trade, and Payments in a Ricardian Model with a Continuum of Goods*, The American Economic Review, Vol. 67, No. 5. pp. 823 - 839.

4. Slobodan Djajic and Henryk Kierzkowski (1989), *Goods, Services and Trade*, Economica, 56, 83 - 95.

5. 谢康、李赞："货物贸易与服务贸易互补性的实证今析——兼论中美贸易不平衡的实质"，《国际贸易问题》，2000年第6期。

6. 程南洋、余金花："中国货物贸易与服务贸易结构变动的相关性检验：1997—2005"，《亚太经济》，2007年第1期。

7. 周燕、郑甘澍："货物贸易与服务贸易：总量互补与差额替代关系"，《亚太经济》，2007年第2期。

附录一

计量模型中各变量说明

BOPS：中国对OECD国家总计服务贸易差额（1984—2004年）

BOPM：中国对OECD国家总计货物贸易差额（1984—2004年）

DIF：OECD和中国两部门的劳动生差率增幅相对差异（1984—2004年）

＝（OECD制造业劳动生产率年增长率 - OECD服务业劳动生产率年增长率）

－（中国制造业劳动生产率年增长率 - 中国服务业劳动生产率年增长率）

其中各部门年度劳动生产率增长率为包括本年度在内的前三年增长率的指数平均值。

RMEI：中国对OECD的制造业工资相对增长率（1984—2004年）

＝中国制造业工资年增长率 - OECD的制造业工资相对增长率

服务贸易、货物贸易和劳动生产率变动：理论和实证

附录二

计量用数据及数据出处

年度	OECD制造业生产率增幅%①	OECD服务业生产率增幅%①	中国制造业生产率增幅%②	中国第三产业生产率增幅%②	中国服务业生产率增幅%①	中国制造业在岗平均工资增长②	OECD制造业工资指数③	OECD制造业工资年增长③	OECD24中国制造业工资年增长③	BOPS中国服务差额,亿美元④	BOPM中国对OECD货物差额,百万美元⑤	DIF计算结果	RMEI计算结果
1982	1.51	-0.11	2.9	1.8									
1983	5	1.79	3	-0.9									
1984	4.59	0.88	3	2.7		1.210			1.077	2	-780444	1.060	1.124
1985	4.53	0.97	6.3	10.3		1.164			1.081	6	-1085749	3.335	1.077
1986	0.62	1.52	0.9	4.4		1.147			1.071	16	-1210001	4.481	1.070
1987	4.28	0.31	1.7	0.2		1.112			1.097	19	-624340	4.141	1.014
1988	4.41	1.77	5.6	7.7		1.206			1.089	14	-617660	3.232	1.107
1989	2.84	0.96	-4	4.6		1.111	60.94	1.064	1.064	9	-457888	5.928	1.045
1990	2.21	0.82	-2.8	5.6		1.091	64.81	1.064	1.066	16	-555258	8.415	1.026
1991	-0.91	-0.84	6.1	5.3	5.29	1.104	68.7	1.060	1.069	30	-676355	6.556	1.042
1992	3.32	1.8	16.1	6.2	6.22	1.151	71.88	1.046	1.059	-1	-835766	0.449	1.100
1993	1.7	0.58	4	2.4	2.38	1.271	74.83	1.041	1.047	-6	-951421	-3.139	1.220
1994	5.71	1.01	3.8	0	0.05	1.279	78.01	1.042	1.040	6	-13021338	-2.547	1.227
1995	4.3	0.57	3.7	-0.4	-0.37	1.207	81.48	1.044	1.040	-62	85373	-0.004	1.155
1996	2.61	1.45	21.4	1.6	1.6	1.092	85.51	1.041	1.041	-18	498301	-5.742	1.040
1997	4.43	1.51	13.8	6.1	6.11	1.052	89.2	1.043	1.039	-32	1846989	-7.733	1.008
1998	2.4	1.32	7.9	5.8	5.84	1.191	92.05	1.032	1.039	-26	2061248	-8.038	1.154
1999	3.86	1.27	23	5.8	5.79	1.103	96.01	1.043	1.036	-48	1657980	-6.640	1.058
2000	5.31	1.24	17.9	4.7	4.73	1.123	100	1.042	1.043	-58	2573717	-8.090	1.078
2001	-0.12	1.49	16	6.2	6.23	1.117	103.43	1.034	1.042	-61	2413430	-11.708	1.080
2002	4.19	1.07	19.1	4.3	4.26	1.126	107.06	1.035	1.037	-67	3721551	-10.763	1.087
2003	6.77	1.21	17.7	4.2		1.136	110.82	1.035	1.035	-85	4545087	-10.380	1.097
2004	3.93	1.21	15.7	2.6		1.123	114.14	1.030	1.030	-95	6140382	-10.002	1.090

数据出处及说明：

①卢峰：《我国劳动生产率及国际比较（1978—2004）——人民币实际汇率长期走势研究之一》，北京大学

ccer 讨论稿，2006 年 4 月。

②中经网统计数据库。其中①数据源的中国服务业劳动增长率数据不全，计量中用第三产业劳动生产率增长数据整体替代，从数据上可以看出二者显著接近。

③OECD 统计数据库 OECD. STAT, http：//stats. oecd. org，其中 OECD 整体制造业工资数据增长率 1983—1988 年数据由 OECD24 国（不包括奥地利、捷克、匈牙利、斯洛伐克、土耳其、波兰）相应数据替代。

④中国商务部服务贸易司，http：//tradeinservices. mofcom. gov. cn，服务贸易差额缺国别数据，考虑到 OECD 是中国主要的服务贸易伙伴且服务贸易差额数据本身量值较小、精度较低，因此用中国整体服务贸易差额替代中国对 OECD 的服务贸易差额。

⑤《中国对外经济贸易统计年鉴》各年度数据汇总整理，其中，1989 年前的德国数字为民主德国和联邦德国加总，1992 年以前的捷克和斯洛伐克数据为捷克斯洛伐克一国的数据。

贸易政策选择的经济发展阶段思考

曹吉云

> **摘要：** 综合现有实证研究的结果可见，最优贸易政策选择具有显著的阶段性特征：经济发展水平较低的国家最优的贸易政策应当是保护贸易，而经济发展水平较高的国家最优的贸易政策则是自由贸易。考虑到实证研究所采用的样本以存在剩余劳动力的发展中国家为主的客观事实，本文构建了一个劳动力剩余经济贸易政策选择的理论模型，对此实证结果的推断进行了论证。同时，本文采用与前述推断一致的计量模型进行了实证分析，并与采用现有实证研究常用计量模型的回归结果进行了比较，实证结果有力地支持了前述推断。
>
> **关键词：** 剩余劳动力　贸易政策　经济发展

一、引　言

"自由贸易与保护贸易孰优孰劣"是国际经济学与发展经济学中长期备受关注的一

---

[1] 本文研究得到中国博士后科学基金资助项目（资助编号：20070420689）和教育部哲学社会科学研究重大课题资助项目（批准号：05JZD00015）的资助，特此致谢。

[2] 曹吉云，男，福建三明人，南开大学经济学院国际经济贸易系，主要从事国际贸易和世界经济研究，天津市南开区卫津路94号，邮编：300071，手机：13820638821，E-mail：caojiyun@163.com。

个基本问题（Rodríguez and Rodrik, 1999; Lee et al, 2004）。由于所考察国家经济发展程度和研究视角的差异，贸易政策选择理论对此难有定论，从而引发研究人员对此问题进行广泛的实证检验。Sachs and Warner (1995) 以 1970—1989 年为样本空间的实证结果认为，贸易自由化有助于经济增长。这一结论得到了以 20 世纪 70 年代以来的数据进行实证检验的许多后续研究（Clemens and Williamson, 2001; Vamvakidis, 2002; Wacziarg and Welch, 2003; Lee et al, 2004）的支持。然而，Yanikkaya (2003) 以 1970—1997 年为样本空间的实证分析却显示，虽然平均实际出口关税率的回归系数在总样本中不显著为负，但在以发展中国家为样本的回归中则显著为正；佟家栋和曹吉云（2006）的实证研究结果也认为，保护贸易有助于发展中大国的经济增长。综合这些实证研究的结果可见，最优贸易政策选择具有显著的阶段性特征，即最优贸易政策的选择依赖于经济发展水平：经济发展水平较低的国家最优的贸易政策应当是保护贸易，而经济发展水平较高的国家最优的贸易政策则是自由贸易。

但是，"最优贸易政策的选择依赖于经济发展水平"作为基于现有实证研究结果的一个推断，缺乏严谨的贸易政策选择理论的支持，① 也需要在实证上采用更科学的方法作进一步的检验。因此，本文第二部分以曹吉云（2008）构建的劳动力剩余经济封闭模型为基础，采用两部门两种产品模型，理论分析最优贸易政策的选择问题；第三部分采用与现有实证结论的推断相一致的计量模型进行实证分析，并与采用现有实证研究常用计量模型的回归结果进行比较；最后为本文的结束语。

二、理 论 分 析

理论与实证结果脱节反映的是理论的基础假设与现实不符。主张自由贸易的理论多数是基于发达国家充分就业的假设，但在实证样本中，大多数国家都是存在劳动力非充分就业的发展中国家。基于这个考虑，本文的理论分析以劳动力剩余经济的贸易政策选择问题为基础。

（一）封闭条件下的劳动力剩余经济：数理模型

曹吉云（2008）对"剩余劳动力"含义的 Lewis (1954) 的观点和 Ranis (2004) 的观点进行比较后发现，Lewis (1954) 的观点更符合发展中国家大量剩余劳动力以隐

---

① 虽然以弗里德里希·李斯特为代表的幼稚产业保护论与此一致，但该理论仅仅是历史经验的总结。

性的形式存在于农业部门的情况，以及我国的实际情况；① 并进一步指出，特定的土地所有权结构是 Lewis 观点下剩余劳动力长期存在的必要条件。在此基础上，曹吉云（2008）构建了一个两部门多产品的劳动力剩余经济封闭模型。为便于分析自由贸易对劳动力剩余经济的福利影响，本文将其简化成两部门两种产品模型。

假设经济体劳动力总量②固定为 $\bar{L}$，土地资源固定为 $\bar{T}$；农业部门生产粮食，工业部门生产一种工业消费品；粮食的生产需要土地和劳动力两种要素投入，工业消费品的生产仅需要劳动力一种要素投入；土地公有并无偿地平均分配给从事农业粮食生产的劳动力；劳动力在各部门之间可以自由流动；市场是完全竞争的。

根据 Lewis 的观点，在土地资源固定的情况下，假设粮食生产劳动力投入的边际产出递减，并在 $L_0 = \bar{L}_0$ 时边际产出下降至零。由于本文关注的是劳动力剩余经济，所以，在农业部门劳动力 $L_0 \geq \bar{L}_0$ 时，粮食的生产函数可以表示为：

$$Q_0 = f(\bar{T}, L_0; A_0) = \bar{Q}_0 \tag{1}$$

其中，Q_0 为粮食产出；A_0 为粮食生产的技术水平；L_0 为农业劳动力人口；$\bar{L}_0$ 为粮食生产部门所能吸收的劳动力上限。当 $L_0 > \bar{L}_0$ 时，意味着该经济体存在着剩余劳动力，剩余劳动力为 $L_0 - \bar{L}_0$。

在土地公有并无偿地平均分配给农业劳动力从事粮食生产的情况下，农业劳动力的工资水平由下式决定：

$$w_0 = \frac{P_0 Q_0}{L_0} \tag{2}$$

其中，P_0 为粮食价格。

假设工业消费品的生产函数为：

$$Q_1 = A_1 L_1 \tag{3}$$

其中，Q_1 为工业消费品的产出；A_1 为工业消费品的生产技术水平；L_1 为工业消费品生产所投入的劳动力。

完全竞争市场意味着工业消费品的市场价格 P_1 和该工业消费品生产所雇用的劳动力工资 w_1 之间具有如下关系：

$$w_1 = P_1 A_1 \tag{4}$$

在劳动力部门间自由流动的假设下，从事粮食和工业消费品生产的劳动力所获得的工资水平是相同的，即劳动力工资水平为：

$$w = w_0 = w_1 \tag{5}$$

---

① 虽然土地还是国家、集体所有，但已经免税地平均分配给农民耕种。也就是说，从事农业的劳动力可以获得平均产出作为其报酬。

② 为了分析方便，假设总人口与劳动力总量相同。

劳动力既是生产要素也是消费者，假设代表性消费者的效用最大化问题①如下：

$$\max u = \sum_{i=0}^{1} \arctan(c_i)$$

$$s.t. \sum_{i=0}^{1} P_i c_i \leq w \tag{6}$$

其中，c_i 为消费者对第 i 种产品的消费量。

以粮食为计价物，即令 $P_0 = 1$。根据效用最大化的一阶条件，可以得到工业消费品的价格：

$$P_1 = \frac{1 + (c_0)^2}{1 + (c_1)^2} \tag{7}$$

劳动力市场和商品市场的均衡条件分别为：

$$\sum_{i=0}^{1} L_i = \bar{L} \tag{8}$$

$$c_i \bar{L} = Q_i \tag{9}$$

根据式（1）~（5）和式（7）~（9），可以解得：

$$\frac{A_1}{\bar{Q}_0} \frac{\bar{L}^2 + (\bar{Q}_0)^2}{\bar{L}^2 + [A_1(\bar{L} - L_0)]^2} = \frac{1}{L_0} \tag{10}$$

式（10）决定了均衡时滞留在农业粮食生产部门的劳动力 L_0^*。令函数 $F(L_0)$ 等于式（10）等号的左端，函数 $G(L_0)$ 等于式（10）等号的右端，可以看出，函数 $F(L_0)$ 是 L_0 的单调递增函数，而函数 $G(L_0)$ 是 L_0 的单调递减函数，所以均衡解 L_0^* 必然是唯一的，具体如图 1 所示，曲线 $F(L_0)$ 和 $G(L_0)$ 的唯一交点 E 点为均衡点。

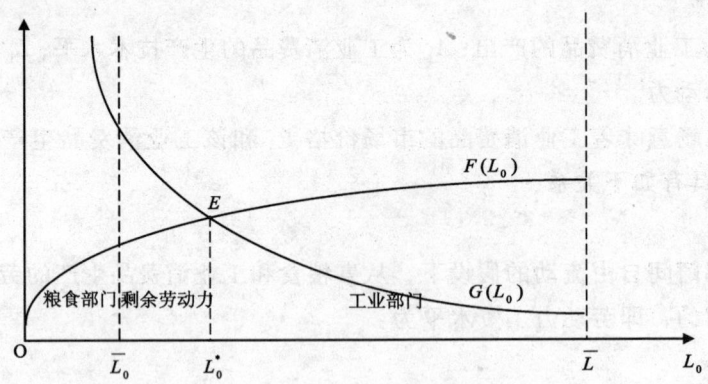

图 1　均衡时劳动力配置情况

---

① 反正切效用函数的合理性请参见曹吉云（2008）的详细探讨。

显然，当均衡解 L_0^* 不大于粮食生产所能吸收的劳动力上限 $\bar{L}_0$ 时，该经济体不存在剩余劳动力；当均衡解 L_0^* 大于粮食生产所能吸收的劳动力上限 $\bar{L}_0$ 时，该经济体存在剩余劳动力为 $L_0^* - \bar{L}_0$。

（二）封闭条件下的劳动力剩余经济：图形分析

虽然前述两部门两种产品均衡劳动力剩余模型的均衡解比较复杂，不利于进一步分析劳动力剩余经济的贸易政策选择问题，但是，该数理模型为我们以图形的方式描述劳动力剩余经济封闭均衡时的一些重要特征和分析自由贸易的福利影响提供了基础。

根据前述模型的假设，可以画出该经济体生产可能性曲线示意图，如图 2 所示。

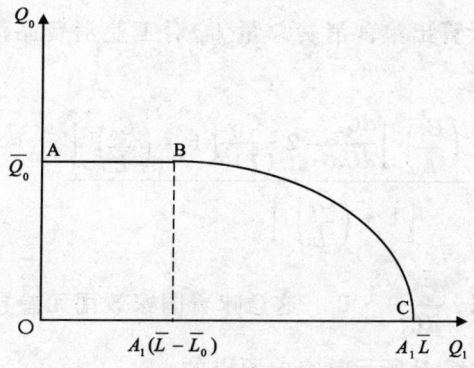

图 2　生产可能性曲线示意图

图 2 中，横轴代表工业消费品的产出 Q_0；纵轴代表粮食的产出 Q_1；曲线 ABC 就代表了该经济体的生产可能性曲线。其中，直线段 AB 与横轴平行，反映了此时该经济体中粮食生产所滞留的劳动力存在剩余，即粮食部门劳动力的边际产出为零，粮食的产出处于最高水平 $\bar{Q}_0$，此时，减少粮食生产中所滞留的劳动力不会减少粮食产出；B 点是个转折点，在这点上，粮食生产所雇用的劳动力恰好是土地资源所能吸纳的极限 $\bar{L}_0$，相应地，此时工业消费品的产出为 $A_1(\bar{L} - \bar{L}_0)$；曲线段 BC 反映了粮食生产劳动力投入的边际产出递减规律，在 C 点时，粮食产出为零，工业消费品产出达到最大 $A_1\bar{L}$。

在国际贸易理论的分析中，通常采用国家效用函数或国家效用的无差异曲线分析自由贸易前后国家的福利变化。在消费者个人效用函数相同的假定下，国家效用函数作为所有消费者个人效用函数的加总，可以表示为 $U = \sum_{i=1}^{\bar{L}} u_i$。由于消费者个人效用函数、收入以及面临的产品市场价格都相同，那么，每个消费者所消费的粮食和工业消费品的数量必然都是相同的，从而每个消费者的效用都相同，即 $u_i = u$。所以，

$$U = \bar{L}u = \bar{L}[\arctan(c_0) + \arctan(c_1)] = \bar{L}\left[\arctan\left(\frac{C_0}{\bar{L}}\right) + \arctan\left(\frac{C_1}{\bar{L}}\right)\right]$$

其中，C_0 和 C_1 分别表示该经济体对粮食和工业消费品的消费总量。

因此，与前述模型相对应的国家效用函数为：

$$U = U(C_0, C_1) = \bar{L}\left[\arctan\left(\frac{C_0}{\bar{L}}\right) + \arctan\left(\frac{C_1}{\bar{L}}\right)\right] \tag{11}$$

根据国家效用函数式（11），可以推导出国家效用无差异曲线的性状。对式（11）进行微分并整理可得：

$$\frac{dC_0}{dC_1} = -\frac{1 + \left(\frac{C_0}{\bar{L}}\right)^2}{1 + \left(\frac{C_1}{\bar{L}}\right)^2} \tag{12}$$

根据式（12）可以计算出粮食消费总量 C_0 对工业消费品消费总量 C_1 的二阶导数为：

$$\frac{d^2 C_0}{dC_1^2} = -\frac{2\frac{C_0}{(\bar{L})^2}\left[1+\left(\frac{C_1}{\bar{L}}\right)^2\right]\frac{dC_0}{dC_1} - 2\frac{C_1}{(\bar{L})^2}\left[1+\left(\frac{C_0}{\bar{L}}\right)^2\right]}{\left[1+\left(\frac{C_1}{\bar{L}}\right)^2\right]^2} \tag{13}$$

由于 $\frac{dC_0}{dC_1} < 0$，所以，$\frac{d^2 C_0}{dC_1^2} > 0$。这意味着国家效用无差异曲线是性状良好的，即无差异曲线如图 3 中的曲线 U 所示是凸向原点的。

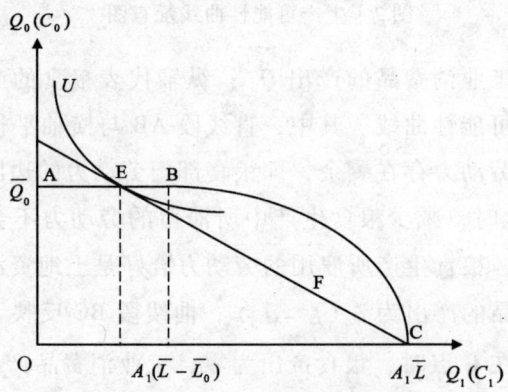

图 3 封闭条件下的均衡

对于封闭条件下均衡时存在剩余劳动力的情况，该经济体的均衡点必然位于生产可能性曲线的直线段 AB 上。但具体在 AB 线段的什么位置呢？或者说均衡点具有什么特征呢？首先，均衡点 E 必然同时位于某一条国家效用的无差异曲线 U 和国家收入（$Y = Q_0 + P_1 Q_1$）曲线 EF 上，即均衡点是生产可能性曲线段 AB、某一条无差异曲线 U 和国家收入曲线 EF 三条线（段）的交点。其次，国家收入曲线 EF 与无差异曲线 U 相切于 E 点。为了验证这个特征，对式（7）和式（12）进行比较，可得：

$$\frac{dC_0}{dC_1} = -P_1$$

其中，工业消费品的均衡市场价格 P_1 正是国家收入曲线 EF 斜率的绝对值；而 $\frac{dC_0}{dC_1}$ 正是无差异曲线 U 在均衡点切线的斜率。所以，国家收入曲线 EF 与无差异曲线 U 必然相切于 E 点。最后，国家收入曲线 EF 与生产可能性曲线 ABC 相交于 C 点。

对于"国家收入曲线 EF 与生产可能性曲线 ABC 相交于 C 点"的特征，证明如下：

根据前述模型假设，存在剩余劳动力的均衡时，工业消费品的市场价格 P_1 和劳动力的工资 w 之间的关系①为 $P_1 = \frac{w}{A_1}$。那么，根据劳动力工资的决定式（2），均衡时的国家收入为：

$$Y = Q_0 + P_1 Q_1 = \overline{Q}_0 + \frac{\overline{Q}_0}{A_1(\overline{L} - L_1)} Q_1 = \frac{\overline{Q}_0}{A_1(\overline{L} - L_1)} A_1 \overline{L} = P_1 A_1 \overline{L} \tag{14}$$

得证。

（三）劳动力剩余经济自由贸易的福利分析

式（14）的论证过程同时也说明了一个极其重要的引理：自由贸易后，只要该经济体还存在剩余劳动力，并且没有完全专业化生产粮食，那么，该经济体的国家收入曲线必然与生产可能性曲线 ABC 相交于 C 点。这是因为，存在剩余劳动力并且没有完全专业化生产粮食意味着新的生产均衡点仍然位于生产可能性曲线的直线段 AB 上，此时，工业消费品的市场价格 P_1 和劳动力的工资 w 之间的关系 $P_1 = \frac{w}{A_1}$ 仍然成立，从而保证了自由贸易后式（14）仍然成立。

这个引理对于我们比较该经济体自由贸易前后的福利大小极为方便。如图 4 所示，如果自由贸易后该经济体所面对的工业消费品的世界市场价格 P_1^w 大于其封闭时的市场价格 P_1，即 $P_1^w > P_1$，那么，该劳动力剩余经济体自由贸易后的国家收入曲线 CG（与生产可能性曲线的 AB 段交于 G 点）仍然经过 C 点，但斜率的绝对值高于封闭时的绝对值。由于自由贸易后该经济体的国家收入曲线 CG 与封闭时的无差异曲线 U 相交，所以，该经济体与自由贸易后的国家收入曲线 CG 相切的新的无差异曲线必然在封闭时的无差异曲线 U 的上方。这意味着，在这种情况下，该经济体能够从自由贸易中获益，即该经济体应当选择自由贸易。

如果 $P_1^w > P_1$ 的程度很大，以至于自由贸易使得该经济体的剩余劳动力消失，我们

---

① 参见式（4）。

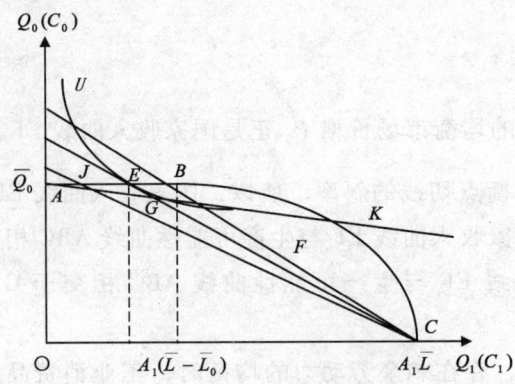

图4 自由贸易前后国家福利的比较

无须确认自由贸易后该经济体新的国家收入曲线（与生产可能性曲线相交于 BC 段）是否还经过生产可能性曲线的 C 点，很明显，自由贸易后，该经济体新的国家收入曲线也会与封闭时的无差异曲线 U 相交，所以，在这种情况下，该经济体也能够从自由贸易中获益，即该经济体应当选择自由贸易政策。这个结论与基于充分就业分析的比较优势和要素禀赋理论的主张完全一致。所以，简而言之，当 $P_1^w > P_1$ 时，该经济体无论是否是发展中国家，都应当选择自由贸易政策。

如果自由贸易后该经济体所面对的工业消费品的世界价格 P_1^w 小于其封闭时的价格 P_1，即 $P_1^w < P_1$，那么该劳动力剩余经济体自由贸易后的国家收入曲线 CJ（与生产可能性曲线的 AB 段交于 J 点）仍然经过 C 点，但斜率的绝对值小于封闭时的绝对值。由于自由贸易后该经济体的国家收入曲线 CJ 与封闭时的无差异曲线 U 不相交，所以，该经济体与自由贸易后的国家收入曲线 CJ 相切的新的无差异曲线必然在封闭时的无差异曲线 U 的下方。这意味着，在这种情况下，该经济体的福利会由于自由贸易而受损，即该经济体应当选择保护贸易政策。之所以如此，是因为自由贸易引起剩余劳动力增加导致的福利下降幅度超过了自由贸易交换引起的福利提高幅度。

如果 $P_1^w < P_1$ 的程度很大，以至于该经济体自由贸易后完全专业化生产粮食并使得自由贸易后的国家收入曲线 AK 与封闭时的无差异曲线 U 相交，在这种情况下，显然该经济体能够从自由贸易中获益。从比较静态福利分析来看，该经济体应当选择自由贸易政策。之所以如此，是因为自由贸易交换引起的福利提高幅度超过了自由贸易引起剩余劳动力增加所导致的福利下降幅度。

综合前述可见，该经济体自由贸易前后的福利大小依赖于自由贸易前后工业消费品的市场价格之间的大小关系。在自由贸易后工业消费品的市场价格 P_1^w 和其他条件不变的情况下，随着封闭时工业消费品的市场价格 P_1 由高到低变化，从比较静态福利分析的角度来看，该经济体应当选择的贸易政策依次为自由贸易、保护贸易和自由贸易。

（四）进一步讨论

上述"贸易政策选择依赖于封闭时工业消费品的市场价格 P_1"的理论结论对于指导实证研究的方向并没有太大的意义。为此，我们考察：在其他条件不变的情况下，随着工业消费品生产技术水平 A_1 的不断提高，工业消费品的市场价格 P_1 及其产出 Q_1（在粮食产出固定的情况下就只需考虑工业消费品的产出）是如何变化的。

将式（10）变形为：

$$aA_1(\bar{L} - L_1) = \bar{L}^2 + (A_1 L_1)^2 \tag{15}$$

其中，

$$a = \frac{\bar{L}^2 + \bar{Q}_0^2}{\bar{Q}_0}$$

对式（15）进行微分，整理后得：

$$\frac{dL_1}{dA_1} = \frac{a(\bar{L} - L_1) - 2A_1 L_1^2}{aA_1 + 2A_1^2 L_1} \tag{16}$$

那么，

$$\frac{dQ_1}{dA_1} = L_1 + A_1 \frac{dL_1}{dA_1} = \frac{a\bar{L}}{a + 2A_1 L_1} > 0 \ ;$$

$$\frac{dP_1}{dA_1} = -\frac{\bar{Q}_0}{[A_1(\bar{L} - L_1)]^2}\left[(\bar{L} - L_1) - A_1 \frac{dL_1}{dA_1}\right]$$

$$= -\frac{\bar{Q}_0}{[A_1(\bar{L} - L_1)]^2}\left[(\bar{L} - L_1) - A_1 \frac{a(\bar{L} - L_1) - 2A_1 L_1^2}{aA_1 + 2A_1^2 L_1}\right]$$

$$= -\frac{\bar{Q}_0}{[A_1(\bar{L} - L_1)]^2} \frac{2A_1 L_1 \bar{L}}{a + 2A_1 L_1} < 0$$

所以，随着工业消费品生产技术水平 A_1 的不断提高，其市场价格 P_1 不断下降的同时，其产出 Q_1 不断上升。在劳动力总量和土地资源不变的情况下，这意味着人均实际产出的不断上升。因此，我们有如下结论：在其他条件相同的情况下，随着人均实际产出的提高，该经济体应当选择的贸易政策依次为自由贸易、保护贸易和自由贸易。

三、实 证 检 验

在实证检验之前，有两点需要特别指出：第一，虽然本文理论结论将贸易政策选择划分为三个阶段，但在工业高度发达的现实当中，自由贸易交换引起的福利提高幅度能够超过自由贸易引起剩余劳动力增加所导致的福利下降幅度（即自由贸易后将完全专业化生产粮食）的国家是极少的。所以，实证只能检验两阶段划分的理论结论，即随着人均实际产出的提高，一国应当依次选择保护贸易和自由贸易。这与现有实证结论的推断是完全一致的。第二，由于现实中经济发展水平不同的国家之间除了竞争性产业外还存在互补性产业，而互补性产业之间的自由贸易总是有利于改善贸易双方的福利。所以，待检验的理论结论"经济发展水平较低的国家最优的贸易政策应当是保护贸易"更符合现实的表述应当是"经济发展水平较低的国家倾向于选择保护程度更高的贸易政策"。

(一) 实证检验方法

贸易政策选择的实证研究中最基础的一环就是计量回归模型的设定。从现有实证研究文献的计量回归模型所采用的被解释变量和解释变量来看，大多数研究（Sachs and Warner, 1995；Clemens and Williamson, 2001；Vamvakidis, 2002；Greenaway et al, 2002；Lee et al, 2004；Yanikkaya, 2003；佟家栋和曹吉云，2006）采用人均实际 GDP 的增长率作为被解释变量；除了贸易政策变量外，大多数研究还选择了期初人均实际 GDP 作为解释变量。

现有的实证研究文献选择期初人均实际 GDP 作为计量回归模型的解释变量之一，是因为"经济增长收敛性假说"。显然，在其他条件相同的情况下，出口面临贸易壁垒较低的国家经济增长快于出口面临贸易壁垒较高的国家。为了突出本文研究的特点，我们选择如下常用的基本回归模型（M_1）作为比较，其中，GR 表示人均实际 GDP 的增长率，TP 表示贸易政策的替代变量，GDP 表示期初人均实际 GDP 的自然对数，MTP 表示出口面临的贸易壁垒，$\beta_i, i = 0,1,2,3$ 为回归参数，u 为误差项。从现有实证研究结论来看，β_2 和 β_3 都应当会显著地小于零。如果回归系数 β_1 显著地小于零，则说明自由贸易优于保护贸易；如果 β_1 显著地大于零，则说明保护贸易优于自由贸易。

$$GR = \beta_0 + \beta_1 TP + \beta_2 GDP + \beta_3 MTP + u \tag{M_1}$$

但是，本文理论模型导出的"贸易政策选择阶段性"的结论意味着如下回归模型设定可能是更科学的。

$$GR = \beta_0 + \beta_1 TP + \beta_2 GDP \times TP + \beta_3 MTP + u \tag{M_2}$$

如果本文理论模型导出的结论正确，那么，模型（M_2）的回归结果中，回归系数 β_1 将会显著地大于零，而 β_2 则会显著地小于零。这意味着，当人均实际 GDP 的自然对数低于 β_2 时，实行保护贸易比实行自由贸易更有利于经济增长；当人均实际 GDP 的自然对数超过 β_2 时，实行自由贸易比实行保护贸易更有利于经济增长。这正是我们需要进行检验的理论结论。

(二) 实证变量和数据说明

Greenaway et al (2002) 和 Wacziarg and Welch (2003) 的研究结果表明,贸易自由化对一国经济增长的影响有可能具有滞后的特征。所以,在实证中,我们分别选择滞后3年、5年和7年的人均实际 GDP 的年均增长率,即 GR_3、GR_5 和 GR_7,作为回归模型 (M_1) 和 (M_2) 中的被解释变量。对于回归模型 (M_1) 和 (M_2) 中解释变量之一的贸易政策替代变量 TP,我们分别选择 Kee,Nicita and Olarreaga (2006) 构建和计算的综合贸易限制指数 (OTRI) 和关税综合贸易限制指数 (OTRI_T);相应地,我们也分别选择 Kee,Nicita and Olarreaga (2006) 构建和计算的市场准入 (Market Access) 综合贸易限制指数 (MOTRI) 和市场准入关税综合贸易限制指数 (MOTRI_T) 作为对应的出口面临的贸易壁垒 MTP;对于解释变量中的期初人均实际 GDP 的自然对数,我们分别选择某一年人均实际 GDP 的自然对数 (GDP) 和某一年前的连续 5 年人均实际 GDP 的平均值的自然对数 (GDPA)。

Kee,Nicita and Olarreaga (2006) 在计算综合贸易限制指数 (OTRI)、关税综合贸易限制指数 (OTRI_T)、市场准入综合贸易限制指数 (MOTRI) 和市场准入关税综合贸易限制指数 (MOTRI_T) 时,虽然其选取的各国最新的非关税贸易壁垒数据年份跨度较大,散布在 1992—2001 年之间。但是,他们选取的各国最新关税数据年份集中在 2000—2004 年①之间;更为重要的是,他们在选择计算上述各种贸易限制指数所需的进、出口贸易数据时,选择的是 2001—2003 年的平均值。② 相应地,我们选择 2000 年人均实际 GDP 作为期初人均实际 GDP,1996—2000 年人均实际 GDP 的平均值的自然对数作为 GDPA;分别选择人均实际 GDP 在 2000—2003 年间、2000—2005 年间和 2000—2007 年间的年均增长率作为 GR_3、GR_5 和 GR_7。③

(三) 实证结果和分析

根据前述实证检验方法和数据所作的普通最小二乘法 (OLS) 回归结果如表 1 所示。为了便于对比常用的回归模型结果与本文阶段性贸易政策选择回归模型结果之间的差异,将根据回归模型 (M_1) 所作的 OLS 回归结果放在表 1 的左半部分,将根据阶段性贸易政策选择回归模型 (M_2) 所做的 OLS 回归结果放在表 1 的右半部分。

---

① 91 个经济体中,最新关税数据为 2000 年、2001 年、2002 年、2003 年和 2004 年的分别有 3、10、31、41 和 6 个。

② 对于 2001—2003 年贸易数据缺失的不丹、尼日利亚、尼泊尔和加蓬四国,以 2000 年的贸易数据替代。

③ GDP、GDPA 以及计算 GR_3、GR_5 和 GR_7 所需要的各年人均实际 GDP 的数据来自 IMF "World Economic Outlook Database",April 2007。由于 "World Economic Outlook Database" 中没有 EU 总体的人均实际 GDP 数据,所以,本文实证的样本空间为 Kee,Nicita and Olarreaga (2006) 表 3 中排除了 EU 后的所有 90 个经济体。

从表1汇总的OLS回归结果可见，采用常用的回归模型（M_1）进行OLS回归分析的结果与现有大多数实证研究文献的结果是基本一致的，即期初人均实际GDP、贸易政策选择的替代变量和出口面临的贸易壁垒的回归系数都为负。也就是说，回归结果似乎验证了"经济增长收敛"、"自由贸易优于保护贸易"和"宽松的出口贸易环境有利于经济增长"的理论观点。但这些结论的显著性依赖于人均实际GDP年均增长率的滞后期数的选择。

相比较而言，采用本文阶段性贸易政策选择回归模型（M_2）所作的OLS回归结果优于采用常用的回归模型（M_1）进行OLS回归分析的结果。这体现在以下两点：第一，采用本文阶段性贸易政策选择回归模型（M_2）所作的OLS回归结果的回归系数的显著性明显得到改善。除了一个回归系数的显著性只能通过10%置信水平的检验（表1中以斜体标出）外，其他都能通过5%置信水平的检验。第二，采用本文阶段性贸易政策选择回归模型（M_2）进行OLS回归的拟合优度高于采用常用的回归模型（M_1）进行OLS回归的拟合优度。①

由此可见，本文"最优贸易政策的选择依赖于经济发展水平"的理论结论更能得到实证结果的支持。也就是说，当人均实际GDP低于某一水平α时，实行保护贸易比实行自由贸易更有利于经济增长；当人均实际GDP超过α时，实行自由贸易比实行保护贸易更有利于经济增长。

表1　　　　　　　　　　　　回　归　结　果

回归模型	(M_1)			回归模型	(M_2)		
被解释变量	GR_3	GR_5	GR_7	被解释变量	GR_3	GR_5	GR_7
截距项	25.21	24.98	22.06	截距项	14.62	17.04	14.52
t统计量	3.71	4.05	4.59	t统计量	4.88	6.19	6.74
OTRI	−16.88	−11.22	−6.93	OTRI	68.35	48.93	43.33
t统计量	−2.24	−1.64	−1.30	t统计量	2.62	2.04	2.31
GDP	−1.50	−1.11	−1.02	GDP × OTRI	−12.35	−8.69	−7.21
t统计量	−2.30	−1.87	−2.20	t统计量	−3.20	−2.45	−2.60
MOTRI	−31.24	−34.34	−22.94	MOTRI	−31.10	−33.80	−21.63
t统计量	−2.02	−2.45	−2.09	t统计量	−2.13	−2.52	−2.06
Adj. R^2	0.07	0.06	0.05	Adj. R^2	0.12	0.08	0.07

---

① 虽然以滞后7年的人均实际GDP的年均增长率GR_7为被解释变量，且采用回归模型（M_1）进行OLS回归后两个回归结果的拟合优度高于采用相应的回归模型（M_2）进行OLS回归的拟合优度，但是，这两个采用回归模型（M_1）进行OLS回归的结果无法通过White异方差检验（表中以斜体标出），存在异方差问题。

续表

回归模型		(M_1)		回归模型		(M_2)	
被解释变量	GR_3	GR_5	GR_7	被解释变量	GR_3	GR_5	GR_7
S. E.	8.28	7.52	5.87	S. E.	8.06	7.42	5.81
DW	2.30	2.26	2.26	DW	2.15	2.18	2.16
TR^2	5.04	5.04	7.34	TR^2	5.46	4.83	4.58
回归模型		(M_1)		回归模型		(M_2)	
被解释变量	GR_3	GR_5	GR_7	被解释变量	GR_3	GR_5	GR_7
截距项	25.74	25.49	22.62	截距项	14.53	16.99	14.51
t 统计量	3.76	4.10	4.67	t 统计量	4.86	6.18	6.75
OTRI	−17.19	−11.49	−7.21	OTRI	67.37	48.49	43.55
t 统计量	−2.28	−1.68	−1.35	t 统计量	2.59	2.03	2.33
GDPA	−1.57	−1.17	−1.09	GDPA × OTRI	−12.29	−8.69	−7.30
t 统计量	−2.36	−1.94	−2.31	t 统计量	−3.17	−2.44	−2.62
MOTRI	−31.00	−34.27	−22.95	MOTRI	−29.87	−32.98	−21.02
t 统计量	−2.02	−2.46	−2.11	t 统计量	−2.06	−2.47	−2.02
Adj. R^2	0.07	0.06	0.05	Adj. R^2	0.12	0.08	0.07
S. E.	8.27	7.51	5.85	S. E.	8.07	7.42	5.81
DW	2.30	2.26	2.26	DW	2.16	2.17	2.16
TR^2	5.08	5.12	7.12	TR^2	5.42	5.34	4.50
回归模型		(M_1)		回归模型		(M_2)	
被解释变量	GR_3	GR_5	GR_7	被解释变量	GR_3	GR_5	GR_7
截距项	27.49	27.71	24.35	截距项	13.37	16.37	14.16
t 统计量	4.01	4.50	5.07	t 统计量	5.12	6.90	7.60
OTRI_T	−33.79	−24.35	−14.72	OTRI_T	106.98	76.60	66.60
t 统计量	−2.40	−1.92	−1.49	t 统计量	2.41	1.90	2.11
GDP	−1.79	−1.41	−1.25	GDP × OTRI_T	−19.38	−13.74	−10.93
t 统计量	−2.64	−2.31	−2.62	t 统计量	−2.98	−2.33	−2.36
MOTRI_T	−47.67	−56.41	−41.17	MOTRI_T	−43.68	−51.96	−36.19
t 统计量	−2.28	−3.00	−2.81	t 统计量	−2.19	−2.86	−2.54
Adj. R^2	0.09	0.09	0.08	Adj. R^2	0.10	0.09	0.07
S. E.	8.21	7.38	5.75	S. E.	8.13	7.38	5.79
DW	2.22	2.22	2.22	DW	2.14	2.18	2.17
TR^2	2.98	5.40	12.99	TR^2	4.68	5.20	8.97

续表

回归模型	(M_1)			回归模型	(M_2)		
被解释变量	GR_3	GR_5	GR_7	被解释变量	GR_3	GR_5	GR_7
截距项	28.44	28.57	25.16	截距项	13.54	16.53	14.29
t 统计量	4.08	4.56	5.16	t 统计量	5.18	6.97	7.67
OTRI_T	-35.05	-25.44	-15.73	OTRI_T	113.04	82.52	71.60
t 统计量	-2.47	-2.00	-1.59	t 统计量	2.53	2.04	2.25
GDPA	-1.90	-1.51	-1.34	GDPA×OTRI_T	-20.53	-14.81	-11.82
t 统计量	-2.74	-2.42	-2.75	t 统计量	-3.10	-2.46	-2.50
MOTRI_T	-47.69	-56.56	-41.36	MOTRI_T	-43.06	-51.72	-36.04
t 统计量	-2.30	-3.03	-2.85	t 统计量	-2.17	-2.88	-2.55
Adj. R^2	0.09	0.10	0.09	Adj. R^2	0.11	0.10	0.08
S.E.	8.19	7.36	5.73	S.E.	8.10	7.35	5.77
DW	2.22	2.21	2.22	DW	2.14	2.16	2.16
TR^2	2.86	5.71	13.35	TR^2	4.19	5.81	9.60

注：C 为回归结果的截距项；TR^2 为 White 异方差检验值，10% 置信水平的 $\chi^2(6)$ 值[①]为 10.645。

四、结束语

在贸易政策选择方面，根据传统贸易理论所作的经验验证，贸易保护的成本仅为一国 GDP 的 1%~2%[②]，那么，在劳动力非充分就业较严重的情况下，一国通过保护贸易政策促进国内就业所获得的福利改善就要远远大于传统理论所揭示的福利损失。也许正是因为如此，即使是西方经济学者和发达工业国家也极为重视充分就业问题（胡代光，2001）[③]。

本文将曹吉云（2008）两部门多产品劳动力剩余经济封闭模型简化为两部门两种产品模型，在理论上分析了自由贸易对劳动力剩余经济的福利影响，为"最优贸易政

---

① χ^2 分布百分位数表参见张晓峒著：《计量经济分析》，经济科学出版社 2000 年版。
② 黄晓玲：《发展中国家外贸、外资与工业化理论分析及对中国外贸、外资与工业化问题的现实研究》，"九五"国家教委博士点基金项目（96JBY790024），2000 年。
③ 胡代光：《西方经济学者论宏观经济政策目标——我们从中可以参照或借鉴什么》，《宏观经济研究》，2001 年第 1 期。

策的选择依赖于经济发展水平"的实证推断提供了理论基础。同时，结合现实情况，采用更科学的计量回归模型所作的回归结果，及其与采用现有实证研究常用计量模型的回归结果所作的比较，也进一步证实了上述实证推断。

根据许多学者（周天勇，2003；章铮，2005）的研究和估算，无论在贸易自由化之前还是之后，我国都是一个劳动力存在大量非充分就业的国家。并且，我国劳动力剩余的形成也正是本文理论模型构建的原型。因此，综合佟家栋和曹吉云（2006） 与本文的研究结果，我国的贸易政策应当根据我国经济的发展水平和在世界分工体系中的具体情况，以有利于剩余劳动力的减少为基本原则进行选择。

参 考 文 献

1. Clemens, M. A., and J. G. Williamson, 2001, *A Tariff – Growth Paradox? Protection's Impact the World Around* 1875 – 1997, NBER Working Paper, No. 8459.

2. Greenaway, D., W. Morgan and P. Wright, 2002, *Trade Liberalisation and Growth in Developing Countries*, Journal of Development Economics, 67: 229 – 244.

3. Kee, H. L., A. Nicita and M. Olarreaga, 2006, *Estimating Trade Restrictiveness Indices*, Policy Research Working Paper, No. 3840, The World Bank, Washington, DC.

4. Lee, H Y., L. A. Ricci, and R. Rigobon, 2004, *Once Again, is Openness Good for Growth?* NBER Working Paper, No. 10749.

5. Lewis, W. A., 1954, *Economic Development with Unlimited Supply of Labor*, The Manchester School of Economic and Social Studies.

6. Ranis, G., 2004, *Labor Surplus Economies*, Economic Growth Center, Discussion Paper, No. 900.

7. Rodriguez, F., and D. Rodrik, 1999, *Trade Policy and Economic Growth: A Skeptic Guide to the Cross – National Evidence*, NBER Working Paper, No. 7081.

8. Sachs, J., and A. Warner, 1995, *Economic Reform and the Process of Global Integration*, Brookings Papers on Economic Activity.

9. Vamvakidis, A., 2002, *How Robust is the Growth – Openness Connection? Historical Evidence*, Journal of Economic Growth, 7: 57 – 80.

10. Wacziarg, R., and K. H. Welch, 2003, *Trade liberalization and Growth: New Evidence*, NBER Working Paper, No. 10152.

11. Yanikkaya, H., 2003, *Trade openness and economic growth: a cross – country empiri-

---

① 该研究从理论上和实证上分析了产品内分工情况下劳动力剩余经济的贸易政策选择。

cal investigation, Journal of Development Economics, 72: 57 – 89.

12. 曹吉云:"劳动力剩余经济发展的理论分析",《世界经济》,2008年第6期。

13. 佟家栋、曹吉云:"发展中国家的贸易政策选择——经济发展与贸易环境",《南开学报(哲学社会科学版)》,2006年第3期。

14. 章铮:"民工供给量的统计分析——兼论'民工荒'",《中国农村经济》,2005年第1期。

15. 周天勇:"中国城镇的失业率究竟是多少",《财贸经济》,2003年第11期。

金融市场发展与贸易竞争力：
基于中国各行业的面板数据分析

齐俊妍[①]

> **摘要**：本文运用中国2001—2006年30余个行业的数据，通过考虑行业的外部金融依存度，并区分不同行业的技术含量，考察了中国金融市场发展与不同行业贸易竞争力的关系并进行实证检验。基于目前已有的相关研究，本文揭示了行业的外部金融依赖是连接金融市场发展与国际贸易的关键环节，不同行业的技术密集度不同，行业的外部金融依赖程度也存在着差异，因而金融市场的发展对不同行业的比较优势存在着不同的影响。在对中国的实证研究中，主要区分了金融市场发展的规模、效率和结构对贸易竞争力的差异性影响，以及不同技术含量产品的贸易竞争力受金融市场发展影响的差异性。实证分析结果表明，中国的金融市场发展的确影响了贸易竞争力，但总量、效率指标的影响程度有所差异。中国金融发展水平对生产可更多分割到发展中国家的产品出口影响相对较大，而对规模和技术密集型的中技术产品和传统高技术产品贸易竞争力的影响相对较小。
>
> **关键词**：金融市场发展　外部金融依赖程度　技术含量　贸易竞争力

[①] 齐俊妍：天津财经大学国际经济贸易系副教授，中国社会科学院博士后；电子邮箱：jodyqigm@163.com；联系方式：天津市河西区珠江道25号，天津财经大学国际贸易系，邮编：300222；电话：13512265347。

一、引　言

目前，随着世界经济和国际贸易学术领域里贸易、金融、投资的研究呈现的整合趋势，金融发展与国际贸易的关系逐渐成为热点和前沿课题。近年来，在对金融发展与贸易结构关系的研究中，除原来研究汇率及其政策对国际贸易的影响以及金融深化论和金融约束论中的思想外，国外还兴起了以 Keltzer 和 Bardhan，Beck，Do 和 Levchenko 等为代表的研究前沿，理论和实证研究均发现了金融发展会对一国的比较优势和贸易结构产生影响。

Keltzer 和 Bardhan（1987）通过引入主权风险下的国际信贷市场道德风险，以及在不完全信息条件下各国国内合同执行制度之间的差异，首次通过建立理论模型分析了一国的金融发展水平对比较优势的影响。此后，分析该问题的学者大多受到 Keltzer 和 Bardhan（1987）的启发。Baldwin（1989）从风险分散的功能方面，运用理论模型说明了各国资本市场的"质量"将导致各国比较优势的差异。Kalemli 等（1999）进一步从现实经济中的产品生产存在风险的前提出发，指出一国的金融发展会带来金融中介和资本市场的发展，使得更广范围内的风险分担成为可能，进而该国的专业化程度较高。此后，Xu Bin（2001），Beck（2002，2003），Jiandong Ju 和 Shang－Jin Wei（2004）等分别从不同的视角探讨了金融市场的发展对贸易结构的影响。在实证研究方面，Kalemli 等（1999），Beck（2002，2003），Svaleryd and Vlachos（2001，2002），Becker and Greenberg（2005），Do 和 Levchenko（2004，2006）等大多试图通过不断寻求更合适的变量和数据来证明金融市场发展与贸易结构的关系，实证模型的范围从跨时截面数据到面板数据，计量方法也涉及虚拟变量和工具变量、广义矩阵估计等。大多数的实证分析得出了与理论分析一致的结论：即金融发展水平高的国家，其贸易结构中资本技术密集型产品所占的比重相对较高。

由此可见，随着金融和贸易的联系日益紧密，金融市场发展与贸易结构的关系日益受到关注。相比较而言，目前国内有关金融市场发展与贸易结构优化的研究大多是平行进行，虽然两方面的成果积累并不匮乏，但基于相互关系的研究却凤毛麟角。近几年来，在国外相关理论和实证研究日益丰富的基础上，国内对中国金融市场发展与国际贸易关系的分析也开始逐渐增多。但目前的相关研究方面大多没有突破国外学者的分析框架和研究方法，而且大多以实证研究为主，主要有胡岩（2003）、阳佳余（2007）和包群、阳佳余（2008）等基于中国各地区的分析，陈建国和杨涛（2005）、史龙祥、马宇（2008）等基于各行业的分析，这些研究在变量选取、研究方法和模型设定方面都各有侧重，而且都不同程度地证明了中国金融市场发展对比较优势的影响。但是目前的实证分析中还存在着如下问题：如对贸易结构的衡量过于笼统，无法区分金融市场发展对不同技术含量产品出口的影响；金融发展指标的衡量大多仅包含总量指标，对中国金融发展状况的反映不够全面；实证分析中大多忽视其他影响贸易结构的因素等等。

随着中国经济日益开放，金融市场发展和贸易结构优化已经成为中国经济进一步持续平衡发展过程中面临的两大重要问题。尽管经过30年的改革开放，中国的出口商品结构发生了显著变化，但是中国出口品的技术含量还处于较低的水平，同时金融市场发展也相对滞后。中国的金融市场发展对目前的贸易结构是否产生了影响？影响的程度如何？对不同技术含量产品出口的影响是否相同？

基于上述国内外研究的现状和中国金融市场发展与贸易结构的实际，本文主要在已有的理论和实证研究的基础上，运用中国30余个行业的数据，通过考虑行业的外部金融依存度，并区分不同行业的技术含量，对中国金融市场发展与不同行业贸易竞争力的关系进行实证检验。文章的结构安排如下：首先基于目前的相关理论分析，揭示联结金融市场发展与贸易结构的关键环节——行业的外部金融依赖程度，分析指出行业的外部金融依赖程度来源于技术冲击，不同行业的技术密集度不同，行业的外部金融依赖程度也存在着差异，因而金融市场的发展对不同行业的比较优势存在着不同的影响。与目前其他研究所不同的是，本文将Rajan等定义的外部金融依赖程度与Lall（2000）基于技术含量的行业分类相联系，建立了行业的外部金融依赖程度与技术含量的对应关系。接下来，本文构建了包括行业外部金融依赖程度、金融市场发展水平以及其他影响贸易竞争力的指标在内的计量模型，并在实证分析中区分了金融市场发展的规模、效率和结构对贸易竞争力的不同影响，以及不同技术含量的行业受金融市场发展影响的差异性。最后基于实证分析的结果进行了进一步的分析，并提出相关的政策建议。

二、行业外部金融依赖的度量及与技术含量的对应关系

目前金融市场发展与国际贸易关系的相关理论研究虽然在研究视角有所差异，即分别从金融市场的不同功能分析其对比较优势的影响，但事实上都考虑了一个重要的因素，即行业的外部金融依赖。在目前有关金融发展与国际贸易的理论和实证分析中，涉及行业的外部金融依赖时，大多数都援引Rajan和Zingales（1998）对行

业外部金融依赖的定义和计算结果①。按照 Rajan 和 Zingales (1998) 的分析，行业的外源性融资需求是由于技术冲击导致内部资金不能满足企业投资需要而发生的②。不同的行业，由于技术和资本的密集度不同，对外部金融的依赖程度也不相同。对于资本和技术密集型以及规模密集型的行业来说，企业自己的资金积累远不及大规模在市场上筹集资金的效率高，其巨大的资金需求和技术要求使得其对外源性融资的需求较高，因而金融市场的发展将更大程度上影响这些行业的发展。"如果某一产业可以从较高水平的金融发展中获利更多，这将影响到贸易结构，一些国家发展完善的金融市场可以构成一国外部金融依赖程度高的产业比较优势的来源。"(Rajan 和 Zingales，1998) 行业的外部金融依赖可以看做是连接金融市场发展与国际贸易的关键环节。

按照 Rajan 和 Zingales (1998) 的定义，行业的外部金融依赖程度 EFD 等于：

企业的外部融资额/资本支出 = (资本支出 - 运营资本现金流入)/资本支出　　(1)

基于美国的相关行业数据，Rajan 和 Zingales (1998) 计算了 ISIC 三位数的 34 个行业的外部金融依赖系数（见表1），并且指出，由于技术冲击是世界范围内的，以美国计算的外部金融依赖系数基本可以代表其他国家③。在表 1 中，外部金融依赖系数大于 0.4 为金融依赖最强的行业，系数大于 0.2 小于 0.4 为金融依赖一般的行业，系数在 0.2 以下的为金融依赖最弱的行业。由表 1 可以看到，资本和技术密集型的行业，同时也是金融依赖较强的行业；其中，外部金融依赖系数最高的行业为医药制品，最低的为烟草制品，这与我们直观的印象也相吻合。

既然行业的外部金融依赖来源于技术冲击，那么外部金融依赖存在差异的行业，其技术含量也存在着差异。对于技术含量的衡量，目前使用最为广泛的是 Lall (2000) 综合 Patitt (1984) 和经济合作与发展组织 (OECD, 1994) 的方法进行的分类④。该分类考虑了研发的比重、规模经济、进入壁垒、学习效应等方面，在 SITC 三位数的基础上，将 SITC0 - 9 类共 300 多种产品分为 5 大类：初级产品（PP）、资源型产品（RB）、低技术产品（LT）、中技术产品（MT）、高技术产品（HT）；然后再将后 4 类产品进一步分为 9 个小类：以农业为基础的产品（RB1）、其他资源型产品（RB2）、纺织服装等产

---

① 详见 Svaleryd, and Vlachos (2001), Beck (2003), Doand Levchenko (2004). Klingebiel, and Laeven (2005) 等。

② Rajan, Zingales (1998) 的思想渊源来源于熊彼特 (1911)："为了试用新技术以求发展，企业家需要信贷，他只有先成为债务人，才能成为企业家。"（中译本，第114页）。"

③ Rajan 和 Zingales (1998) 已经证明，如果用加拿大来计算，结果类似。事实上，随着世界经济一体化的深入，越来越多的跨国公司在全球进行生产，产品和技术的生命周期差异越来越不明显。从这个意义上说，Rajan 以美国数据计算的金融依赖系数基本可以代表世界上的其他国家。目前的实证分析中，大多也引用 Rajan 和 Zingales (1998) 的计算结果，详见脚注①。

④ 最初 Pavitt (1984) 曾将产品分为资源型、劳动密集型、规模密集型、以差异化为基础和以科技为基础的制成品，但是这种分类不够清晰，而且不同类别的产品有重合。OECD (1994) 以技术行为为基础进行了更为细致的分类。

品（LT1）、其他低技术产品（LT2）、具有规模和技术密集型特点的自动化产品（MT1）和加工工业产品如化工等（MT2）、能将生产分割到更多低收入国家的机械产品（MT3）和电子器件及电器产品（HT1），以及传统的高科技产品（HT2）。

为了更好地考察行业的外部金融依赖程度与技术含量的关系，我们将 ISIC 的行业分类按照联合国的相关标准转化为 SITC 的行业分类，列出了行业的外部金融依赖程度与技术含量的对应关系，由表 1 可见，技术含量较高的行业，其外部金融依赖程度也相应较高：在外部金融依赖程度最高的 10 个行业中，大多数行业属于高技术产品和中等技术产品类；而外部金融依赖程度低的行业，大多为低技术产品、资源型或初级产品。

表 1　　　　行业的外部金融依赖程度与其技术含量的对应关系

ISIC	行业	所有企业的 EFD	对应的技术含量
外部金融依赖最高的行业			
3522	医药制品	1.49	HT2
356	塑料制品	1.14	MT2
3825	办公设备计算机	1.06	HT1
3832	半导体	1.04	MT3
385	专业科学设备	0.96	HT2，MT2
383	电子机械	0.77	HT1，MT3
362	玻璃制品	0.53	LT2，RB2
390	其他制成品	0.47	—
3841	船舶	0.46	MT3
382	机械设备	0.45	MT3，HT1
外部金融依赖一般的行业			
321	纺织	0.40	LT1，MT2
3843	摩托车	0.39	MT1，MT2
354	杂项石油及煤制品	0.33	PP
384	交通运输设备	0.31	MT，HT2
331	木制品	0.28	PP，RB1
381	金属制品	0.24	MT2，LT2
332	家具	0.24	LT2
355	橡胶制品	0.23	RB1
352	其他化学制品	0.22	MT2，RB2
342	印刷出版业	0.20	LT2

续表

ISIC	行业	所有企业的 EFD	对应的技术含量
外部金融依赖最高的行业			
341	纸制品	0.18	LT2,RB1
311	食品	0.14	—
371	钢铁制品	0.09	LT2,MT2
313	饮料	0.08	—
369	其他非金属制品	0.06	RB2
353	石油加工炼焦	0.04	PP,RB2
322	服装	0.03	LT1
372	非铁制品	0.01	PP
324	鞋类	-0.08	LT1
3211	纺纱	-0.09	LT1
323	皮革	-0.14	LT1
361	陶瓷制品	-0.15	LT2
314	烟草	-0.45	—

注：对应关系作者根据联合国 ISIC 与 SITC 的转换标准，以及 Lall（2000）基于 SITC 三位数的产品技术含量整理。由于 Lall（2000）没有对第 0 和第 1 类产品按技术含量分类，所以无法表示个别行业的技术含量（如其他制成品、饮料、食品、烟草）。

三、计量模型及数据来源

根据理论分析和数据的可得性，以 Svalery（2001）和 Beck（2003）的计量模型为基础，我们选取了中国 2001—2006 年 33 个行业的有关金融市场发展、贸易结构以及其他经济变量指标，对中国的金融市场发展与不同技术含量产品的贸易竞争力的关系进行检验，构建的计量模型为：

$$TC_{i,t} = \alpha_1 EXT_{i,t} * FIANCE_{i,t} + \alpha_2 CV_{i,t} + \alpha_3 TEC_{i,t} + \varepsilon_{i,t} \tag{2}$$

在计量模型中，被解释变量为各行业的贸易竞争力，用 $TC_{i,t}$ 表示。行业的分类基于 ISIC 三位数，主要按照 Rajan 和 Zingelas（1998）的分析结果，选取了 33 个不同行业外部金融依赖程度的行业；另外对不同行业按技术含量进行分类时，主要基于表 1 的结果。

贸易竞争力的计算公式如下：

$$TC_j = (X_j - M_j)/(X_j + M_j) \tag{3}$$

其中，TC_j 是一国 j 产品的贸易竞争优势指数；X_j 是一国某时期 j 产品的出口额；M_j 是该国同时期 j 产品的进口额。TC_j 的取值范围为 [-1, 1]，TC 取值越大，说明行业的贸易竞争力越强。各行业的进出口数据联合国 COMTRADE 数据库。

在解释变量中，$EXT*FIANCE_{i,t}$ 是与金融市场发展相关的重要变量。其中，EXT 为 Rajan 和 Zingles（1998）定义的外部金融依赖程度，由于中国微观企业的数据难以获得，无法计算各行业的外部金融依赖程度，因而本文与目前大多数学者的做法一样，也沿用 Rajan 的计算结果（详见表1），即假定：虽然各国之间存在差别，但本文仍认为，如果医药行业在美国需要高额的外部融资，在中国也是如此。与其他研究不同的是，大多数分析没有对 ISIC 和 SITC 的分类标准进行转换，即在衡量行业的外部金融依赖程度时，使用 Rajan 和 Zingles（1998）基于 ISIC 三位数的分类标准，而在衡量贸易结构时采用其他分类标准。本文按照联合国规定的转换方法进行了 ISIC 与 SITC 的转换，从而使得行业的分类标准与贸易结构的分类标准基本一致。

$FIANCE_{i,t}$ 为衡量全国金融发展的指标。此处主要选取了六个指标，用于衡量金融市场发展的规模、结构和效率的不同方面，以更好地区分其对贸易竞争力的差异性影响：第一个是衡量金融发展规模的 DC 指标，用金融机构提供的贷款总额占 GDP 的比重表示；第二个是衡量金融发展效率的 $PRIV$ 指标，用金融机构向私人部门提供的贷款总额占 GDP 的比重表示；第三个是衡量银行集中度的 $CONC$ 指标，以国内最大三家银行的资产占全国银行总资产（总存款、总贷款）的比例来表示，总体来说，中国是以银行为主的金融结构，因而银行的效率是影响金融中介效率的主要因素。第四个是 $BANK$ 指标，用于衡量一国商业银行相对于中央银行的规模，等于商业银行的信贷资产/（商业银行的信贷资产 + 中央银行国内资产）。第五个是反映股票市场规模的指标 $MCAP$ 指标：表示股票市场的市价总值占 GDP 的比重；第六个是反映股票市场交易效率的 $STRADE$ 指标，用股票市场的总成交金额占 GDP 的比重来表示。各金融发展指标的原始数据来源于世界银行，金融发展与结构数据库①。

在本文的计量模型中，还考虑了其他影响贸易竞争力的因素，用 $CV_{i,t}$ 表示，其中包括：（1）人均固定资本形成，用 $PERFX$ 表示，该指标等于各行业累计固定资产净值平均余额/累计全部从业人员平均人数，原始数据来源于中国国家统计局，经国研网数据库整理。（2）各行业的科学技术人员所占的比例和各行业研发支出成本，原始数据来自于历年《中国科技统计年鉴》。（3）外商直接投资情况，由于本文用于实证分析的各行业实际利用外国直接投资（FDI）的数据难以获得，因而选取各行业外商直接投资固定资本平均余额作为替代指标，原始数据来自于《中国工业统计年鉴》。

此外，在计量模型中，还考虑了技术含量对贸易竞争力的影响。用 TEC 为区分不

---

① http://www.worldbank.org/a new database on finacial development and structure.

同行业技术含量的虚拟变量，i 和 t 分别代表行业和时间。我们主要基于 Lall（2000）按技术含量进行分类的方法，将回归分析中的 33 个行业按技术含量分为 5 组，资源性产品 RB 及初级产品 PP 属于 TEC1 组，低技术产品 LT 属于 TEC2 组，规模和技术密集型的中技术产品 MT1 和 MT2 属于 TEC3 组，生产可更多分割在发展中国家的中技术产品 MT3 和高技术产品 HT1 属于 TEC4 组，以及传统的高技术产品 HT2 属于 TEC5 组。

进一步的，我们可以观测主要变量的相关系数。表 2 列出了主要的金融发展指标与贸易结构指标的相关系数。由各变量的相关系数可见，大多数金融发展指标的相关系数均小于 0.5，表明了这些金融发展指标，基本上可以从不同的层面度量金融发展的特征，但是个别指标的相关性较强，如金融发展总量指标 DC 与效率指标 PRIV、股票市场规模指标 MCAP 与股票市场效率、股票市场效率指标 STRADE 与银行效率指标 BANK，三组变量的相关性较强。

表 2　　　　　　　贸易竞争力指标与各金融发展指标的相关系数矩阵

	TC	PRIV	DC	CONC	Bank	MCAP	STRADE
TC	1.000						
PRIV	-0.024	1.000					
DC	-0.004	0.919	1.000				
CONC	-0.028	-0.226	-0.284	1.000			
Bank	0.051	0.198	0.405	-0.608	1.000		
MCAP	0.032	-0.321	-0.210	0.230	0.365	1.000	
STRADE	0.037	-0.205	-0.117	-0.131	0.517	0.921	1.000

四、实证检验结果及分析

本文基于行业的分析，采用时间固定效应模型进行面板估计，同时考虑到面板数据模型中残差的相关性，采用广义最小二乘法进行修正，并通过跨截面的 white 稳健标准差得到估计系数的 t 统计值。具体实证分析结果如下：

（一）金融市场发展规模、效率对贸易竞争力的差异性影响

表 3 列出了六类金融发展指标与贸易结构指标回归的结果。首先分析六类金融发展指标对不同类别产品的贸易竞争力指数的影响。由表 3 可见，六类金融发展指标对贸易竞争力的影响均为正，而且是显著的，这与理论分析的一致，说明中国的金融市场发展的确对贸易产生了影响。在六个金融发展指标中，对贸易竞争力影响最强的是反映金融

市场效率的 Priv 指标（表现为回归系数最大，为 0.118），它衡量了国内各金融机构向私人部门提供的信贷水平。这也与理论分析的一致，说明了金融发展的效率比金融发展的规模对贸易的影响更大。衡量银行效率的两个指标 CONC 和 BANK 的回归系数均大于衡量股票市场的两个指标 MCAP 和 STRADE 的回归系数，说明了中国以银行为主的金融结构对贸易的影响更大。在衡量银行效率的两个指标中，衡量商业银行相对于中央银行资产比重的 BANK 指标对贸易竞争力的影响，比衡量银行集中度 CONC 指标对贸易竞争力的影响更大，说明商业银行相对于中央银行的规模扩大，而不是银行业的相对集中，对贸易结构的促进作用更明显。在衡量股票市场规模的两个指标中，总量指标 MCAP 相对于效率指标 STRADE 对贸易竞争力的影响更大，这可能由于中国股票市场上的投机成分，导致中国股票市场的效率对贸易竞争力的影响较小。

表3　　　　　　　　　　金融发展与贸易竞争力的检验结果

	回归方程1	回归方程2	回归方程3	回归方程4	回归方程5	回归方程6
C	-1.166 (-1.886)*	-1.126 (-1.797)*	-1.275 (-2.096)**	-1.201 (-1.945)**	-1.331 (-2.120)**	-1.332 (-2.100)**
EXTPRIV	0.118 (3.317)***					
EXTDC		0.116 (3.237)***				
EXTCONC			0.114 (3.588)**			
EXTBANK				0.117 (3.431)***		
EXTMCAP					0.098 (3.919)***	
EXTSTRADE						0.094 (4.136)***
FDI	-0.021 (-0.811)	-0.023 (-0.875)	-0.017 (-0.656)	-0.020 (-0.750)	-0.016 (-0.563)	-0.015 (-0.545)
HM	0.434 (3.749)***	0.432 (3.670)***	0.440 (3.957)***	0.435 (3.797)***	0.446 (4.090)***	0.446 (4.116)***
PERFX	-0.253 (4.074)***	-0.257 (-4.202)***	-0.242 (-3.843)***	-0.249 (4.674)***	-0.239 (-3.935)***	-0.240 (-4.029)***
RD	-0.013 (-1.099)	-0.013 (-1.146)	-0.011 (-0.971)	-0.012 (-1.043)	-0.011 (-0.931)	-0.011 (-0.935)

续表

	回归方程1	回归方程2	回归方程3	回归方程4	回归方程5	回归方程6
TEC1	0.858 (2.754)***	0.860 (2.753)**	0.857 (2.769)***	0.857 (2.760)***	0.861 (2.778)***	0.865 (2.786)***
TEC2	1.020 (4.042)***	1.018 (3.999)***	1.027 (4.150)***	1.022 (4.080)***	1.036 (4.130)***	1.040 (4.117)***
TEC3	0.853 (2.880)***	0.852 (2.859)**	0.861 (2.960)***	0.856 (2.909)***	0.878 (3.026)***	0.884 (3.046)***
TEC4	1.288 (4.312)***	1.288 (4.282)***	1.294 (4.442)***	1.289 (4.365)***	1.314 (4.569)***	1.322 (4.612)***
TEC5	0.765 (2.447)**	0.765 (2.435)**	0.771 (2.519)***	0.767 (2.475)**	0.791 (2.611)**	0.799 (2.645)***
调整的 R^2	0.784	0.772	0.872	0.784	0.768	0.747

注：***，**，* 分别表示估计系数通过1%、5%和10%的显著性水平检验。

我们再考察其他影响贸易竞争力的因素。由表3的回归结果看，对贸易竞争力具有显著正向影响的是人力资本 HM，说明了在当前日益激烈的国际竞争中，科学技术人员比重的增加对各行业贸易竞争力的增强具有显著的促进作用。而研发支出成本 RD 对中国贸易竞争力的影响不显著，这一方面反映出中国产品的研发含量还相对较少，另一方面也反映出由于金融市场发展相对滞后，研发投资缺乏多样性，使得研发支出对贸易竞争力的正向作用没有发挥出来。

FDI 对中国贸易竞争力的影响却不显著。FDI 在中国的显著特点是属于加工贸易型的[①]，这种类型的 FDI 虽然同时也具有出口导向型的特点，但同时由于在出口前需要进口生产所需的原材料和中间产品，在中国的附加值相对较小，因而 FDI 对中国贸易竞争力的影响较小。而反映资本禀赋的人均资本存量 PERFX 对贸易竞争力的影响却显著为负，说明中国的资本禀赋并没有发挥 HO 理论中应有的作用。而这也可能和中国金融发展水平相对滞后，无法充分发挥资源优化配置的作用，使得很多行业存在着低水平投资和重复建设，导致资本存量转化为投资的效率较低密切相关。

在表3中，我们还可以看到不同技术含量的产品对贸易竞争力的影响。在回归模型中，我们用 TEC 作为虚拟变量，区分了不同技术含量的产品。从各回归方程看，技术含量对贸易竞争力的影响均显著为正，其中对中国贸易竞争力影响最大的是具有较强生

---

① 余永定和覃东海（2006）按照 FDI 进入东道国的目标，将 FDI 分为出口导向型、技术导向型、市场寻求型和加工贸易型，并指出进入中国的 FDI 具有更多的加工贸易型的特点，并指出该类 FDI 对中国双顺差的影响。

产分割特点的部分中技术和高技术产品（表现为 TEC4 的回归系数在各回归方程中均最大），其次是低技术产品（TEC2 的系数），而分别表示中等技术产品和高技术产品的 TEC3 和 TEC4 的系数相对较小。这与目前我国贸易结构的现状也是吻合的。在中国贸易结构中，具有明显比较优势的产品是低技术和具有较强生产分割特性的高技术产品，而具有较高技术和规模密集型的中等技术产品和高技术产品的比较优势相对较小。

（二）金融市场发展对不同技术含量产品贸易竞争力的差异性影响

为了进一步分析金融发展水平对不同技术含量产品贸易竞争力的影响，我们进一步区分了不同技术含量的产品。将 33 个行业结合按技术含量进行分类的方法，以及不同类型产品国际分工的特点，依次按照技术含量从低到高分为三大类：第一类包含主要是初级产品 PP、资源性产品 RB 和低技术产品 LT，技术含量最低。第二类包含部分中技术产品 MT3 和部分高技术产品 HT1，这类产品的特点是生产可以更多地分割到发展中国家进行，中国积极参与了这类产品的分工，而且这类产品构成了中国出口的主要部分。第三类为技术规模密集型的产品，主要包括部分中技术产品（MT1，MT2）和传统的高技术产品（HT2），这类产品需要更多的研发投入，技术含量最高。按技术含量区分行业的分析结果如表 4 所示。

在本部分的回归中，金融发展指标主要选取了代表金融市场效率的 PRIV 指标、代表金融市场规模的 DC 指标和代表股票市场效率的 STRADE 指标。如表 4 所示，在三类不同技术含量的产品中，金融发展对技术含量最低产品的影响不显著，而另外两个较高技术含量产品的影响显著为正，这和理论分析是一致的，即技术含量高的产品通常对外部金融的需求较高，因而受金融市场的影响程度相对较高。但同时，实证分析还显示，金融发展水平对生产可更多分割到发展中国家的第二类产品影响相对较大（各金融发展指标的系数均超过1），而对规模和技术密集型的中技术产品和传统高技术产品贸易竞争力的影响相对较小（各金融发展指标的系数约为0.8）。这说明，中国的金融发展对技术含量最高的技术规模密集型的部分中技术和高技术产品的影响还没有充分发挥。

表4　　　　不同技术含量产品的贸易竞争力与金融发展水平的检验结果

	资源型及低技术产品（PP，RB，LT）		
	回归方程1	回归方程2	回归方程6
C	0.926 (0.629)	0.069 (1.210)	0.857 (0.577)
EXTPRIV	0.067 (1.287)		
EXTDC		0.06 (1.210)	
EXTSTRADE			0.048 (1.577)
FDI	-0.069 (-3.341)***	-0.070 (-3.355)***	-0.069 (-3.457)***

续表

资源型及低技术产品（PP，RB，LT）			
	回归方程1	回归方程2	回归方程6
HM	0.296 (0.831)	0.306 (0.853)	0.307 (0.857)
PERFX	−0.226 (−4.385)***	−0.228 (−4.454)***	−0.220 (−4.128)***
RD	−0.048 (−1.177)	−0.048 (−1.178)	−0.048 (−1.173)
R^2	0.49	0.57	0.59

生产可分割的部分中技术产品和高技术产品（MT3，HT1）			
	回归方程1	回归方程2	回归方程6
C	2.233 (1.309)**	2.015 (1.111)**	3.275 (2.494)**
EXTPRIV	1.419 (5.922)***		
EXTDC		1.393 (6.032)***	
EXTSTRADE			1.484 (9.186)***
FDI	−0.316 (−16.452)***	−0.313 (−19.366)***	−0.327 (−16.523)***
HM	0.562 (1.406)	0.582 (1.422)	0.563 (1.815)*
PERFX	−0.156 (−1.189)	−0.161 (−1.311)	−0.177 (−1.659)
RD	−0.014 (−0.474)	−0.012 (−0.373)	−0.018 (−0.746)
R^2	0.853	0.857	0.894

技术和规模密集型的部分中技术产品和传统高技术产品（MT1，MT2，HT2）			
	回归方程1	回归方程2	回归方程6
C	−2.63616 (−5.499)***	−2.7018 (−5.605)***	−2.196 (−4.479)***
EXTPRIV	0.8408 (10.399)***		
EXTDC		0.828 (11.957)***	
EXTSTRADE			0.846 (10.406)***
FDI	−0.067 (−1.923)*	−0.065 (−1.849)*	−0.066 (−2.003)**
HM	0.073 (0.447)	0.073 (0.441)	0.069 (0.426)
PERFX	0.710 (6.748)***	0.705 (6.619)***	0.713 (6.850)***
RD	−0.009 (−1.044)	−0.009 (−1.024)	−0.008 (−0.930)
R^2	0.583	0.585	0.591

注：***，**，* 分别表示估计系数通过1%，5%和10%的显著性水平检验。

五、结论及政策含义

基于目前对金融发展影响国际贸易的理论研究基础，本文揭示了行业外部金融依赖是连接金融市场发展与国际贸易的关键环节，并通过建立行业的外部金融依赖与技术含量的对应关系，指出了技术含量高的产品通常外部金融依赖程较高，进而金融市场发展对高技术含量产品的贸易竞争力影响相对较大。在进一步对中国的实证分析中，本文相对于目前研究的拓展体现在以下几个方面：（1）在行业的面板数据分析中，既考虑了各行业的外部金融依赖程度，又考虑了其他影响贸易结构的因素；（2）从规模、效率和结构三个层面选取指标衡量中国的金融发展水平，并且分析了其对贸易竞争力的差异性影响；（3）引入技术含量，区分了不同技术含量产品受金融市场发展影响的差异。实证分析结果表明，六类金融发展指标对贸易竞争力的影响均为正，而且是显著的，这与理论分析的一致，说明中国的金融市场发展的确影响了贸易竞争力，但总量、效率指标的影响程度有所差异。而进一步区分行业不同技术含量的分析表明，中国金融发展水平对生产可更多分割到发展中国家的产品出口影响相对较大，而对规模和技术密集型的中技术产品和传统高技术产品贸易竞争力的影响相对较小，说明了中国的金融发展对技术含量最高的技术规模密集型的部分中技术和高技术产品的影响还没有充分发挥。其他影响贸易结构的指标中，资本禀赋、研发投入以及 FDI 对贸易竞争力的影响或者不显著，或者显著为负，一定程度上反映出金融市场发展的相对滞后制约了这类指标对贸易竞争力的正向促进作用。

金融市场发展与贸易结构优化是未来中国进一步平衡发展过程中面临的两大重要问题，中国的贸易结构尽管发生了很大的变化，但是技术含量仍然不高，同时金融发展水平也相对滞后。本文的研究实际表明了，金融发展的滞后不仅仅影响金融体系本身，更形成了中国贸易结构进一步优化的制约；同时中国未来的贸易结构优化，不仅仅受主流贸易理论指出的要素禀赋提升的影响，也受到金融发展水平的影响。从这个意义上说，中国金融市场发展应被赋予更强的动力，中国的贸易结构优化还可更多寻求金融市场发展所带来的促进作用。

参 考 文 献

1. 包群、阳佳余："金融发展影响了中国工业制成品出口的比较优势吗？"，《世界经济》，2008 年第 3 期。

2. 陈建国、杨涛:"中国对外贸易的金融促进效应分析",《财贸经济》,2005年第1期。

3. 胡岩:"金融发展与中国经济发展中的比较优势变迁",《国际贸易问题》,2003年第6期。

4. 史龙祥、马宇:"金融发展对中国制造业出口结构优化影响的实证分析",《世界经济研究》,2008年第3期。

5. 阳佳余:"金融发展与对外贸易:基于省际面板数据的经验研究",《经济科学》,2007年第4期。

6. Baldwin, Richard E, *Exporting the Capital Markets: Comparative Advantage and Capital Market Imperfections*, the convergence of international and Domestic Markets, Noeth - Holland, Amsterdam, pp135 – 152, 1989.

7. Beck Thorsten, Levine Ross, Loayza Norman, *Finance and the Sources of Growth*, Journal of Financial Economics, Vol. 58, pp261 – 300, Feb 2000.

8. Beck Thorsten, *Financial Development and International trade: Is There a Link*, Journal of International Economics, Vol. 57, pp107 – 131, Jun 2002.

9. Beck Thorsten, *Financial Dependence and International Trade*, Review of International Economics, Vol. 11, pp296 – 316, Mon 2003.

10. Becker, Bo and David Greenberg, *Financial Development and International Trade*, mimeo, University of Chicago, 2004.

11. Bin Xu, *Entrepreneurial Selection, Financial Markets, and the Pattren of International Trade*, International Economic Journal, Vol. 15, pp147 – 167, Oct 2001.

12. Do, Q. – T. and Levchenko, A. A, *Comparative Advantage, Demand for External Finance, and Financial Development*, World Bank Policy Research Working Paper, No. 3889, Apr 2006.

13. Jiangdong, Ju and Shang – Jin Wei, *Endowment versus Finance: A Wooden Barrel Theory of International Trade*, IMF Working Papers, No. 05/123, Jul 2005.

14. Kalemli – Ozcan, S, Sorensen B. E, Yosha Oved, *Risk Sharing and Industrial Specialization: Regional and International Evidence*, JCPR Working Papers No. 86, May 199., http://www.jcpr.org/wp/wpdownload.cfm?pdflink=wpfiles/sorensen.pdf.

15. Keltzer, Kenneth and Pranab Bandhan, *Credit Market and Patterns of International Trade*, Journal of Development Economics, Vol. 27, pp57 – 70, 1987.

16. Lall, Sanjaya, *The Technological Structure and Performance of Developing Country Manufactured Exports*, 1985 – 1998, QEH Working Paper, No. QEHWPS 44, June 2000.

17. OECD, *Globalization and Competitiveness: Relevant Indicators*, Paris, OECD Direc-

torate for Science, Technology and Industry, DSTI/EAS/IND/WP9 (94) 19, 1994.

18. Pavitt, K, *Sectoral Patterns of Technical Change: Towards a Taxonomy and a Theory*, Research Policy, Vol. 13, P343 - 73, Dec 1984.

19. Rajan, R G and Zingales, Luigi, *Financial Dependence and Growth*, American Economic Review, Vol. 88, pp559 - 586, Jun 1998.

20. Svaleryd, Helena and Vlachos, Jonas, *Financial Markets, the Pattern of Specialization and Comparative Advantage, Evidence from OECD Countries*, http://www.eocn.ku.dk/epru/files/Notis/pares09.pdf, Jun 2001.

21. Svaleryd, Vlachos, *Markets for Risk and Openness to Trade: How are They Related?*, Working Paper Series in Economics and Finance, No327, sep 2000.

东亚生产者服务贸易结构变迁研究
——基于"雁阵"模式的实证分析

王荣艳[①]

摘要：20世纪90年代"东亚奇迹"模式使经济发展水平各异的东亚经济体实现了不同程度的经济增长和产业结构升级，在以零部件贸易为代表的生产网络框架下，东亚生产者服务贸易呈现出快速增长的趋势。本文利用 RCA 指标和斯皮尔曼等级相关系数考察了东亚生产者服务贸易结构的变迁，进一步运用了衡量经济体间产业转移的分析方法研究了生产者服务业由发达地区向欠发达地区的转移，研究结果表明与东亚制造业发展紧密相关的生产者服务贸易随着东亚产业结构的不断升级也得以快速发展，从生产者服务贸易总体上看，东亚发展依然遵循了"雁阵"主导的产业转移模式。

关键词：东亚生产者服务贸易　贸易结构变迁　产业转移　"雁阵"模式

一、导　言

自20世纪90年代以来，以零部件贸易为代表的东亚生产网络发展迅猛，2004年

---

① 王荣艳：天津财经大学国际贸易系教师、南开大学国际贸易系博士；E-mail: lindawong14@163.com。

东亚内部零部件出口占该区域零部件总出口的比例为65%，而该比例在零部件的进口上达到了近70%（Athukorala，2006）。在此背景下，东亚各经济体服务业也发生了变动，服务业结构正由传统的一般劳动力密集型向新兴知识技术密集型转变（这一类型服务业包括的大多是生产者服务部门），发达国家仍是这一新潮流的主导国家，并凭借其技术和资本优势在生产者服务业中拥有很强的竞争优势，但值得注意的是，随着东亚零部件贸易快速发展和由此带来的产业结构影响，东亚服务贸易也已开始呈现出较为迅速的增长，其中与制造业紧密相连的生产者服务贸易更是表现出了不可忽视的发展态势。如图1和图2所示，东亚主要经济体①的生产者服务业（根据联合国BOP对服务业的划分标准，这里主要包括通讯服务业、建筑服务业、计算机信息服务业、保险服务业、金融服务业、版权和许可证服务以及其他商业服务等七个部门）在出口和进口上都表现出显著增长，尤其是在2001年后增长趋势更为明显。图中显示，包括日本在内和除日本外其他东亚经济体的生产者服务贸易都表现出同样的快速增长态势。从主要发达国家与东亚生产者服务的贸易情况来看，（根据OECD stat database数据计算可得）美国对东亚生产者服务出口总额大于进口总额，但从对东亚贸易额占其对世界贸易额的比例上看，1999—2004年间该出口比例逐渐下降，由1999年的26.7%下降到2006年的22.7%，2003年后该进口比例逐渐由14%上升到2006年的19%；欧盟15国对东亚的生产者服务出口比例在2002年后出现小幅稳步增长，而进口比例始终保持在大约5%的水平；日本对东亚的生产者服务出口比例始终较高，在2003年后该进口比例出现大幅上升，由20.5%上升至2005年的30.3%，由此数据看来，美国和日本对东亚生产者服务行业发展起着主要的带动作用。

本文将基于东亚地区制造业"雁型模式"的发展规律，来考察该地区与制造业密切相关的生产者服务贸易发展模式，即东亚各经济体生产者服务贸易结构是否也如制造业贸易结构一样发生了升级变迁，同时进一步考察生产者服务业在东亚间产业转移的情况。

二、本文的研究方法及数据介绍

"雁阵"发展模型说明了发展中国家可以通过贸易以及顺贸易导向型投资来实现本国的经济增长，从而逐渐实现地区经济一体化。本文将用两个指标和方法来考察东亚生

---

① 这里包括了日本、韩国、新加坡、中国香港、中国台湾、马来西亚、印度尼西亚、菲律宾、泰国、中国和印度。

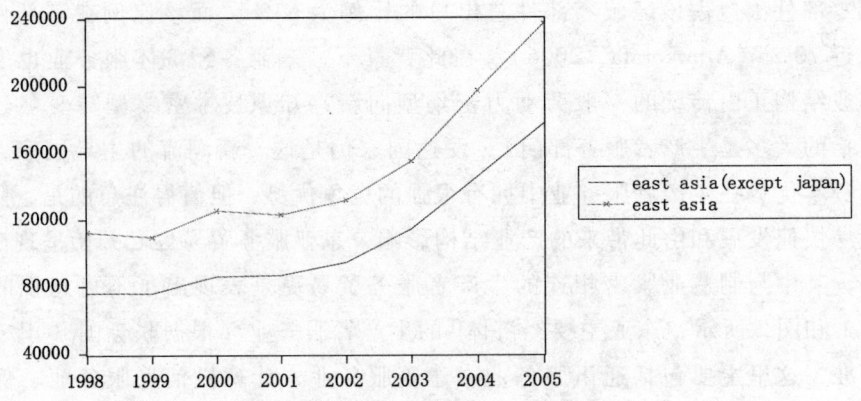

数据来源：联合国贸发会议《国际服务贸易统计数据库》。
图1 东亚生产者服务贸易历年出口总额

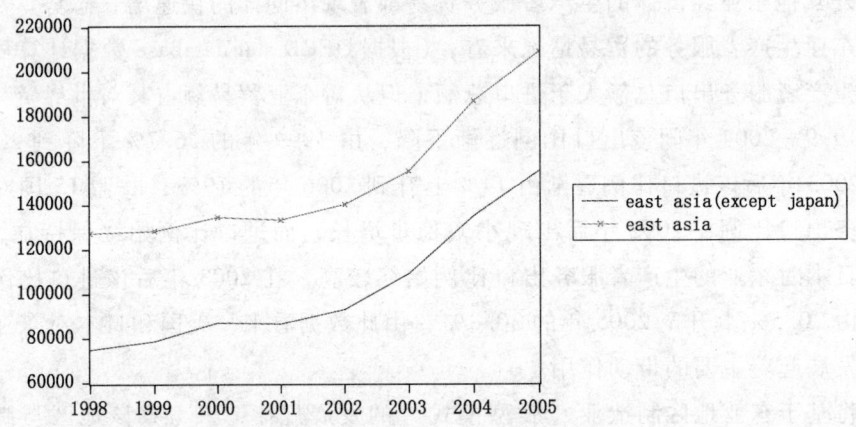

数据来源：联合国贸发会议《国际服务贸易统计数据库》。
图2 东亚生产者服务贸易历年进口总额

产者服务贸易结构和产业转移的演化过程。

（一）显性比较优势指标（Revealed Comparative Advantage Index，RCA）

RCA[①]是由 Balassa（1965）提出的。该指标通常被用来量化一国出口商品的比较优势，但它也可以用于分析国家或地区间的比较优势、贸易结构以及各产业结构的变化情况，近期有很多学者利用这种方法研究亚太地区经济结构的变化，Rana（1990）研

---

① 公式为 $RCA = (X_{ij}/Y_j) / (X_{iw}/Y_w)$，$X_{ij}$ 代表 j 国 i 种商品的出口额，Y_j 代表 j 国的总出口额；X_{iw} 代表世界 i 种商品的出口额，Y_w 代表世界总出口额，若 $RCA<1$，则该国在该产业或产品上处于比较劣势，若 $RCA>1$ 则处于比较优势，更具体来分，若 $RCA>2.5$，则表明该国在该商品上具有极强的比较优势，若 $1.25<RCA<2.5$ 则表明该国具有较强的比较优势，若 $RCA<0.8$ 则说明该国在该产品上具有比较劣势竞争力较差。

究了亚洲经济结构的动态变化和比较优势在经济体间的转移；Dowling，et al（2000）利用 RCA 的变化情况分析了亚洲地区经济体在不同时期的产业结构变化情况，通过考察认为，东亚在不同时期发生了不同程度的产业和贸易结构变化，Ginzburg，et al（2005）通过研究机电行业中各行业的 RCA 变化情况，认为东亚地区在该行业的发展依然体现了"雁阵"模式的发展规律。

本文为了集中考察东亚生产者服务贸易结构的变化情况以及考虑到数据的可获得性，主要选取了 1992—2006 年东亚各经济体向美国市场出口（跨境服务出口）的数据（利用美国经济分析局（BEA）的数据），同时由于近年印度在某些生产者服务行业的快速发展，本文也将该国列为研究对象，考察其与东亚共 11 个经济体的 RCA 指标。

（二）斯皮尔曼等级相关系数（Spearman's Rank Correlation Coefficient）

该指标[①]是用来衡量两变量之间相关关系的一种方法，Dowling，et al（2000）利用该系数计算了东亚各经济体的贸易结构变化情况以及国家和区域间产业结构的变化情况，作者以三个时期是 1970 年、1985 年和 1995 年为基准分段进行了研究，结果支持了东亚的商品贸易结构在此期间发生了显著变化，尤其支持了东亚发展模式遵循了由日本领头雁[②]为引导的"雁阵"发展模式。

本文利用此方法研究东亚各经济体自 1992—2006 年间生产者服务贸易结构的变化情况，以及生产者服务业在各经济体间的转移情况。在研究贸易结构变化方面，本文选择的三个基准时期 1992、1998 和 2006，以六个生产者服务行业[③]为标准对各经济体在三个时期进行 RCA 大小的排序，以此得出斯皮尔曼等级相关系数来考察贸易结构变迁；考察生产者服务产业在东亚各经济体转移的情况中，本文按照上述相同的三个基准时期，首先计算出各经济体在两个时期间的 RCA 变化值，再根据变化值排序得出相关系数。对于一个经济体的贸易结构变化判断标准为：斯皮尔曼等级相关系数如果是正值且很显著，则说明两个时期间的贸易结构变化不大；相反，若是负值或为较小的正数，则说明发生了较大的变化；对于产业转移关系的判断，较大的正数说明两经济体间并没有发生显著的产业转移，而负值或较小正值则说明存在着明显的产业转移现象。

---

① $r_s = 1 - 6\sum_i d_i^2 / n(n^2 - 1)$ 根据本文需要我们可以把顺序差的平方定义为 $d_i^2 = (RCAX_i - RCAY_i)^2$，这里 i 表示某种标准，$RCAX_i$ 和 $RCAY_i$ 分别表示在某个标准中的排序位次，n 表示所用标准的个数，X 和 Y 可以表示两个变量或同一变量在两个不同时期的量，正的斯皮尔曼等级相关系数表示两个变量之间的相关关系显著，负的斯皮尔曼等级相关系数表示两个变量存在互补关系。当该系数为 1 时，则表示两变量完全正相关；当该系数为 -1 时，则表示两变量完全负相关。

② 在这一考察时期，日本是东亚发展的重要领头雁，同时正如小岛清（2000）指出的，在亚洲日本不是唯一的领头雁，美国和欧盟也同样起着领头的作用。

③ 包括金融服务业、保险服务业、电讯服务、专业技术服务行业、版税与许可证服务以及其他服务等六个行业，这是以美国 BEA 的标准来划分的。

三、东亚生产者服务贸易结构变迁的结果分析

表1表明在1992—2006年间东亚各经济体向美国出口的主要生产者服务贸易比较优势变化,从而反映出各经济体内部生产者服务行业结构的变化情况。本文基于"雁阵模式"将东亚各经济体按照日本、"四小龙"(NIE)和东盟四国(ASEAN4)以及中国和印度来考察,需注意的是服务业发展相对落后于制造业。因此,当前一国或地区的服务业发展程度与一国或地区政府政策的限制程度有着紧密联系,从表1的结果来看:日本自1992年至1998年的RCA等级相关系数极为显著,这表明在此期间,日本国内的生产者服务行业并没有出现大的结构变化,1998年至2006年间出现了产业结构变化,这一结果与日本服务贸易政策的变化有着很强的一致性;"四小龙"的生产者服务业结构从1992至2006年发生了较大的变化,而变化最大的是1998—2006年期间,具体来看四个经济体的发展情况不尽相同,其中最特殊的应该是香港特别行政区,从等级相关系数的结果来看,该地区在整个观察期中生产者服务业的结构几乎没有发生变化,但这与香港特别行政区的发展路径相关,该地区是"四小龙"中唯一采取"积极不干预"①的经济政策,截至20世纪90年代中期香港特别行政区以服务业为主导的经济结构已基本确定,成为亚洲区域内重要的国际金融中心②,这种发展过程导致了在本文所考察的样本年份里特别是1998年和2006年两个时期里香港特别行政区的生产者服务业结构没有发生变化③。韩国的生产者服务行业在1998年前的变化较小,而在1998年和2006年间发生了明显结构的变化,这与韩国于1997年至1999年间相继在金融保险、商业零售、建筑、运输和电信等行业鉴定了一系列开放市场协议有很大关系。

表1反映了新加坡的生产者服务业结构始终处在较大的变化中,这是由于新加坡的经济始终严重依赖于外部需求,该国政府也一向采取鼓励出口、开放国内市场的政策,因此其外部经济环境④直接影响着该国的产业以及贸易结构的变化,虽然其与香港特别行政区同为港口经济,但不同的是新加坡经济仍由制造业和服务业双重拉动,不过服务业尤其是生产者服务行业在开放政策下发展得尤为迅速,服务业占国民生产总值的比重

---

① 详见李红梅:《香港经济的主导产业——服务业》,首都师范大学出版社2001年版,第67~68页。
② 详见冯邦彦:《香港产业结构研究》,经济管理出版社2002年版,第9~35页。
③ 在Dowling, et al (2000)的研究中也证明了香港地区的这一结构变化,作者在文中研究了1970年至1995年的产业结构变化,结果表明,1970年与1985年的系数为0.877,1985年与1995年的系数为0.912,这说明在80年代后期香港地区的经济结构就已基本转型完毕,这与本文对生产者服务业的结构变化研究结果一致。
④ 例如,亚洲金融危机、"9·11"事件以及"非典"时期都对新加坡的经济增长产生了很大影响,详见玛格丽特·梁:"新加坡的贸易政策——优先考虑与选择",《南洋资料译丛》,2006年4月。

由1998年的51%上升到2005年的62%,其中,生产者服务业的两个重点产业——金融服务业和商务服务业在GDP中的比重分别从1960年的3.9%和7.2%增加到2005年的10.9%和12.9%。中国台湾地区生产者服务业的结构变化不大,1998年后,该地区开始有了较为明显的结构变化,这也与台湾地区的相关政策有关。

东盟四国总体上看生产者服务业结构变化不大,但其中印度尼西亚与其他三国相比经历了显著的结构变迁,尤其是在亚洲金融危机之后,印尼政府实施了一系列政策重组并开放国内重点服务贸易领域,金融、保险、信息、咨询和法律等服务业迅速发展,较之其他三个国家,该国得以快速发展的原因主要是较早地实行了对外开放政策。菲律宾在1997年后经济结构有所调整,但生产者服务业结构变化不明显,马来西亚和泰国的系数都表明两国在亚洲金融危机之后,生产者服务业结构出现了较为显著的变化。

中国和印度的系数结果表明,两国的生产者服务业结构都在1998年后出现了显著的变化,中国的主要原因是加入世贸组织之后逐步开放了相关服务业市场,中国的产业和出口结构也呈现出了新的变化,金融保险、咨询和通讯业都呈现出了较快速增长。印度的服务业已成为近年来经济增长的重要动力源,1997年后对金融、通讯以及运输等行业都进行了一定程度的改革。

表1   东亚生产者服务贸易 RCA 等级相关系数

	1992年和2006年	1992年和1998年	1998年和2006年
日本	0.600	0.943***	0.486
NIE	0.371	0.086	-0.314
中国香港特别行政区	0.771*	0.771*	1.000***
韩国	-0.543	0.600	-0.257
新加坡	0.600	-0.314	-0.029
中国台湾地区	-0.029	0.943***	0.200
ASEAN4	0.943***	0.600	0.771*
印度尼西亚	0.600	-0.486	-0.657*
马来西亚	0.371	1.000***	0.371
菲律宾	0.543	0.771*	0.771*
泰国	-0.143	0.714*	-0.200
中国	-0.486	0.600	-0.086
印度	-0.714*	0.543	-0.486

注:*表示显著性水平为10%,**表示显著性水平为5%,***表示显著性水平为1%,临界值可查斯皮尔曼等级相关系数临界值表获得(n=6)。

四、东亚生产者服务产业转移的行业整体结果分析

由上述表1的数据分析可得出:日本、中国台湾地区、马来西亚以及泰国在1992至1998年间各自的生产者服务业结构变化不显著,香港特别行政区和菲律宾在所研究期间内结构变化都不显著,从这些经济体的经济发展水平来看,日本和香港特别行政区的该产业结构变化不明显主要是在此期间两者已完成产业结构调整阶段,而其他经济体则由于自身经济结构正在升级过程中,服务业发展结构还没有产生较大变动,因此在研究东亚各经济体间生产者服务产业转移中将不包括中国台湾地区、马来西亚、泰国以及菲律宾,同时重点考察日本和香港特别行政区在相应时期的产业转移作用。应该注意的是,由于日本的生产者服务业在1998年后也发生了一定程度上的结构变动,说明东亚各经济体的生产者服务业结构变化与制造业不同,作为东亚制造业"领头雁"的日本在此阶段也存在着相关服务业升级的过程,这表明美国[1]作为服务业大国,也对东亚生产者服务业升级起着"领头雁"的作用,因此本文将考察包括美国在内的生产者服务业转移情况[2]。

表2结果表明:美国对(除日本和台湾地区外)韩国、新加坡、印度尼西亚、马来西亚、泰国、中国和印度都发生了生产者服务业的转移。从时期上看,美国对韩国、新加坡和印度的转移效应出现在1992至1998年间,而其他经济体的转移都出现在1998年以后。这种转移与各级政府的服务业政策有关,同时也与各经济体的发展水平有关,美国对新加坡的生产者服务业转移在这一时期极为显著。虽然日本的生产者服务业相对落后于制造业的发展,但数据结果表明日本对NIE、ASEAN以及中国和印度仍然有着较为显著的产业转移发生,具体来看,在1992和1998年间日本对韩国、新加坡和印度尼西亚存在产业转移作用,1998年后日本对大部分经济体(除印度尼西亚外)都发生了转移,其中对韩国和马来西亚的生产者服务业转移作用极为显著;由于香港特别行政区经济结构比其他东亚经济体较早的转到服务业,其服务业较其他经济体的比较优势也更强,因此本文考察了香港特别行政区对东亚各经济体包括日本在内的生产者服务业转移情况,结果表明香港特别行政区对中国的转移作用在1992和1998年间达到了极为显著的水平,但对东盟国家的转移作用不大,由此可看出,香港特别行政区的生产者服务

---

[1] Ozawa(2003)指出东亚的快速增长与泛美引导的经济增长集群关系紧密。
[2] 这里利用美国六部门生产者服务业向东亚国家的出口数据计算得到RCA指数,由于加了美国的出口,本部分的RCA计算所包含的国家与上部分不同,是以12个经济体的RCA为基础进行考察。

业转移作用的辐射范围仍不如美国和日本;韩国、新加坡和中国台湾地区的转移作用相对比较小,但三"小龙"都在 1992 至 1998 年间对中国的生产者服务业起到了转移作用,尤其是韩国和新加坡对中国的转移效应都十分显著。

表 2　东亚间生产者服务贸易 RCA 变迁的等级相关系数

	1992 年和 2006 年	1992 年和 1998 年	1998 年和 2006 年
美国—日本	0.029	—	0.543
美国—NIE			
美国—韩国	0.314	-0.314	-0.543
美国—新加坡	0.600	-0.257	-0.714*
美国—中国台湾地区	0.200	—	0.086
美国—ASEAN			
美国—印度尼西亚	-0.771*	0.143	-0.257
美国—马来西亚	0.429	—	-0.657
美国—泰国	0.314	—	-0.429
美国—中国	0.029	0.200	-0.486
美国—印度	-0.143	-0.029	-0.486
日本—NIE			
日本—韩国	-0.657	-0.314	-0.771*
日本—新加坡	0.086	-0.257	-0.486
日本—中国台湾地区	-0.029	—	-0.314
日本—ASEAN			
日本—印度尼西亚	0.257	-0.657*	0.257
日本—马来西亚	-0.257	—	-0.714*
日本—泰国	-0.657	—	-0.314
日本—中国	0.257	0.086	-0.200
日本—印度	-0.029	0.086	-0.029
中国香港特别行政区—NIE			
中国香港特别行政区—韩国	-0.143	0.543	0.600
中国香港特别行政区—新加坡	0.543	0.829	-0.086
中国香港特别行政区—中国台湾地区	-0.429	—	0.086
中国香港特别行政区—ASEAN			
中国香港特别行政区—印度尼西亚	-0.029	-0.371	-0.257
中国香港特别行政区—马来西亚	0.257	—	0.486
中国香港特别行政区—泰国	-0.143	—	0.486

续表

	1992年和2006年	1992年和1998年	1998年和2006年
中国香港特别行政区—中国	0.257	-0.943***	0.314
中国香港特别行政区—印度	0.143	0.429	-0.143
韩国—ASEAN			
韩国—印度尼西亚	-0.257	-0.257	0.371
韩国—马来西亚	0.257	—	0.371
韩国—泰国	1.000	—	0.771
韩国—中国	0.257	-0.657*	0.714
韩国—印度	0.371	0.829	0.600
新加坡—ASEAN			
新加坡—印度尼西亚	-0.200	-0.314	-0.086
新加坡—马来西亚	0.657	—	0.543
新加坡—泰国	0.429	—	-0.143
新加坡—中国	0.257	-0.886**	0.029
新加坡—印度	0.086	0.257	0.029
中国台湾地区—ASEAN			
中国台湾地区—印度尼西亚	-0.086	-0.200	0.314
中国台湾地区—马来西亚	0.086	—	-0.429
中国台湾地区—泰国	0.714	—	0.029
中国台湾地区—中国	0.371	-0.086	0.086
中国台湾地区—印度	0.314	0.543	0.371

注：* 表示显著性水平为10%，** 表示显著性水平为5%，*** 表示显著性水平为1%，临界值可查斯皮尔曼等级相关系数临界值表获得（n=6）。

通过上述分析，本文对东亚各经济体生产者服务业转移方进行了总结。如表3所示，转移方主要呈现出以下特点：(1) 对东亚地区的主要生产者服务业转移方为美国和日本，这两个国家的转移作用主要集中在1998年以后的时期；(2) 虽然日本的服务部门开放程度相对较低，但其对东亚各经济体的生产者服务业转移作用依然显著；(3) 中国香港特别行政区对部分国家在生产者服务业方面中起着显著的转移作用；(4) NIE虽然服务业发展程度相对较低，但随着其制造业的发展也开始呈现相关生产者服务产业的转移，但其辐射范围较小，主要其中在ASEAN和中国；(5) 与传统的制造业"雁阵"转移模式相比，生产者服务业转移也大体上遵循了这一模式，对NIE的产业转移国主要是美国和日本，且以日本更为显著，对东盟国家的产业转移在1998年前主要是日本和 NIE，1998 年后主要由美国、日本和 NIE 组成；中国的生产者服务业转移方也有明显的时期性，1998 年前主要为 NIE，1998 年后主要为美国和日本；印度还没有受到太多东亚地区生产者服务业转移的影响，该国的生产者服务业发展主要由美国主导，但在 1998 年后东亚经济体也开始有所影响。

表 3　　　　　　　　　　东亚生产者服务业转移方总结

	1992 年和 1998 年	1998 年和 2006 年
NIE		
韩国	美国、日本	美国、日本*
新加坡	美国、日本	美国*、日本
中国台湾地区	——	日本
ASEAN3		
印度尼西亚	日本*、NIE（中国香港特别行政区、韩国、中国台湾地区）	美国、NIE（中国香港特别行政区、新加坡）
马来西亚	——	美国、日本*、NIE（中国香港特别行政区、中国台湾地区）
泰国	——	美国、日本、NIE（新加坡）
中国	NIE（中国香港特别行政区***、韩国*、新加坡***、中国台湾地区）	美国、日本
印度	美国	美国、日本、NIE（中国香港特别行政区）

五、东亚间生产者服务产业转移的细分行业结果分析

从具体生产者服务行业来看，东亚各经济体当前在某些行业上呈现出显著的产业转移趋势。如图 3 所示，金融服务业已在东亚间形成产业转移态势，这一产业的转移主要集中在日本向 NIE 的转移。图中表明，在亚洲金融危机后，日本在该行业的比较优势已转向 NIE，2001 年后东盟国家在该行业的比较优势也快速上升，但与制造业的产业转移不同，日本的比较优势并没有呈连续下降趋势，可以看出 2000 年后东亚各经济体的比较优势都在上升，同时美国在东亚市场的比较优势在缓慢下降，这说明在金融服务业转移过程中，美国起着最终的"领头雁"作用。专业技术服务业呈现出了显著的产业转移特征，该行业是生产者服务业的重点行业主要包括广告服

务、计算机数据处理服务、数据库及其他信息服务、研究开发及检测服务、管理咨询及公共关系服务、法律服务、建筑工程服务、工业服务、设备安装维护及维修服务、营运性租赁服务以及其他BPT服务，图3表明美国和日本在该行业的比较优势都呈现出逐年下降的趋势，与此同时，东亚各经济体该行业RCA都始终保持了快速增长，2000年后，中国和NIE的RCA超过了美日两国；另外值得注意的是印度该行业发展迅猛，其RCA在2003年后超过了其他经济体；在保险服务业上，日本的比较优势更强，东亚各经济体间还没有显示出明显的产业转移特征（如图4所示）。在通讯服务业中，印度和中国的比较优势增长较为迅速，2002年后东盟国家出现了高于印度和中国的比较优势增长，日本在该行业的比较优势始终没有大的变化，这主要与日本国内通讯开放程度较低有关（如图5所示）；在版权与特许经营业，美国和日本始终保持着较高的比较优势，该行业的产业转移趋势不明显（如图7所示）。在其他类生产者服务业（包括商业及与贸易相关的其他服务、营运租赁服务和各种商业专业性技术服务）中，美国对东亚各经济体起着产业转移的作用。图8表明，除印度外东亚各经济体RCA于2003年后都呈现出显著上升的趋势。

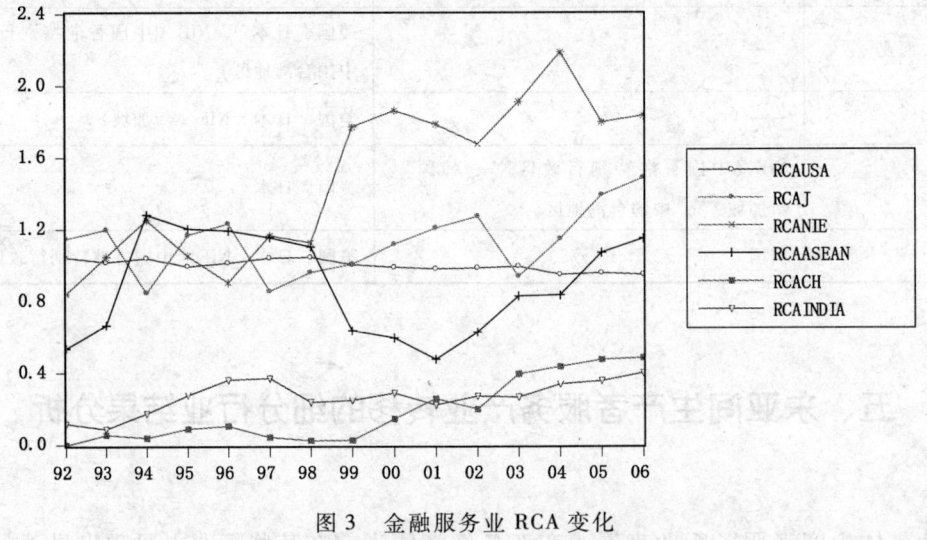

图3 金融服务业RCA变化

从外商直接投资（FDI）对东亚各经济体的生产者服务作用上看，在金融服务业NIE各国的比较优势大幅提升与服务业FDI的作用关系密切，如表4所示，NIE即韩国、中国台湾地区、中国香港特别行政区和新加坡都表现出FDI比例的不断上升；在专业技术服务业，印度表现出快速的增长态势，尤其2003年后，印度在该行业超过了比较优势也在不断提高的中国和NIE，这与该行业FDI在该国的投资情况一致，印度国家统计显示，该行业中的计算机软件业2002—2005年的平均FDI投资流入总额的比例为16.5%，位于该国的行业FDI首位。图6表明中国自2003年后该行业的比

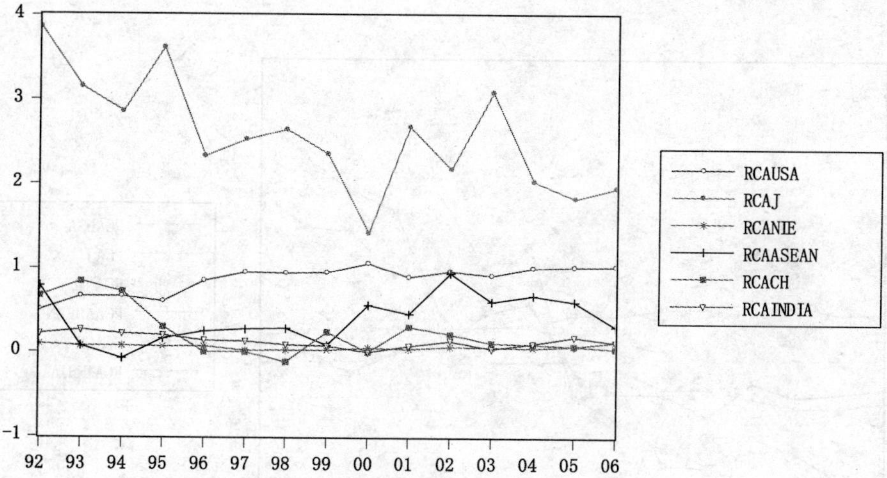

东亚生产者服务贸易结构变迁研究

图4 保险服务业 RCA 变化

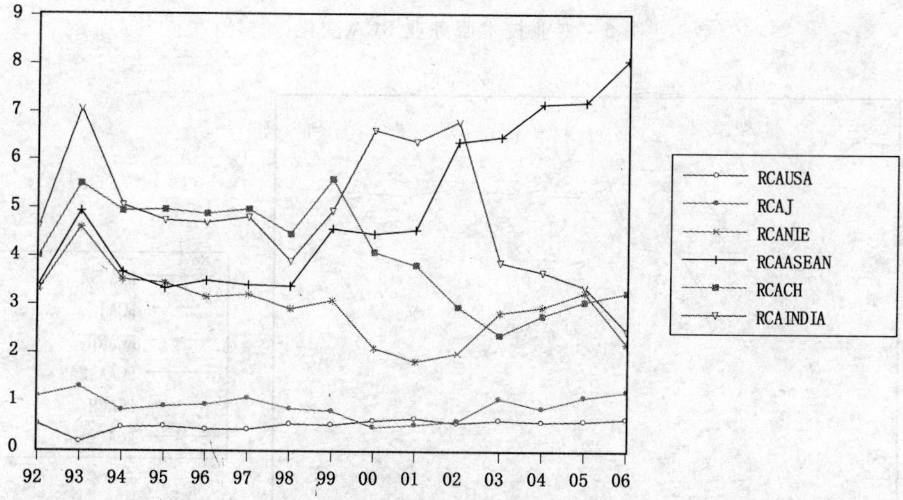

图5 通讯服务业 RCA 变化

较优势也快速增长，2004—2006 年间，中国的外商直接投资在专业技术服务行业的实际投资总额比例，也在不断增长，分别为 19.5%、20.3% 和 26.7%[①]；另外在通讯服务业根据可获得的 FDI 数据显示，印度在 2002 后的比较优势急剧下降，而这与该行业的 FDI 比例下降相一致，于 2002 年的 0.07 下降到 2003 年的 0.04 和 2004 年的 0.03，这说明 FDI 在印度专业技术服务业起着主导作用[②]。

---

① 该比例根据 2005—2007 年《中国统计年鉴》计算得出。
② 数据来源：印度商务产业部的 FDI 数据库。

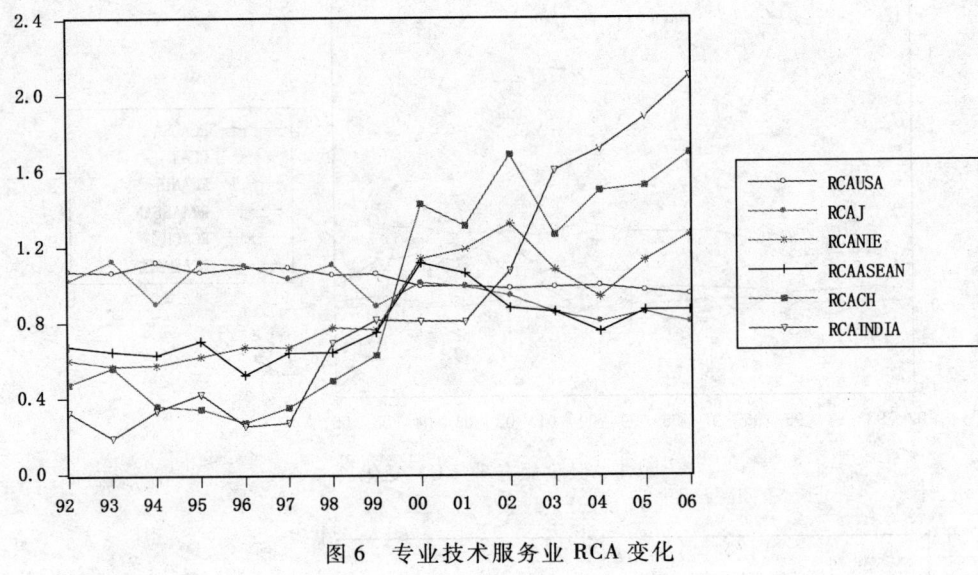

图6 专业技术服务业 RCA 变化

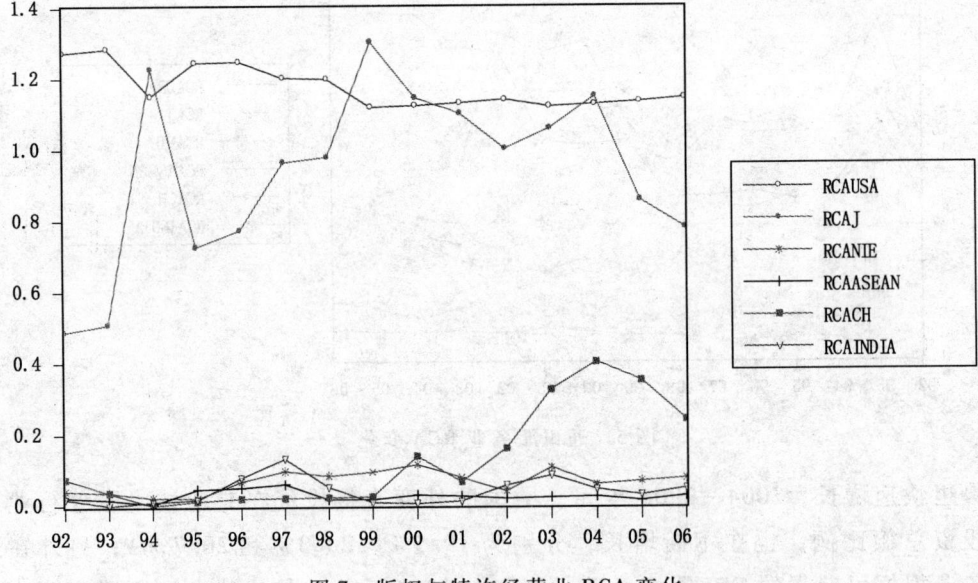

图7 版权与特许经营业 RCA 变化

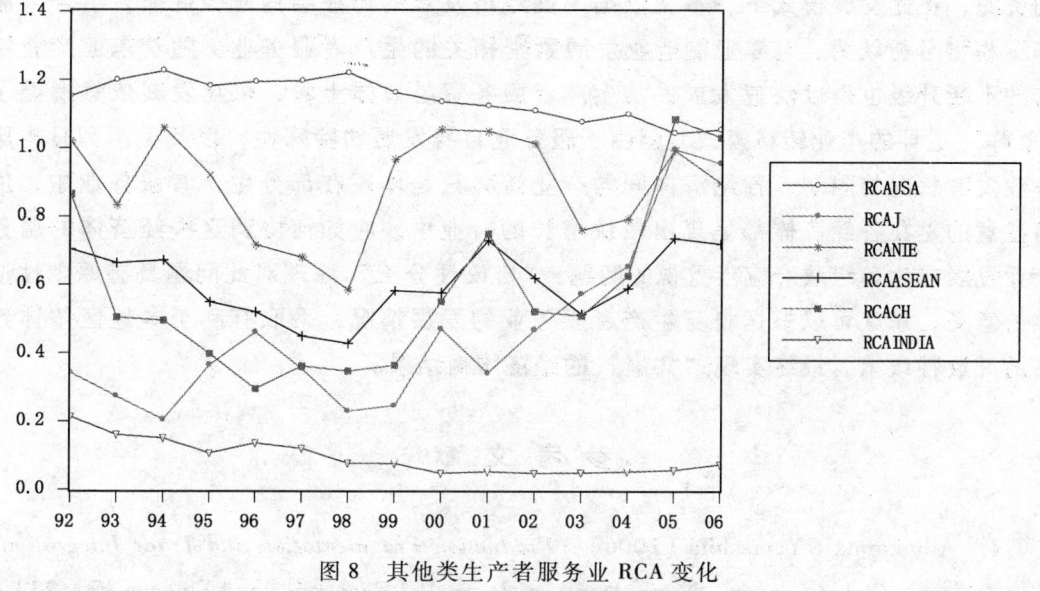

图 8 其他类生产者服务业 RCA 变化

表 4　　　　　　　　　　NIE 历年金融服务 FDI 比例①

	2001	2002	2003	2004	2005
韩国	0.125	0.125	0.144	0.174	0.207
中国台湾地区	0.166	0.173	0.175	——	0.191
新加坡	0.351	0.338	0.342	0.366	0.367
香港特别行政区	0.146	0.159	0.177	0.179	0.164

数据来源：2002—2004，2006《台湾地区统计年鉴》；*Foreign Equity Investment in Singapore* 2005；香港政府统计处。

六、相 关 启 示

在快速发展的生产网络框架下，东亚取得了 20 世纪 90 年代"东亚奇迹"的经济成果，而这一成绩的取得主要是与美国和日本对东亚的产业推动作用紧密相关的（Ozawa，2002），美国为东亚提供了相关产业的技术和最终产品市场，日本则作为两者的"中间人"发挥着"产能扩大器"的作用，即为东亚地区提供技术等供给方面

---

① FDI 比例 = 金融服务业 FDI 存量/一国 FDI 投资总额（存量）。

的资源。在此发展模式下,本文依据一国经济发展的产业结构升级规律,结合"雁阵"模型分析认为:与东亚制造业发展紧密相关的生产者服务业,随着东亚产业结构的不断升级也得以快速发展,从生产者服务贸易总体上看,东亚发展依然遵循了"雁阵"主导的产业转移模式,但由于服务业自身发展的特殊性,以及美国和日本服务业发展状况的限制,各经济体间的产业转移只是体现在部分生产者服务业中,值得注意的是在各经济体都呈现出较快增长的行业中,应如何协调这些经济体的服务产业发展成为各级政府应当重视的问题,"协议性分工"原理对此问题具有原则性借鉴的意义,东亚可以根据自身生产者服务业的发展情况,采取有利于本地区整体经济的开放性政策,最终实现"共赢"的经济均衡结果。

参 考 文 献

1. Athukorala & Yamashita (2006), *Production Fragmentation and Trade Integration: East Asia in a Global Context*, North American Journal of Economics and Finance 17, 233 – 256.

2. Ginzburg & Simonazzi (2005), *Patterns of Industrialization and the Flying Geese Model: the Case of Electronics in East Asia*, Journal of Asian Economics 15 1051 – 1078.

3. Cutle, Berri & Ozawa (2002), *Market Recycling in Labor – Intensive Goods, Flying – Geese Style: an Empirical Analysis of East Asian Exports to the U. S.*, Journal of Asian Economics 14, 35 – 50.

4. Kojima, K. (2000), *The "Flying Geese" Model of Asian Economic Development: Origin, Theoretical Extensions, and Regional Policy Implications*, Journal of Asian Economics, 11, 375 – 401.

5. Dowling & Cheang (2000), *Shifting Comparative Advantage in Asia: New Tests of the "Flying Geese" Model*, Journal of Asian Economics 11, 443 – 463.

6. Korhonen (1994), *The Theory of the Flying Geese Pattern of Development and Its Interpretations*, Journal of Peace Research, Vol. 31, No. 1. (Feb.), 93 – 108.

7. Rona, P. B. (1990), *Shifting Comparative Advantage Among Asian and Pacific Countries*, The International Trade Journal, 4, 243 – 257.

8. Kojima, K. & Ozawa, T. (1984). *Micro – and Macro – Economic Models of Direct Foreign Investment Toward a Synthesis.* Hitotsubashi Journal of Economics, 25, 1 – 20.

9. Kojima, K., *Direct Foreign Investment*, Croom Helm London, 1978.

10. Kojima, K. (1970), *Towards a Theory of Agreed Specialization: the Economics*

of Integration, In W. A. Eltis, M. FG. Scott, & J. N. Wolfe (Eds.), Induction, growth and trade, essays in honour of Sir Roy Harrod (pp. 305 – 324). Oxford: Clarendon Press.

11. Kojima, K. (1960), *Capital Accumulation and the Course of Industrialization, with Special Reference to Japan*, The Economic Journal, LXX, 757 – 768.

汇率与国际直接投资、区域经济一体化

国际经济学评论
International Economics Review

自由贸易协定的生产和福利效应：
基于自由资本模型的分析

李荣林　于明言[①]

> **摘要：** 本文在异质性生产自由资本模型的基础上，建立了一个包含生产技术比较优势因素的三国自由贸易区模型，分析了自由贸易协定对于区域内部和外部成员生产份额和福利以及对全球贸易自由化的影响。分析的结果表明，两国结成自由贸易区将导致生产转移效应和生产份额的变化，这种生产转移和生产份额变化取决于彼此之间贸易自由度和劳动生产率的差异。在世界关税水平相同的情况下，两国结成自由贸易区将在增进彼此福利水平的同时使得第三国受损，但是在各国生产率相同的情况下，提高世界贸易自由度会增加区域外国家的利益，而损害已经存在的自由贸易区成员的利益。
>
> **关键词：** 自由资本模型　比较优势　自由贸易协定　生产和福利效应

[①] 李荣林，南开大学国际经济研究所教授，国际贸易专业博士生导师。于明言，南开大学国际经济研究所博士研究生，国际贸易专业。

一、引 言

自由贸易协定（FTA）是 Free Trade Agreement 的简称，是指两个或两个以上的国家（包括独立关税地区）根据 WTO 相关规则，为实现相互之间的贸易自由化所进行的地区性贸易安排。20 世纪 90 年代以后，自由贸易协定在世界范围内蓬勃发展，尤其在过去的十几年中发展速度迅猛。根据世界贸易组织的统计，截至 2007 年 7 月，向 GATT/WTO 通报的各种区域贸易安排已达 380 个，其中 205 个协定正在执行中[①]。除一个成员经济体之外，所有 WTO 成员都至少加入了一个自由贸易协定。

加入 WTO 之后，我国也加快了加入并签署自由贸易协定的步伐，并将其作为我国参与国际经济合作的一种重要战略形式。中国已经与东盟和智利签署了自由贸易区协议，并与海湾合作委员会和南部非洲关税同盟正式开始了自由贸易区谈判。同时，我国还以双边为基础，分别与澳大利亚、新西兰、韩国、冰岛、印度、巴基斯坦等国开始了自由贸易区的可行性研究，并有可能在近期内正式启动自由贸易区谈判。在此现实基础上，目前我国迫切需要进行关于自由贸易区的深入研究，了解签订自由贸易协定会产生的效应，并以此作为现实中我国加入自由贸易协定的理论指导。

有关区域贸易协定的福利效应的研究开始于 Viner（1950）发表的著作《关税同盟理论》。在这篇经典文献中，Viner 提出了贸易创造和贸易转移效应，并认为自由贸易协定是否能够提高成员国的福利水平取决于贸易创造和贸易转移效应的净值。在此种研究框架下，自由贸易协定的福利效应并不确定。在早期研究的基础上，Kemp 及 Wan（1976）对关税同盟的福利影响进行了更进一步研究，被称为 Kemp—Wan 定理。该定理认为，对于任何一个关税同盟，都存在一个共同的外部关税水平，使该关税同盟同非成员国的贸易在关税同盟成立后不发生变化。这样，非成员国的福利就不会受到影响，而关税同盟福利的改进将直接增加世界福利，这个关税同盟将总能实现整个世界的帕累托改进。但以上分析是依赖于一次性转移支付的存在，并且它在本质上就相当于一次性转移支付导致的一般均衡的帕累托改进。此外，根据传统的国际贸易理论，从李嘉图到赫克歇尔—俄林都认为，如果国家之间存在比较优势（技术或禀赋）的差异，那么双方乃至多方之间提高贸易自由度，进行专业分工合作，发挥各自的比较优势，各国都会受益。然而，在现实生活中，不完全竞争、差异性产品生产、交易成本、关税以及自由贸易协定引起的歧视性优惠的存在，使得情况变得更加复杂，已经远远超出了传统国际

---

① 此数据来自 WTO 官方网站。

贸易理论的解释范围。

空间经济学（新经济地理学）的出现，引入了传统国际贸易理论忽略的生产区位的影响，为进一步探讨更复杂的自由贸易协定问题提供了便利。空间经济学的研究始于Krugman（1991）。他以D—S垄断竞争模型为基础，利用Samuelson的冰山交易成本，引入空间概念，提出了核心—边缘（C—P）模型。该模型考虑了两区域、两部门、一种生产要素（劳动力）的情况下，贸易自由度、区域规模对企业生产区位选择的影响，以及产业积聚现象发生的条件。在CP模型基础上，1995年，Martin和Rogers提出了自由资本模型（FC），使得考察的生产要素不再只限于劳动力，同时也加入了可以跨区域流动的自由资本生产要素，即分析了两区域、两部门、两种生产要素情况下产业分布的影响因素。

随着空间经济学的不断深入发展，自由贸易协定的研究也有很多新的成果出现。Krugman（1991a）在垄断竞争框架下分析了洲际间自由贸易协定的福利效应。在零洲际运输成本情况下，洲际间的FTA一定会降低成员国的福利水平，在禁止性洲际运输成本条件下，洲际间的FTA一定会提高成员国的福利水平。因此，福利是否提高依赖于运输成本。Baldwin（1993）分析了自由贸易协定的"多米诺"效应，指出自由贸易区的形成和不断发展壮大是因为区域内贸易开放度的提高将会损害区域外国家的利益，导致区域外的产业向区域内部转移，因此区域外国家也只好加入自由贸易区。Krugman（1993）分析了自由贸易区的一种特殊情况，轴心—附属国协定，认为这种类型的自由贸易区有利于轴心国而不利于附属国。Puga等人（1997）研究了自由贸易区的生产区位选择和内部突变问题，指出自由贸易区外部的产业有向区域内部转移的倾向，且由于存在着本地市场放大效应，加剧了区域内部产业空间分布的不平衡。

此外，国内的许多学者也作了很多自由贸易协定的研究。李荣林、鲁晓东（2006）以局部均衡为基础，利用中、日、韩三国自1990—2003年的贸易额及相关数据建立校准模型，从产业层面来模拟中、日、韩自由贸易区建成后所可能带来的福利效应。分析结果表明，中、日、韩三国建立自由贸易区会增加彼此的国民福利水平，并会对未加入贸易协定的其他东亚国家产生影响。姜鸿（2006）在特定要素模型基础上，估计了中国五个特定产业的要素收入变化。计算结果表明，中国和智利实现自由贸易后，中国劳动力收入和三个比较优势产业的特定资本报酬将增加，而另外两个比较劣势产业的特定资本报酬将减少。李荣林（2005，2007）和王学柏、李荣林（2006）分析了中国与东盟结成自由贸易区后所产生的贸易创造、贸易转移和出口扩张效应。由此可见，国内学者大多是依赖实际数据，对特定的自由贸易区效应进行经验分析，而没有从理论层面加以分析。目前，国内从理论层面对自由贸易协定加以分析的文献还很少。虽然邓炜（2008）在流动资本模型的基础上分析了轮轴—辐条型FTA的产业区位效应，但没有进一步分析对成员国的福利影响。

因此，本文在异质性生产的自由资本模型基础上，考虑资本和劳动力两种生产要素，加入生产技术比较优势因素，建立了一个三国自由贸易区模型，从理论层面详细分析了自由贸易协定对于区域内部和外部成员生产份额和福利以及对全球贸易自由化的影响。

二、基 本 模 型

（一）主要假设

该模型有如下基本假设：

1. 世界由三个国家组成，国家1、国家2和国家3。国家1与国家2结成自由贸易区（FTA），它们之间的贸易开放度为ϕ'。国家1与国家3、国家2与国家3之间没有结成自由贸易区，彼此之间的贸易开放度为ϕ，且有$\phi'>\phi$，即自由贸易区成员之间的贸易更容易。

2. 每个国家有两个生产部门，农业部门A和工业部门M。农业部门在完全竞争和规模收益不变的情况下生产同质产品，且只使用劳动力一种生产要素。工业部门在垄断竞争和规模收益递增的条件下使用劳动力和资本两种生产要素生产差异性产品。其中，资本作为固定成本，劳动力作为可变成本。

3. 农产品跨国贸易不存在交易成本，而工业品跨国贸易遵循冰山型交易成本①。这里交易成本包括运输成本和进口国所设置的关税。自由贸易区内部关税水平低于世界关税水平。每个国家对工业部门M生产的各种差异性产品设置相同的关税。

4. 每个国家有两种生产要素，资本K和劳动力L。资本K是可以流动的，而劳动力L是不可流动的。资本可以在其所在地以外的其他地方使用，但资本所有者不流动，并将资本收益消费在资本所有者所在的地方。

5. 各国都生产农产品和工业品两种产品。各国农产品的生产率都相同，但工业品生产率不同，然而每一个国家内部的各种差异性工业品的生产率都相同。

（二）消费者行为

每个国家的代表性消费者都具有双重效用。第一层效用是指消费者把总支出按不同比例支付于农产品和工业产品时的效用，用柯布—道格拉斯型效用函数表示。由于农产

---

① 冰山型交易成本是指从出口国运出的τ单位产品，到达进口国时变为1单位，其余$\tau-1$单位该产品作为交易成本在运输途中融化掉了。其中，$\tau>1$。

品是同质产品,因此农产品消费是指一种产品的消费。而工业产品是差异性产品,因此工业产品的消费是不同工业产品某种组合的消费。第二层效用是指消费者将工业品的总支出分配于各种差异性工业产品时的效用,用不变替代弹性(CES)效用函数表示。这样代表性消费者的效用函数有如下形式:

$$U = C_M^\mu C_A^{1-\mu}, \quad 0 < \mu, \quad \rho < 1, \quad \sigma > 1 \tag{1}$$

$$C_M = \left[\int_{e=1}^{n^w} c_e^\rho de\right]^{1/\rho} = \left[\int_{e=1}^{n^w} c_e^{\frac{(\sigma-1)}{\sigma}} de\right]^{\frac{\sigma}{\sigma-1}}, \quad \rho = \frac{\sigma-1}{\sigma} \tag{2}$$

其中,C_M 和 C_A 分别表示消费者对差异性工业产品组合的消费和对农产品的消费;$n^w = n^1 + n^2 + n^3$ 表示全世界的工业产品种类总量,为各国工业产品种类数目之和;μ 表示花费在工业品上的支出份额;c_e 为消费者对第 e 种工业品的消费量;ρ 反映消费者的多样性偏好强度,ρ 越接近 0,消费者的多样性偏好强度越强。① 理性的消费者将在收入既定的情况下,选择消费各种产品来使得自己的效用最大化。由于各国消费者的偏好相同,因此这里省略了国家上标。

假设消费者的收入为 Y,p_A 表示农产品的价格,p_e 表示一国第 e 种工业品的价格,消费者效用最大化问题分为两步:

第一步,确定在农业品和工业品上的支出:

$$\max C_M^\mu C_A^{1-\mu}$$

$$s.t. \; p_A C_A + \int_{e=0}^{n^w} p_e c_e de = Y \tag{3}$$

第二步,确定在各种差异性工业品上的支出:

$$\min_{c_e} \int_{e=0}^{n^w} p_e c_e de$$

$$s.t. \left[\int_{e=0}^{n^w} c_e^\rho de\right]^{1/\rho} = C_M \tag{4}$$

由(1)—(4)可解得,消费者效用最大化情况下对农产品和每种差异性工业品的需求数量如下:

$$C_A = (1-\mu)Y/p_A \tag{5}$$

$$c_e = \mu Y p_e^{-\sigma}/P_M^{1-\sigma} \tag{6}$$

$$P_M = \left[\int_{e=0}^{n^w} p_e^{1-\sigma} de\right]^{1/1-\sigma} \tag{7}$$

其中,P_M 工业品组合的价格指数。

---

① σ 表示两种工业品之间的替代弹性。工业品间的替代弹性越小,σ 越趋近于 1 时,ρ 越趋近于 0;工业品间的替代弹性越大,σ 趋近于 ∞ 时,ρ 趋近于 1。

(三) 生产者行为

农业部门遵循瓦尔拉斯一般均衡且不存在交易成本，因此农产品采取边际成本定价，且各国的农产品价格都相等，即 i 国和 j 国的农产品价格都相等，$i = 1, 2, 3$；$j = 1, 2, 3$。

$$p_A^i = a_A w_L^i = p_A^j = a_A w_L^j \tag{8}$$

由（8）可知 $w_L^i = w_L^j$，即均衡情况下，各国的劳动工资也相等。

在工业部门，i 国企业 e 分别在三个国家销售产品，其经营利润和成本分别为 $\sum_{k=1}^{3} p_e^k c_e^k$ 和 $\pi_i + a_M^i w_L + \sum_{k \neq i}^{3} \tau_k^i a_M^i w_L$。

其中，π 为企业投入一单位资本作为固定成本；$a_M^i w_L$ 为在国内销售的产品的可变成本，最后一项为销往国外的产品的可变成本；τ_k^i 为 i 国企业将商品出口到 k 国所引起的交易成本。因此，i 国企业 e 相应的利润最大化问题为：

$$\max \left[\sum_{k=1}^{3} p_e^k c_e^k - \left(\pi_e^i + a_M^i w_L + \sum_{k \neq i}^{3} \tau_k^i a_M^i w_L \right) \right]$$

$$s.t.\ c_e^k = \frac{\mu E^k (p_e^k)^{-\sigma}}{(P_M^k)^{1-\sigma}}, \quad k = 1, 2, 3 \tag{9}$$

其中，E^k 为 k 国的总支出；世界总支出 $E^w = E^1 + E^2 + E^3$ 为各国总支出之和。解此利润最大化问题，得 i 国的厂商 e 的定价策略：

$$p_e^i = \frac{a_M^i w_L}{1 - 1/\sigma}, \quad p_e^k = \frac{\tau_i^k a_M^i w_L}{1 - 1/\sigma} \tag{10}$$

由（10）可知，同一国家生产的各种差异性工业产品的价格都相同，与产品种类无关。因此可以省略产品种类下标。

在垄断竞争情况下，企业获得零利润，销售利润等于全部成本。即 $\sum_{k=1}^{3} p_e^k c_e^k = \pi_e^i + a_M^i w_L + \sum_{k \neq i}^{3} \tau_k^i a_M^i w_L$。整理得：

$$\pi_e^i = \sum_{k=1}^{3} p_e^k c_e^k - \left(a_M^i w_L + \sum_{k \neq i}^{3} \tau_k^i a_M^i w_L \right) \tag{11}$$

由（6）和（10）可知，同一个国家各厂商利润相同。因此，三个国家代表性厂商的企业利润函数为：

$$\pi^1 = \frac{\mu E^w}{\sigma K^w} \left[\frac{S_E^1}{\Delta^1} + \phi' \frac{S_E^2}{\Delta^2} + \phi \frac{S_E^3}{\Delta^3} \right] \tag{12}$$

$$\pi^2 = \frac{\mu E^w \chi'}{\sigma K^w} \left[\phi' \frac{S_E^1}{\Delta^1} + \frac{S_E^2}{\Delta^2} + \phi \frac{S_E^3}{\Delta^3} \right] \tag{13}$$

$$\pi^3 = \frac{\mu E^w \chi}{\sigma K^w}\left[\phi\frac{S_E^1}{\Delta^1} + \phi\frac{S_E^2}{\Delta^2} + \frac{S_E^3}{\Delta^3}\right] \tag{14}$$

$$\Delta^1 = S_n^1 + \phi' S_n^2 \chi' + \phi S_n^3 \chi \tag{15}$$

$$\Delta^2 = \phi' S_n^1 + S_n^2 \chi' + \phi S_n^3 \chi \tag{16}$$

$$\Delta^3 = \phi S_n^1 + \phi S_n^2 \chi' + S_n^3 \chi \tag{17}$$

其中，$S_E^1 = \frac{E^1}{E^w}$，$S_E^2 = \frac{E^2}{E^w}$，$S_E^3 = \frac{E^3}{E^w}$，$S_E^1 + S_E^2 + S_E^3 = 1$，为各国支出占世界总支出的份额；$S_n^1 = \frac{n^1}{n^w}$，$S_n^2 = \frac{n^2}{n^w}$，$S_n^3 = \frac{n^3}{n^w}$，$S_n^1 + S_n^2 + S_n^3 = 1$，为各国生产的工业产品与世界生产的工业产品总量之比；$\chi' = \left(\frac{a_M^2}{a_M^1}\right)^{1-\sigma}$，$\chi = \left(\frac{a_M^3}{a_M^1}\right)^{1-\sigma}$ 分别为 2、3 两国相对于 1 国的劳动生产率度量，表示李嘉图型比较优势；$\phi' = (\tau_2^1)^{1-\sigma} = (\tau_1^2)^{1-\sigma}$，$\phi = (\tau_3^1)^{1-\sigma} = (\tau_3^2)^{1-\sigma} = (\tau_1^3)^{1-\sigma} = (\tau_2^3)^{1-\sigma}$ 分别为自由贸易区成员之间的贸易自由度和世界贸易自由度；由于每个厂商使用一单位资本作为固定成本，则有 $n^w = K^w$，即世界工业产品种类总量和世界资本禀赋总量相同。

三、模型分析与结论

选择合适的度量标准，使得 $E^w = K^w = 1$。为了分析简便，假设 1、2 两国的生产率相同，且与第三国的生产率有差异，即 $\chi' = 1$，$\chi \neq 1$。在均衡的情况下，资本在任何国家的收益都等于世界平均资本收益，即 $\overline{\pi} = S_n^1 \pi^1 + S_n^2 \pi^2 + S_n^3 \pi^3 = \frac{\mu}{\sigma}$。根据此式，再由（12）—（17）可解得两个自由贸易区成员国的生产份额：

$$S_n^1 = \frac{\chi(1+\phi'-2\phi^2)[S_E^1 + (S_E^1 - S_E^2)(\frac{\phi'-\phi\chi}{1-\phi})]}{(\chi-\phi)(1+\phi'-2\phi\chi)} - \frac{\phi\chi}{1+\phi'-2\phi\chi} \tag{18}$$

$$S_n^2 = \frac{\chi(1+\phi'-2\phi^2)[S_E^2 + (S_E^1 - S_E^2)(\frac{\phi'-\phi\chi}{1-\phi})]}{(\chi-\phi)(1+\phi'-2\phi\chi)} - \frac{\phi\chi}{1+\phi'-2\phi\chi} \tag{19}$$

在 1、2 两国自由贸易区未形成之前，$\phi' = \phi$。与上面计算类似，可以解出未形成自由贸易区时 1、2 两国的生产份额：

$$S_n^{1*} = \frac{\chi(1+\phi-2\phi^2)[S_E^1 + (S_E^1 - S_E^2)(\frac{\phi-\phi\chi}{1-\phi})]}{(\chi-\phi)(1+\phi-2\phi\chi)} - \frac{\phi\chi}{1+\phi-2\phi\chi} \tag{20}$$

$$S_n^{2*} = \frac{\chi(1+\phi-2\phi^2)[S_E^2 + (S_E^1 - S_E^2)(\frac{\phi-\phi\chi}{1-\phi})]}{(\chi-\phi)(1+\phi-2\phi\chi)} - \frac{\phi\chi}{1+\phi-2\phi\chi} \quad (21)$$

因此，结成自由贸易区前后两国生产份额的变化为：

$$\Delta S_n^{fta} = (S_n^1 + S_n^2) - (S_n^{1*} + S_n^{2*}) = \frac{2\chi\phi(\phi'-\phi)[1-(S_E^1+S_E^2)]}{(1+\phi'-2\phi\chi)(1+\phi-2\phi\chi)} \quad (22)$$

从（22）式可以看出，由于分子为正，ΔS_n^{fta} 的符号取决于分母，当 $\chi < \frac{1+\phi}{2\phi}$ 或 $\chi > \frac{1+\phi'}{2\phi}$ 时 $\Delta S_n^{fta} > 0$；当 $\frac{1+\phi}{2\phi} < \chi < \frac{1+\phi'}{2\phi}$ 时 $\Delta S_n^{fta} < 0$。

结论1：1，2两国结成自由贸易区将引致生产转移效应。结成自由贸易区以后，两国生产份额扩大还是缩小取决于他们与第三国间的相对生产率差异。当相对生产率差异较大时，即存在以劳动生产率差异为基础的比较优势时，结成自由贸易区的两个国家的生产份额将会扩大，区域外企业将转入自由贸易区内部；反之，自由贸易区内部的生产份额将会缩小，部分企业将会从自由贸易区转出。

由此可见，认为结成自由贸易区以后，两个成员国的工业生产一定会扩大的传统观点在差异性产品生产的框架下并不成立。在异质性生产的情况下，工业是否会扩大与李嘉图型比较优势的大小有关。

结论2：两国生产份额的变化与 $\chi, \phi, \phi', S_E^1 + S_E^2$ 有关。区域内贸易自由度与区域外贸易自由度的差异越大，即 $\phi' - \phi$ 越大，生产份额变化越大。当区域内外贸易自由度差异固定时，世界贸易自由度越大，生产份额变化越大。生产率比较优势越大，即 χ 越大，生产份额变化越大。两国的规模越小，$S_E^1 + S_E^2$ 越小，则生产份额变化越大①。

当两国支出份额相等时，即 $S_E^1 = S_E^2 = S_E$。由（18）、（19）式可得：

$$S_n^1 = S_n^1 = \frac{\chi(1+\phi'-2\phi^2)S_E}{(\chi-\phi)(1+\phi'-2\phi\chi)} - \frac{\phi\chi}{1+\phi'-2\phi\chi} \quad (23)$$

$$\left.\frac{\partial S_n^1}{\partial \phi'}\right|_{1/3} = \left.\frac{\partial S_n^2}{\partial \phi'}\right|_{1/3} = \frac{\phi x}{3(1+\phi'-2\phi x)^2} > 0 \quad (24)$$

结论3：当两个成员国的支出份额相等时，分布在每个成员国内部的产业份额也相等，两国的产业份额都随着两国间贸易自由度的增大而增大，且增大的幅度也完全相同。

现在考虑一种特殊的对称均衡情况，$S_n^i = S_E^i = 1/3$，即各国的支出份额和生产份额都相等，由（12）—（17）得：

$$\frac{S_E^1}{\Delta^1} + \phi'\frac{S_E^2}{\Delta^2} + \phi\frac{S_E^3}{\Delta^3} = 1 \quad (25)$$

---

① 当生产率差异对贸易自由度的影响不大时，可以忽略分母的影响。

$$\chi'\left[\phi'\frac{S_E^1}{\Delta^1} + \frac{S_E^2}{\Delta^2} + \phi\frac{S_E^3}{\Delta^3}\right] = 1 \tag{26}$$

$$\chi\left[\phi\frac{S_E^1}{\Delta^1} + \phi\frac{S_E^2}{\Delta^2} + \frac{S_E^3}{\Delta^3}\right] = 1 \tag{27}$$

（23）—（25）是关于 χ', χ, ϕ', ϕ 的四个未知数方程组，因此考虑 $\phi' = 1$，即1，2两国完全自由贸易的情况。解得 $\chi' = 1$，$\phi = \frac{2}{\chi} - \chi$，$d\phi/d\chi < 0$。

结论4：对于区域贸易协定之外的第三国，为保持对称均衡下的生产份额所需要的贸易开放度与该国技术水平（劳动生产率）上的比较优势有关。该国的相对劳动生产率越高，该国保持均衡状态下的生产份额所需要的关税壁垒越低（贸易开放度越高）。

对于自由贸易协定之外的第三国，如果和自由贸易区成员国相比，生产率较低，则该国企业在国外市场竞争中将处于劣势，该国企业将会把重点放在国内市场。因此只有在较高的关税壁垒保护下，即贸易开放度较低的情况下，国外企业进入该国市场比较困难，本国企业才能保持已有的生产份额。

下面我们考虑1，2两国结成自由贸易区对各国福利水平产生的影响。由于均衡情况下劳动力工资在全球都相等，我们可以用各国代表性企业利润作为福利的近似考察。为了简化分析，假设1，2两国生产率相同，即 $\chi' = 1$，用（12）—（17）在 $\phi' = \phi$ 处对 ϕ' 求导，得：

$$\left.\frac{d\pi^1}{d\phi'}\right|_{\phi'=\phi} = \frac{\mu\phi\chi}{\sigma(1+\phi+\phi\chi)^2} > 0 \tag{28}$$

$$\left.\frac{d\pi^2}{d\phi'}\right|_{\phi'=\phi} = \frac{\mu\phi\chi}{\sigma(1+\phi+\phi\chi)^2} > 0 \tag{29}$$

$$\left.\frac{d\pi^3}{d\phi'}\right|_{\phi'=\phi} = -\frac{2\mu\phi\chi}{\sigma(1+\phi+\phi\chi)^2} > 0 \tag{30}$$

结论5：在世界关税水平相同的情况下，如果1，2两国结成自由贸易区，将增进两国的福利水平，而使得区域外国家受损。贸易区成员福利增加的程度和区域外国家福利受损的程度与他们之间的相对生产率差异有关。区域外国家的相对生产率越低，成员国福利增加和区域外国家福利受损的程度越大。

用（12）—（14）对 ϕ 求导，并应用（15）—（17），为了分析简便，假设 $\chi' = \chi = 1$，即讨论三国生产率相同的情况：

$$\left.\frac{d\pi^1}{d\phi}\right|_{\phi=\phi'} = \left.\frac{d\pi^1}{d\phi}\right|_{\phi=\phi'} = -\frac{\mu\phi'}{\sigma(2\phi'+1)^2} < 0 \tag{31}$$

$$\left.\frac{d\pi^3}{d\phi}\right|_{\phi=\phi'} = \frac{2\mu\phi'}{\sigma(2\phi+\chi)^2} > 0 \tag{32}$$

结论6：在各国生产率相同的情况下，提高世界贸易自由度将会增加区域外国家的利益,因此区域外国家将会拥护经济一体化。但世界贸易自由度提高的同时也会损害自由贸易区成员国从区域贸易协定中所获得的既得利益,因此他们将抵制经济一体化。从这种角度看,区域贸易协定阻碍了全球经济一体化的进程。

四、结 束 语

本文在异质性生产自由资本模型的框架下,分析了签订自由贸易协定对区域内部和区域外部国家工业生产区位选择以及对各国福利产生的影响。区域贸易协定蓬勃发展的今天,任何被排斥在自由贸易区之外的国家的利益都将会遭受损失。正是出于这个原因,我国在加入WTO之后积极与东盟等国结成自由贸易区,实施自由贸易区战略。也是出于同样的原因,在我国与东盟十国签订自由贸易协定之后,韩国和日本也积极提出与东盟十国建立自由贸易区。这从实践中验证了结论5的正确性。

任何国家加入自由贸易区的初衷都是想提高本国的福利水平,并促进本国的工业发展。但是,正如结论2、3所述,在结成自由贸易区以后,可能会吸引区域外企业进入,促进区域内部生产的发展,也有可能导致区域内部原有企业向外转移,致使区域内部生产萎缩。这取决于区域内部国家与区域外国家的相对生产率差异、区域内贸易自由度与世界贸易自由度的差异、区域规模大小等诸多因素。因此,我们在实施自由贸易区战略时,不能盲目地签订自由贸易协定,要充分考虑上述这些影响因素,提前做好可行性分析,充分考虑结成自由贸易区之后将会产生的影响,才能保证从自由贸易协定中受益。

从结论6中我们可以看到,自由贸易区并不一定能够促进经济全球化的发展,也有可能成为经济全球化的绊脚石[1],这与Bhagwati的观点一致。在区域外国家寻求全球经济一体化受阻的时候,该国家将会考虑也结成自由贸易区。在多个国家的情况下,这种错综复杂的自由贸易区将会形成Bhagwati所谓的"意大利面条碗",由此带来的产业和贸易转移和各种调整成本将在一定程度上抵消从自由贸易区中所获得的利益。因此,我国在积极参与区域经济一体化的同时,也要处理好区域和多边的关系,使得区域和多边相互协调,共同发展。

最后,我们要指出,本文仅仅是从经济角度考察自由贸易协定的效应。然而在现实生活中,各国加入自由贸易区除了经济上的原因,还有很多政治上的考虑。这也是本文

---

[1] Bhagwati, Jagdish and Panagariya, Arvind, 1996a, "*Preferential Trading Areas and Multilateralism: Strangers, Friends or Foes?*" In Jagdish Bhagwati and Arvind Panagariya, eds., The Economics of Preferential Trade Agreements, AEI Press, Washington, D. C.

的不足和笔者今后努力的方向。

参 考 文 献

1. 邓炜:"轮轴—辐条型自由贸易协定的产业区位效应——基于流动资本模型的分析",《世界经济研究》,2008年第2期。

2. 李荣林、于明言:"自由贸易区问题研究",《国际经济学评论》,2007年第1辑。

3. 李荣林、鲁晓东:"中日韩自由贸易区的贸易流量和福利效应分析：一个局部均衡的校准方法",《数量经济技术经济研究》,2006年第11期。

4. Baldwin, Richard E., *A Domino Theory of Regionalism*, Working paper No. 4465, National Bureau of Economic Research. 1993.

5. Forslid R. and I. Wooton, *Comparative Advantage and the Location of Production*, Review of International Economics in Press. 2001.

6. Kemp M. and H. Y. Wan, *An Elementary Proposition Concerning the Formation of Customs Unions*, Journal of International Economics, 1976, 6, 95 – 8.

7. Krugman, Paul, *Is Bilateralism Bad?*, In Elhanan Helpman and Assaf Razin, eds. International Trade and Trade Policy, Cambridge, MA: MIT Press, 1991a, pp: 9 – 23.

8. Krugman, Paul, *The Hub Effect: or Threeness in Interregional Trade*, In Theory, Policy and Dynamics in International trade, ed. W. Ethier, E. Helpman and J. Neary. Cambridge University Press. 1993.

9. Martin, P. and C. A. Rogers, *Industrial Location and Public Infrastructure*, Journal of International Economics. 1995, 39, pp. 335 – 351.

10. Puga, Diego and Venables, *Preferential Trading Arrangement and Industrial Locations*, Journal of International Economics. 1997, 43, pp. 347 – 368.

11. Viner, Jacob, *The Customs Union Issue*, New York: Carnegie Endowment for International Peace. 1950.

新兴市场经济体的汇率制度选择、名义冲击与经济增长

——一个基于金融约束临界特征的微观解释

刘 程 佟家栋[①]

> **摘要**：本文通过构造一个基于金融环境约束的开放经济体跨期模型，对不同汇率制度面临不同名义冲击下的经济绩效进行了比较，结果发现由于浮动汇率对于宏观经济的冲击吸收能力依赖于该国金融环境的发展条件，因此新兴市场的汇率制度退出和转轨决策应当着眼于克服金融约束的关键性门槛。本文的跨国经验分析也进一步证实了模型的结论。
>
> **关键词**：汇率制度 金融发展 金融开放 临界约束

一、引 言

长期以来，在关于开放条件下的宏观经济学研究中，发展中国家的汇率制度选择和资本金融开放政策取向一直是两个处于争论中的敏感问题。从更为严格的政策意义上来

[①] 刘程，讲师，南开大学国际经济贸易系；佟家栋，教授、博士生导师，南开大学国际经济贸易系。

说,一国的汇率政策从属于宏观货币政策框架,而金融自由化进程又必然伴随着货币政策框架的重新设计以及名义锚的调整①,因此汇率机制调整和退出策略的选择实际上可以视为金融发展与自由化背景下的一个重要环节。过去 30 年来各国货币当局的政策实践也充分印证了这一点。然而,相关领域已涌现出的大量文献多是单独平行分析二者与经济增长间关系,鲜有将此二者纳入统一框架内的协同研究。尽管大多数学者普遍推测汇率制度以及金融开放对于长期经济增长有着重要影响,但理论与经验研究却几乎始终未能给出太多稳健的指导性结论。仅有少数文献将资本市场开放度作为影响一国汇率制度选择的因素之一,但未能得出稳健的一致性结论(Poirson, 2001; Frieden, Ghezzi, Stein, 2001)。众多的研究文献尽管发现了某些因素在某些特定情况下对某些类型的国家群体的汇率制度选择有一定的影响②,但没有得到任何具有普遍性的结论③,即使是采用了事实汇率制度分类数据后的研究也依然如此(Poirson, 2001)。在金融开放方面,则有研究发现采用浮动汇率制度、同时又保持严格财政政策纪律的国家更容易从金融全球化中获取收益(Bakker, Chapple, 2002)。已有研究从汇率制度演进和金融资本市场的开放探讨了二者在不同条件下与新兴市场经济体经济表现的联系及其可能机理,并且通过多角度的分析也都发现金融资本市场的开放和发育程度可能是制约新兴市场汇率制度选择空间与绩效的一个关键因素。但是,这些研究也都存在一些共同的弱点,如多针对部分国家群体的特质展开,结论的普适性值得商榷;均属于局部均衡和比较静态分析框架,缺乏微观基础,因而无法进行全面和长期的动态福利分析。

本文首先基于新开放宏观经济学的思路框架构建一个能够容纳名义冲击风险和金融环境约束特征的理论模型,以涵盖新兴市场的这种结构性特质。在此基础上,分析其对汇率制度绩效的可能影响,然后采用动态面板数据的分析方法检验了所得出的结论。

二、基准模型

(一)模型特征

以一个小的开放经济体为背景,模型的基础主要包含三个部分:首先,经济增长的

---

① 事实上这也正是大量进行汇率体制绩效研究的文献所容易忽视和混淆的问题。很多研究往往是将汇率制度分类体系孤立进行研究,或者是混合货币当局主体与汇率制度为一个对象,从而导致了分类体系的莫衷一是和相应的绩效研究的巨大分歧。Schuler (2005) 曾指出了这一问题。

② 如"经济规模"在绝大多数文献中与汇率弹性间关系为正,但并不都是统计显著的;通胀率(及其差异)与汇率弹性关系也为正,但由于多数研究没有处理异方差问题,不能排除部分国家因素占主导的可能。

③ 这或许从一个方面证明了 Frankel (1999) 的观点,"没有任何一种汇率制度是在任何时候适合所有国家的"。

动力主要来自企业技术进步后生产效率的提高，同时，基于新古典的内生增长理论，企业的技术进步依赖于研发投入。这样就将企业的技术进步，进而整个经济增长与金融冲击联系起来了。其次，由于短期内工资刚性的存在，名义汇率的波动会对宏观经济产生冲击，这也是 NOEM 理论中造成货币冲击非中性的原因。同时为了简化分析，假设央行只在固定和浮动两大类汇率制当中作出选择。此外，由于风险溢价的存在，汇率波动和总产出其他等宏观变量冲击之间的传导效应是不完全的，而这一假设实际上也与大部分的经验研究结论是一致的。[①] 我们将描述企业的生产行为，设汇率为外生变量，得到企业利润函数和技术进步的关系；然后将汇率行为内生化，考虑不同汇率行为对一国经济增长的影响。

(二) 工资决定

世界由一个小国和一个大国构成，与标准的叠代模型一致，假设该小国居民均为风险中性，存活两期，并在第 2 期消费其全部储蓄。一半为企业家，其余提供劳动，经济增长取决于企业的创新能力，而创新必须在第 2 期实现。本国企业只生产一种世界产品，并对外输出，并且是国际价格 P^* 的接收者。这同时意味着本国的对外依存度非常高，对外贸易在很大程度上决定经济增长规模，这些与大部分新兴市场经济的特点都是一致的。根据购买力平价，有：

$$P_t = E_t P_t^*$$

其中，E_t 是直接标价法下的本币汇率。考虑到大部分工业化国家采用通胀钉住的货币政策的现实[②]，此处将国外价格 P^* 固定并正规化为 1，则 $P_t = E_t$。

再假设大国的规模收益 r^* 不变，可认为事实上大国的长期均衡利率为 $i^* = r^*$。

在浮动汇率下，E_t 围绕其均值 $E(E_t) = \overline{E}$ 随机波动，在固定汇率下，$E_t = E_0$。

由于工资 W_t 在 1 期内是刚性的且早于 E_t 的决定，所以汇率 E_t 的波动将会直接影响到企业流动性，进而影响 2 期的技术进步和经济增长的实现。[③] 由于企业利润受汇率波动的影响，工资调整滞后，必然导致企业面临外汇风险并影响其存活概率。其计算公式为：

$$\frac{W_t}{E(P_1)} = \alpha A_1$$

[①] 可参考 Michele Ca' Zorzi, Elke Hahn and Marcelo Sánchez (2007) 关于发达国家和新兴市场汇率传导效应的比较分析。

[②] 这一设定是合理的，在下面的章节中我们将会予以阐释。一个典型的分析可以参考 Stock, Watson (2003) 关于近 20 年来世界经济结构的变化以及与主要发达国家货币政策的联系。

[③] Aghion, Angeletos, Banerjee, and Manova (2005) 以及 Aghion, Bacchetta, Ranciere and Rogoff (2006) 等人对于跨期技术进步的分析路径也有与此相似的假定。

设 1 期的总生产能力为 A_1，工人实际工资份额为 αA_1，将 $E(P_t) = E(E_t) = \bar{E}$ 条件代入上式，得到工人的名义工资：

$$W_t = \alpha \bar{E} A_1 \tag{1}$$

这样，工资主要受企业初期的生产力和汇率因素影响；随着汇率在之后的实现，企业承受了成本风险。

（三）厂商行为

厂商在 1 期将在给定工资成本 W_t 下决定雇用工人的数量，然后在 1 期末，当流动性冲击出现后，依据是否有足够企业利润去弥补该冲击，来决定是坚持到 2 期技术进步后利润的实现，还是关闭企业。但无论怎样，仅有一部分企业（θ）能够通过创新实现技术进步。

企业在 1 期的产量由所拥有的劳动力数量 l_1 决定，其计算公式为：

$$Q_1 = A_1 (l_1)^{1/2}$$

则企业利润为：

$$\pi_1 = P_1 Q_1 - W_1 = A_1 E_1 (l_1)^{1/2} - \alpha A_1 \bar{E} l_1 \tag{2}$$

在 2 期，企业如果能实现技术进步（概率为 θ），则获取利润 v_2，当然，能否获取这一利润取决于在 1 期末企业的自有资金能否抵消创新成本和汇率波动造成的流动性冲击。

这样企业根据最大化现值（贴现因子为 β）决定了用工数量 l_1，其计算公式为：

$$l_1 = Max \{A_1 E_1 (l_1)^{1/2} - \alpha A_1 \bar{E} l_t + \beta \theta E_1 v_2\} \tag{3}$$

如果技术进步将使得企业生产能力提高至：

$$A_2 = \gamma A_1$$

则创新所得利润为：

$$v_2 = v P_2 A_2 \tag{4}$$

其中，$\gamma, v > 0$，且创新利润 γv 高于创新成本 S_1（否则企业无动机进行 2 期生产）。

但要获取 v_2，企业必须能够承受 1 期末的流动性成本 S_1。如果企业有足够的融资渠道和能力，则可以抵消 S_1 并坚持到 2 期利润的实现；但如果企业通过国内或国外的融资渠道不能获取足够资金，也就是说本国金融发展程度较低、同时与大国间的金融一体化水平也较低，存在金融约束，则即使该企业有技术创新能力，仍不得不倒闭。

在存在金融约束的条件下，企业只能依靠 1 期利润来度过冲击，而 1 期利润又与 l_1 直接相关。创新成本 S_1 与 1 期的生产能力 A_1 有关，即对企业 i 来说，有：

$$S_1^i = s^i P_1 A_1 \tag{5}$$

其中，冲击系数 s^i 是一个在国内企业间满足独立同分布的随机变量，均值为 $\bar{s}$，其累计概率函数为 F；为弥补创新成本，企业可以以1期企业利润 π 为抵押，通过从本国或外国金融市场来融资的方式解决。但由于本国金融市场不完全，同时与国际市场一体化程度有限，所以存在金融约束，最高只能借入 $(\eta - 1)\pi_1$ 的资金。这里，η 反映了新兴市场金融市场的深度和一体化水平，其计算公式为：

$$\eta = f^H + \rho f^F \tag{6}$$

其中，f^H 是本国金融发展水平；f^F 是本国金融开放程度；$\rho > 0$，ρf^F 是通过开放实际获取的国外融资能力。① 如果 η 足够高，那么意味着金融约束事实上不存在，企业都可以坚持到2期创新利润实现。这样，创新实现约束就可以写为：

$$\eta \pi_1 \geq S_1^i$$

创新（存活）概率为：

$$\theta = F\left(\frac{\eta \pi_1}{E_1 A_1}\right) \tag{7}$$

（四）均衡利润

将 θ 带入1期利润最大化，式（3）—（4）求解，得1期雇工数量：

$$l_1 = \left(\frac{E_1}{2\alpha \bar{E}}\right)^2$$

则1期利润为：

$$\pi_1 = \delta A_1 E_1^2, \quad \text{其中} \ \delta = 1/(4\alpha \bar{E})$$

注意：这里表明企业1期利润实际上随着汇率贬值而增加，即存在通过低估本币刺激出口导向的特征。而这与新兴市场在经济起飞阶段普遍存在的汇率水平低估的情况是相吻合的。

再将解出的 π_1 代入（6）、（7）式得创新概率为：

$$\theta = F(\eta \delta E_1) \tag{8}$$

这样在2期企业预期生产率提高为：

$$E(A_2) = E(\theta)\gamma A_1 + [1 - E(\theta)]A_1$$

预期增长率为：

$$\omega_2 = [E(A_2) - A_1]/A_1 = (\gamma - 1)E(\theta) \tag{9}$$

从预期增长率方程可以看到一国的预期增长率 ω 实际上与在2期能够实现技术进步的企业数目正相关。

---

① 简明起见，这里隐含假设了获取国际融资的能力与金融开放程度呈线性关系，这一假设虽然合理，但与事实存在一定的偏倚，在下一章里将分析这一问题。

在固定汇率制度下，预期技术进步比率 $\theta_{fix} = \bar{\theta}$，其中，$\bar{\theta} = E[F(\eta \delta E_0)]$，而浮动汇率制度下的这一比率为 $E(\theta) = E[F(\eta \delta E)]$，比较二者的差距为：

$$\omega_\Delta = \bar{\theta} - E(\theta)$$
$$= E[F(\eta \delta E_0)] - E[F(\eta \delta E)] \geq 0 \qquad (10)$$

根据技术进步差异可以得出如下结论：

结论1：当存在外部金融约束（金融发展与开放程度较低）时，一国从固定汇率向浮动汇率制度的转轨将会降低平均增长率。

结论2：随着金融发展和一体化程度的提高（η 逐渐增大），金融约束逐渐消失，则一国总产出最大化。两国经济增长趋于收敛。

在这里，模型的主要目的还是要在尽可能简洁的约束下把企业的技术进步和外部金融环境联系起来。对于结论1，我们需要注意其中的一个假设前提，即 $\bar{\theta}$ 是足够大的，至少相对于汇率波动剧烈情况下的 $E(\theta)$，而这一点是符合新兴市场经济实际的，由于普遍处于与外部世界一体化程度日益加深的阶段，这一群体大部分采用相对固定形式的汇率制度就是出于稳定企业利润和贸易规模的需要。

反过来说，如果本身 $\bar{\theta}$ 是很低的，那么外部金融环境的约束就不是主要矛盾了，此时无论汇率是否存在剧烈冲击，经济的潜在增长能力仍然是很低的。[①] 从模型上的反映就是汇率 E，波动过分剧烈时，反而会给于部分企业更高的生存机会的"异常情形"。但这种增长实际上并非来自技术进步，而是汇率过分低估拉动的对外贸易。鉴于本文主要考察的对象是新兴市场，所以可以忽略这种特殊情况[②]。

三、汇率行为内生化、制度的比较与临界条件

在上面的分析中主要考虑了金融约束对新兴市场经济增长的影响，汇率冲击是外生的。这里，我们将浮动汇率条件下的汇率行为内生化，将央行的货币政策影响与总产出联系起来，并考虑当同时存在实际冲击和汇率冲击时，在怎样的临界（Thresholds）条件下，浮动汇率制度能够带来更高的经济增长。

---

① 事实上，除新兴市场以外的发展中国家的一部分（如部分非洲经济体）可以理解为这种状态。Obstfeld (2004) 把这一类经济体称为"孤岛经济"（Insular），以与发展中国家的新兴市场相区别。

② 由于从已有的经验研究来看，汇率的剧烈波动对经济增长的负面效果已经是被证实的，如 Frankel, Wei (1994); Rose (2000), Frankel, Rose (2002); Parsley, Wei (2001)。所以忽略这种特例并不会产生方向性的问题。

(一)汇率行为

假设本国总生产率为 A_t 是一个随机变量,由下式决定:

$$A_t = \overline{A}_t e^{u_t} \tag{11}$$

其中,$\overline{A}_t$ 为该国的潜在生产率水平,仅依赖于前一期的技术进步存量,即:

$$\overline{A}_t = A_{t-1}[\theta_{t-1}(\gamma-1)+1] \tag{12}$$

e^{u_t} 是生产率的随机扰动项,表征实际冲击,其服从以下分布条件:

$E(u_t) = 0$,方差为 σ_u^2;

同样,由于名义工资是前一期冲击发生前决定的,且短期内为刚性,则:

$$W_t = \alpha E_0 \overline{A}_t$$

代入之前的利润函数,有:

$$\pi_t = \overline{\delta} A_t^2 E_t^2$$

其中,$\overline{\delta} = 1/(4\alpha E_0 \overline{A}_t)$

这样就得到了企业的创新(存活)概率:

$$\theta_t = F(\overline{\delta}\eta A_t E_t)$$

显然这一概率受到产出和汇率 $A_t E_t$ 的共同影响。

产出已经给定,下面就需要将汇率行为 E_t 内生化,通过两国间的资产套购来决定汇率行为①,假设以下形式的利率平价条件成立:

$$\varepsilon_t = \ln(1+i^*) - \ln(1+i_t) + \varepsilon_{t+1}^e + \psi_t \tag{13}$$

其中,i_t 和 i^* 分别为本国和外国即期的名义利率,则:

$$\varepsilon_t = \ln E_t$$

由于大国采用通胀目标的独立货币政策,即可认为 i^* 是给定的常数。这里的关键假设是:由于本国为新兴市场,故存在 ψ_t——即外国投资者对本国投资时的风险溢价,这是一个为随机变量,服从 $E(\psi_t)=0$;$cov(\psi_t, u_t)=0$ 的分布,很明显,ψ_t 与本国即期的实际冲击不相关,所以反映的是非理性投资因素。Jeanne,Rose(2002)和 Devereux,Engel(2003)将风险溢价的来源解释为投资的预期偏倚(expectations bias);Bacchetta,Wincoop(2006)则将其解释为信息不对称所造成的交易偏倚。

当采用固定汇率制度时,$\varepsilon_t = 0$,转向浮动汇率后,央行的货币政策将会对汇率行为产生影响,当放弃钉住后,如果新兴市场仿照发达国家将货币政策名义锚转向物价或通胀钉住,则可假设其货币政策遵循泰勒规则,由于汇率波动将直接传导至

---

① 由于采用浮动汇率后,新兴市场将可以选择独立的货币政策并放开资本市场,因此存在国际间资本套购的条件。

国内物价水平，则央行的政策规则为：

$$ln(1+i_t) = a + b\varepsilon_t + cu_t \tag{14}$$

这是一个标准的泰勒形式的货币政策规则，由于已假定大国物价始终保持稳定，则本国物价实际上只受汇率波动影响，所以这一规则仍是合理的[①]。其中，规则参数为 $a = ln(1+i^*)$，b 和 c 均由央行事先决定。

将此开放条件下的泰勒规则代入之前的利率平价方程，可得到汇率行为：

$$\varepsilon_t = \frac{\psi_t}{1+b} - \frac{c}{1+b}u_t \tag{15}$$

这样，汇率实际上是由风险溢价和生产力冲击共同决定的，风险溢价增强时，本币贬值；本国实际冲击 u_t 增加时，本币升值，竞争力下降。

得到汇率行为后，我们就可以比较浮动和固定汇率制的经济增长差异和临界条件。

（二）增长差异与临界条件

由于创新概率受到生产率和汇率的共同影响，$\theta_t = F(\bar{\delta}\eta A_t E_t)$，$\delta$ 是常数。如果不考虑金融环境 η 的差异，只需要比较 $A_t E_t$ 的方差不同即可。

1. 固定汇率制度下，对 $A_t E_t$ 取对数，则：

$$lnA_t S_t = lnA_t E_0 = ln\bar{A}_t + u_t$$

2. 对于浮动汇率，则：

$$lnA_t S_t = ln\bar{A}_t + [(1+b-c)u_t + \psi_t]/(1+b)$$

所以浮动汇率与固定汇率制度下的产出差异由风险溢价和实际冲击方差之比 σ_ψ^2/σ_u^2 来决定。所以当实际产出冲击 u_t 波动高于风险溢价冲击波动时，即：

$$\sigma_u^2/\sigma_\psi^2 > \kappa \tag{16}$$

浮动汇率制度下的企业创新（存活）能力才会更高，进而总产出水平更高，经济增长更快。

$$E(\theta_t)_{flex} \geq E(\theta_t)_{fix} = \bar{\theta} \tag{17}$$

其中，参数 $\kappa = 1/[c(2(1+b)-c)]$，表明央行货币政策规则的不同权重的影响。

这样我们就得到了更重要的结论，对新兴市场经济体而言，由于存在金融环境的约束，因而企业融资能力更依赖于当期自身收入，从而相对于工业化国家，技术进步能力极其依赖于名义汇率的稳定性。在这样的背景下，只有当本国的实际冲击高于汇率冲击时，采取浮动汇率政策对经济增长才是更有帮助的。

---

① 关于开放条件下的央行的泰勒规则的详细讨论可参考 Woodford (2003) 和 Kollman (2002)。

由于大部分的新兴市场经济体均属于外向型经济的小国（不仅仅包含经济规模因素，也包括在国际市场的定价能力等贸易特征因素），因此对它们来说，受经济结构的制约，相对于本国的实际冲击，控制外部冲击的政策能力更为重要。因此，大部分的新兴市场经济体在一定阶段所表现出的"浮动汇率恐惧"特征就不难解释了。

此外，再考虑金融约束因素 η，当 η（$\eta = f^H + \rho f^F$）逐渐增大，即从两个方面，本国金融发展 f^H 与开放水平 ρf^F 不断提高后，从浮动汇率制度就所获得的收益就会逐渐增大。这是由于技术进步概率 θ 的取值与汇率波动之间的关系会随着 η 的增加逐渐减弱，直到两者完全独立。在经济实际中，就表现为越来越多的企业能通过充分多的渠道获取创新融资，因而理论上经济增长在任何汇率制度下都能够最终达到潜在生产力水平 $\overline{A}_t$，θ 趋近于 1，产出缺口消失。

这样就从理论上解释了为什么发达国家可以比较平稳的从固定汇率制度退出，而新兴市场却表现出对退出的"排斥"，甚至即使开始转型后，这一进程仍充满曲折和反复。其经济根源来自于经济结构对外依赖度的不同和本国金融发展以及与国际间一体化水平的差异。事实上，在经验上我们也可以找到对这一结论的支持性证据，Jeannine，Lafrance 和 Perrault（2002）对 60 多个国家自布雷顿森林体系瓦解后的汇率制度与经济增长之间的联系的面板数据分析表明，无论采取钉住、中间或是浮动汇率机制，凡是在其货币政策框架中存在明确的名义锚时，该机制与增长之间的联系都是充分显著的。但采取中间或浮动汇率制度、同时货币政策锚缺失的经济体，其与经济增长的负面影响也是显著的。结合我们前面的模型，不难对这一点作出解释，发达国家的货币政策由于普遍采用通胀（数量、价格等）名义锚而放弃了汇率锚，且本国金融发展水平与金融开放程度较高，金融环境约束较弱，因此无论是采取自由浮动（如美国、日本），还是强固定机制（欧元区国家），其汇率制度都已经不再构成增长的决定性因素。而恰恰是那些徘徊于固定与浮动之间的、所谓"可调整钉住"的新兴市场经济体，限于经济结构的阶段性特征，货币当局往往既想稳定汇率冲击，又期望由此造成的国内实际冲击不要过于剧烈，这就可能造成了货币政策框架在转型过程中名义锚的不确定性，从而对实际经济增长波动产生了负面影响。

但是，仅从理论上给出一个合理的解释是不够的，还需要从经验上给予分析。Jeannine，Lafrance 和 Perrault（2002）的研究也并没有解决各种汇率制度在金融环境约束不同的条件下对经济增长的不同影响。此外，对于新兴市场经济体而言，如果金融发展与开放水平真的是汇率制度转轨的一个重要制约因素，那么我们就需要找到这个约束的关键性"临界值"（Thresholds），从而才能给出具有针对性的政策建议。

四、基于动态面板广义矩方法的经验研究

根据研究对象的情况,本文选用基于动态面板数据广义矩方法进行分析。这样做有多方面的优势。首先,可以将时间序列分析与横截面分析结合起来,不但可以分析汇率行为、金融环境和其他宏观变量之间的关系,还能够分析这种关系在时间趋势上的变化,并且增加了样本的自由度。其次,如果只用横截面分析的话,那么很多未被处理和发现的"国家特定因素"就会被归入到误差项当中,导致估计结果有偏。这也是之前很多跨国经验研究中都面临的困难。而面板数据分析可以通过"国家固定效应"很好地处理这个问题。此外,通过"内部工具变量"(Internal instruments)还可以在一定程度上消除解释变量的内生性问题(endogeneity)。只要解释变量满足弱外生性条件(weak exogeneity)①,那么通过滞后内部工具变量进行的动态面板分析就可以消除内生性问题。

(一)计量方法

本文使用动态面板(dynamic panel data)的系统广义矩估计方法(system Generalized method of moments, GMM)来对样本进行估计。这一方法最早是由 Holtz – Eakin et al(1990)提出,后来经过 Arellano and Bond(1991)和 Arellano and Bover(1995),Blundell and Bond(1997)等人的发展逐渐成熟。其后,Windmeijer(2004)进一步提出了一个标准差两步处理方法,以解决小样本动态数据的"联合内生性"(jointly endogeniety)问题。本文的样本包含工业化国家、新兴市场经济体和其他发展中国家在内的 60 个国家,限于实际汇率制度数据库的长度,时间跨度为 1975—2000 年。为剔除经济周期因素的影响,本文还对数据按照惯例的处理方法进行了 3 年平均处理②。

GMM 动态面板的分析回归方程通常有如下形式:

$$y_{i,t} - y_{i,t-1} = (\alpha - 1)y_{i,t-1} + \beta' X_{i,t} + \eta_i + \varepsilon_{i,t}$$

其中,被解释变量 $y_{i,t}$(在本文中是人均实际产出,计算时取对数以消除异方差),$y_{i,t-1}$ 是其滞后项;β' 是解释变量系数向量;$X_{i,t}$ 是除产出滞后项以外的解释变量

---

① 也就是说,允许解释变量与即期以及过去的被解释变量值有关,但只要与未来的残差项不相关即可。在本文中,即指未来的生产率并不能影响即期的汇率制度等解释变量值。

② 如 Levine, Loayza and Beck(2000);Aghion, Bacchetta, Ranciere and Rogoff(2006)等。

集合；η_i 是国家固定效应；ε_i 是误差项。

上式可改写为：

$$y_{i,t} = \alpha y_{i,t-1} + \beta' X_{i,t} + \eta_i + \varepsilon_{i,t}$$

为消除国家固定因素，再对其进行一阶差分，得到：

$$y_{i,t} - y_{i,t-1} = \alpha(y_{i,t-1} - y_{i,t-2}) + \beta'(X_{i,t} - X_{i,t-1}) + (\varepsilon_{i,t} - \varepsilon_{i,t-1})$$

根据假设，残差项中不存在序列自相关，且解释变量均为弱外生性，所以 GMM 动态面板估计量服从以下矩条件：

$$E[y_{i,t-s}(\varepsilon_{i,t} - \varepsilon_{i,t-1})] = 0$$

$$E[X_{i,t-s}(\varepsilon_{i,t} - \varepsilon_{i,t-1})] = 0$$

以上均对于 $s \geq 2$；$t = 3, \cdots, T$。

Arellano（1996）和 Blundell and Bond（1997）指出，当解释变量在时间趋势上表现出一定的惯性时，差分方程中的滞后解释变量工具变量的有效性就被削弱了。特别是在小样本中，蒙特卡洛模拟显示，这一问题会导致估计结果有偏差。

为降低潜在的偏倚可能性，我们使用上面两篇文献中提出的新的估计变量。对于差分回归，仍使用上面的工具变量，但对水平回归使用滞后差分来作工具。尽管解释变量水平上可能和国家特定效应存在相关性，但只要解释变量的差分项和后者间不存在相关性，那么这样回归出的结果就是无偏的。具体来说，就是：

$$E[y_{i,t+p}\eta_i] = E[y_{i,t+q}\eta_i]; E[X_{i,t+p}\eta_i] = E[X_{i,t+q}\eta_i]$$

对于所有各期 p，q 都成立。

这样对于水平值回归的附加矩条件为：

$$E[(y_{i,t-s} - y_{i,t-s-1})(\eta_i + \varepsilon_{i,t-1})] = 0; s = 1$$

$$E[(X_{i,t-s} - X_{i,t-s-1})(\eta_i + \varepsilon_{i,t-1})] = 0; s = 1$$

这样就可以使用 GMM 方法进行估计了。

GMM 方法的估计结果依赖于工具变量的有效性，通常使用 Sargan Test 来检验是否存在"过度识别"问题，另外还要检验误差项 $\varepsilon_{i,t}$ 是否确实满足无序列自相关。

在具体的模型设定上，本文参考 Levine，Loayza 和 Beck（2000）的框架，这也是最早使用系统 GMM 方法对国际间金融发展与经济增长关系考察的研究。同时，按照前一节的分析结论，引入汇率制度和金融环境的因素加以分析。即：

$$y_{i,t} = \alpha y_{i,t-1} + \gamma_1 ERR_{i,t} + \gamma_2 ERR_{i,t} * FL_{i,t} + \lambda FL_{i,t} + \beta' X_{i,t} + \mu_i + \eta_i + \varepsilon_{i,t}$$

其中，$y_{i,t}$ 是人均产出，用人均 GDP 表示；$ERR_{i,t}$ 是实际汇率制度；$FL_{i,t}$ 是表征金融约束的变量；$X_{i,t}$ 是其他控制变量；μ_i 是时间趋势项；η_i 是国家特定效应；$\varepsilon_{i,t}$ 误差项。其中，γ_1 和 γ_2 是我们要重点观察的，特别是汇率制度与金融环境约束的协同效应。

此外，为了捕捉前一节所分析的临界效应，我们还需要对增长与汇率制度的关系进行特别处理。由于理论得出汇率波动与产出是负向关系,所以 γ_1 应该是负的,而金融发展与汇率制度的协同效应应该是正,所以经济增长与汇率波动的关系应该是:

$$\Delta(y_{i,t} - y_{i,t-1})/\Delta ERR_{i,t} = \gamma_1 + \gamma_2 * FL_{i,t}$$

按照定义,达到临界值时,浮动汇率制度对经济增长的总效应应该由负转正,所以,

$\gamma_1 + \gamma_2 * FL_{i,t} \geq 0$,即此时有 $FL_{i,t} \geq -\gamma_1/\gamma_2 = FL^{TH}$

FL^{TH} 即为浮动汇率影响由负转正的临界值。

(二) 解释变量的选取

本文解释变量的选取的设定依照 Levine, Loayza 和 Beck(2000)的方法,在控制变量上,本文选取了贸易条件、贸易开放度、通胀水平、教育程度、初始人均产出、政府支出规模等相关分析常用的变量。样本国家包括新兴市场经济体 22 个[①],OECD 国家 23 个[②],其他经济体 15 个[③],共 60 个。被解释变量为人均产出,以人均 GDP 表示。在汇率制度的选取方面参照前一章仍采用 Reinhart 和 Rogoff(2004)的自然分类法数据库(1946—2001 年),同时以 Klein 和 Shambaugh(2004)的事实分类体系作为稳健性检验数据。对于 R－R 的数据库,延续前一章的做法,将其 15 小类 6 大类制度归类为 1 固定汇率,2 中间汇率,3 浮动汇率,并设置相应的虚拟变量值,即 $ERR_t \in \{1, 2, 3\}$。[④] 由于采用 3 年平均的方法具体汇率制度取值为:

$$ERR_{t,t+3} = \frac{1}{3}\sum_{i=1}^{3} ERR_t$$

关于金融环境约束,本文使用金融发展水平来表征,发展水平越高,金融约束程度越低,环境越好。金融发展水平的衡量有多种方法,如 Klein and Olivei(2001)使用流动性债务比率(Liquid Liability/GDP)和商业银行资本占总银行资本比率(即商业信贷与政府信贷的规模比例)作为衡量指标,同时沿用 Levine, Loayza 和 Beck

---

① 由于主权变更或其他问题造成的历史数据缺失,捷克、俄罗斯和中国台湾地区没有放入样本中。
② 包括澳大利亚、奥地利、比利时、加拿大、丹麦、芬兰、法国、德国、希腊、冰岛、爱尔兰、意大利、日本、卢森堡、荷兰、新西兰、挪威、西班牙、葡萄牙、瑞典、瑞士、英国、美国。匈牙利、波兰、墨西哥、韩国、土耳其已经在新兴市场样本中,不再重复计算。由于主权变更问题,捷克、斯洛伐克的历史数据缺失。
③ 包括阿尔及利亚、巴拉圭、乌拉圭、玻利维亚、委内瑞拉、危地马拉、中国香港、新加坡、越南、伊朗、叙利亚、突尼斯、博茨瓦纳、加纳、海地。
④ 具体设置为(按照 R－R 分类):固定汇率＝1(无法定货币、实现宣布的钉住和货币局、区间小于 ±2% 的水平目标区、事实钉住);中间汇率制度＝2(事先宣布的爬行钉住、区间小于 ±2% 的爬行目标区、事实爬行钉住);浮动汇率制度＝3(事实区间大于 ±2% 的爬行目标区、区间小于 ±5% 的爬行目标区、区间小于 ±2% 的移动目标区、管理浮动、自由浮动),排除汇率失控和平行市场数据缺失的样本。

(2000)的方法，采用国内非政府信贷规模比率来作为金融环境的代理变量①，数据来自2007年世界银行金融发展指标数据库②（见表1）。

表1　　　　　　　　　　　　变量选取与数据来源

变量	定义	来源
PGDP	实际人均GDP（美元），经PPP调整对数差分形式	PWT6.2.
IGDP	初始人均实际GDP，经PPP调整	PWT6.2.
FERR	事实汇率制度数据库	Reinhart和Rogoff（2004）．Klein和Shambaugh（2004）
EDU	中等教育普及率	World Development Network（2002）
LNFL	国内非政府机构信贷相对GDP规模	IFS, PWT6.2. Beck, Demirgüç – Kunt and Ross Levine（2000）：updated 2007
FO	金融开放度（资本账户开放程度）	Lane, Milesi – Ferretti,（2006）
GTOT	贸易条件增长率（出口价格指数/进口价格指数）	World Development Network（2002）and UN Trade Statistics
TO	贸易依存度（进出口/GDP，取对数）	World Development Network（2002）and World Bank（2002）
OPOR	对外国资产债务总和/GDP	Lane, Milesi – Ferretti,（2006）
GOVS	政府支出占GDP比重	The World Bank（2002）
CPI	消费者物价指数	IFS.
INFLR	消费者物价指数同比变动	IFS.
LNINF	物价稳定度 log（100 + inflation rate）	Author's calculations using data from IFS.
REER	实际有效汇率	IFS和UN Trade Statistics
REERV	实际有效汇率波动	同上

（三）变量的内生性问题

对控制变量的选取必然会面临内生性问题的考虑，即解释变量和被解释变量是否存在非单向的因果联系。

首先，在本文中，由于使用了面板广义矩的方法，已经可以在一定程度上消除因

---

① 中国的私营商业银行信贷规模占GDP比值缺失，使用政府债券市值与非政府债券市值总和占GDP比值替换。

② 数据库工作组来自Thorsten Beck, Asli Demirgüç – Kunt and Ross Levine,（2000），"A New Database on Financial Development and Structure", World Bank Economic Review 14, 597 – 605. update 2007.

引入初始人均收入带来的总体内生性问题。只要解释变量满足"弱外生性"条件（当期解释变量与未来的残差项无关），那么估计就是无偏的。然后再使用 Sargan Test 来检验过度识别和工具变量的有效性问题，这样就可以保证识别汇率制度与（未来的）经济增长有着独立的影响效果，以及忽略其他未纳入变量的影响并不重要。

其次，由于是着重考察汇率制度与金融环境约束的联合效果和临界效应，因此相对于单变量而言，内生性问题相对更弱一些。另外，已有的关于汇率弹性内生性问题（决定因素）的研究也表明，选择描述实际汇率行为的事实汇率制度作为经济增长的解释变量是恰当的①。关于汇率制度内生性的研究有很多，但缺乏一致性的结论，如 Juhn and Mauro（2002）使用 Levine and Renelt（1992）的方法通过对一系列可能影响汇率制度的变量的考察，没有发现有确定性的因素。而 Levy – Yeyati, Sturzenegger, and Reggio（2004）使用 logit 分析发现，部分与政治制度和结构相关的因素可能是汇率制度的决定性因素。除了计量方面的考察，历史经验也表明汇率制度对长期经济增长存在内生性影响。Eichengreen（1992）的研究指出，退出金本位制对于后来各国的经济增长有着巨大的影响②。因此，总体而言，使用汇率制度作为解释变量的内生性问题并不显著。

（四）主要结果分析（见表2、表3）

表2　　　　　　　　　　数　据　整　体

变量	观测值	均值	标准差	最低	最高
汇率制度	1194	1.74	0.78	1.00	3.00
金融发展	1329	34.88	36.07	0.01	236.98
人均 GDP	1407	13277	18389.82	123.39	86957.00
教育水平	1471	46.83	31.91	0.82	140.10
贸易依存度	1250	0.15	0.57	0.08	1.83
价格水平 CPI index(2000 = 100)	1352	13.06	31.73	-49.81	553.91
政府支出规模	1461	14.58	6.38	0.91	76.22
金融危机	1260	0.09	0.29	0.00	1.00

---

① 如 Hausman（2006）关于实际汇率波动的研究就发现，经济增长对实际汇率波动有着显著的正向影响。因此，如果经济增长与汇率制度有着反向因果关系，那么就更加证明了汇率制度和金融环境的联合效应是显著的。

② 其他的一些类似证据包括 Margaret De Vries（1985）和 James Boughton（2001）。

表 3　　　　　　　　　　　　　动态面板广义矩估计结果

1975—2000	(1)	(2)
LNIGDP	-0.121 (0.455)	-0.177 (0.204)
ERR	-0.237 (0.183)	-0.650* (0.508)
LNFL	0.112** (0.391)	0.530* (0.474)
ERR * FL		0.477** (0.262)
控制变量		
EDU	1.807** (0.532)	1.115** (0.769)
TO	0.816* (0.153)	0.928* (0.170)
FO	0.458* (0.814)	0.329 (0.572)
GOVS	-0.529 (1.487)	-0.961 (1.237)
LNINF	-1.112 (0.391)	-1.344 (0.768)
TREND	17.725** (7.043)	13.346** (5.072)
Sargan Test	0.462	0.342
Wald Test（p 值）		
H_0：ERR = 0		0.002
H_0：FL = 0		0.019
临界值		
ERR + ERR * FL = 0		0.381 (0.211)

注：** 和 * 分别是在 5% 和 10% 水平上显著，括号内为标准误差。

通过动态面板广义矩方法的估计结果，可以发现以下一些结论：

首先，当不考虑金融环境约束情况时，汇率制度弹性本身对于经济增长的影响是不显著的，而金融发展水平本身对经济增长有着显著的正向作用。这一结果并不出人意料，因为已有的经验研究文献事实上的汇率制度直接效果都是模糊的，金融发展对经济增长的效果是显著的，这也与近年来的经验研究结果比较吻合。同时，结论也表明了汇率制度弹性与经济增长之间可能不存在简单的二元或者线性因果关系。

其次，当考虑金融环境约束时，汇率制度弹性与经济增长间的关系是显著的，而且是负向的。而这与前一节中理论分析的结论是一致的。也就说，当控制了融资环境的差异后，名义汇率波动越剧烈，产出下降的可能性越高，这与理论模型的结论是一致的。特别是汇率制度弹性与金融发展协同项的影响是显著为正的，也就是说汇率弹性增加对于经济增长是存在负面冲击的，但如果这种汇率冲击伴随着金融发展和金融环境的改善，那么其综合影响将是积极的，当金融发展达到一定水平以上时，与浮动汇率制度联合的作用将会抵消汇率风险的冲击，从而促进经济增长。这也再次证实了汇率制度弹性与经济增长之间的非线性联系，并且说明金融环境是一个重要的中介因素。

再次,当不考虑金融环境与汇率制度的协同影响时,实际金融开放度对经济增长是有显著促进作用的,但显著性低于金融发展的影响。特别是当加入汇率制度与金融发展的协同约束后,金融开放的积极影响消失了。这一方面证明回归关系(1)中的开放度显著性值得怀疑,另一方面表明理论模型中的假设存在一定的问题,在对金融约束进行刻画时,本文使用了线性关系的假定。即当 η ($\eta = f^H + \rho f^F$) 逐渐增大,本国金融发展 f^H 与开放水平 ρf^F 不断提高后,从浮动汇率制度就所获得收益就会逐渐增大。但很可能 ρf^F 这样的线性关系是太过简单化的,这里经验结论再次表明金融开放对金融约束的改善作用可能存在其他非单调关系。

最后,汇率制度弹性与金融环境约束的协同积极作用在一定的临界水平上将超越名义(汇率)冲击的负面影响,在本文的样本中,这一临界水平是0.38,也就说仅从私人部门信贷所占比例来看,超过这一比率的经济体,其采用浮动汇率制度获取的经济增长收益更大,因此也可以认为,此时国内实际冲击波动的风险已经超过了汇率风险溢价冲击的影响,采用固定汇率制度所付出的代价更大。

表4显示了新兴市场的金融发展、实际金融开放度与汇率制度选择的政策实践关系。在新兴市场经济体中,2006年金融环境在这一指标以上的个体有智利、埃及、匈牙利、印度、以色列、约旦、摩洛哥、马来西亚、南非、韩国、泰国共11个,约占新兴市场总体的一半。这其中汇率制度开始转向弹性化的有智利、匈牙利、印度、摩洛哥、以色列等5国,采用完全自由浮动是南非和韩国,而这两个国家的金融发展指标也是同期最高的。与模型结论相反的是马来西亚和约旦,这两个国家金融发展程度虽然很高,但采用的是严格钉住制度,埃及的金融环境低于马来西亚和约旦,但远高于0.38,采用的也是事实钉住制度。新兴市场中金融发展指标最低的是阿根廷,而且该国的确采取了货币局这种严格的钉住制度。

表4　　　　　　新兴市场经济体金融发展水平与事实汇率制度

新兴市场经济体	金融发展(2006): (B-K-L)	事实金融开放 (2004):(L-M)	事实汇率制度 (2001):(R-R)
阿根廷	0.11	2.24	货币局制度
巴西	0.33	1.06	管理浮动
智利	0.74	1.99	管理浮动
中国	0.33①	1.03	事实钉住制度
哥伦比亚	0.24	1.07	管理浮动
捷克	0.37	1.63	管理浮动

续表

新兴市场经济体	金融发展（2006）：(B-K-L)	事实金融开放(2004)：(L-M)	事实汇率制度(2001)：(R-R)
埃及	0.56	1.36	事实钉住
匈牙利	0.51	1.81	爬行目标区（>2%）
印度	0.40	0.58	事实爬行钉住
印度尼西亚	0.23	1.01	自由浮动
以色列	0.87	2.10	事实爬行目标区（<5%）
约旦	0.87	1.87	事实钉住
马来西亚	1.10	2.24	钉住制度
墨西哥	0.19	0.83	管理浮动
摩洛哥	0.61	1.32	事实爬行目标区（<2%）
巴基斯坦	0.26	0.78	事实爬行钉住
秘鲁	0.17	1.14	事实钉住
菲律宾	0.29	1.37	管理浮动
波兰	0.26	1.17	管理浮动
俄罗斯	0.26	1.33	事实爬行目标区（<2%）
南非	1.04	1.35	自由浮动
韩国	1.13	1.09	自由浮动
中国台湾地区	0.56[2]	2.72	管理浮动
泰国	0.87	1.19	管理浮动
土耳其	0.29	1.04	事实爬行目标区（<5%）

数据来源：金融发展指标，world bank，*A New Database on Financial Development and Structure*，2007；事实金融开放度指标，Philip R. Lane and Gian Maria Milesi-Ferretti，EWN，IMF；事实汇率制度数据，Natural classification of Exchange rate Regimes，Reinhart and Rogoff（2004）.

注：
①私营商业银行信贷规模占 GDP 比值缺失，使用政府债券市值与非政府债券市值总和占 GDP 比值替换。
②R-R 数据库中未包括中国台湾地区的汇率体制数据，笔者根据台湾"中华民国中央银行"网站提供数据确定，http://www.cbc.gov.tw/browse.asp。

通过表 4 还可以发现金融开放程度和金融发展的确不存在简单的线性关系。如阿根廷的事实金融开放度达到了 2.24，已经接近和超过了大多数发达国家的开放程度，但其国内金融发展水平仅仅为 0.11，也就是说，虽然已经有大规模的（相对本国 GDP 规模）资本在国际市场与该国间流入和流出，但并未对其国内的金融发展起到显著的促进作用,这与大量的理论研究结论不相吻合。类似的情况在墨西哥和波兰也不同程度的存在。当然,样本中其他大部分经济体内,金融开放与金融发展存在显著的相关关系。因此有必要对于这二者之间的非单调性关系进行更进一步的探讨,已发现其中的决定性因素。

总体来看,基于金融环境约束的开放经济体跨期模型,对不同汇率制度面临不同名义冲击下的经济绩效的比较结果显示,由于浮动汇率对于宏观经济的冲击吸收能力依赖于该国金融环境的发展条件,而自身发展条件的阶段差别使得新兴市场的汇率制度退出和转轨决策不应简单地局限于是否退出或怎样退出,而应更加注重克服金融约束的关键性门槛以及相应的时机选择。对于汇率制度的简单两分法的观点无论从理论还是经验研究的结果来看,都难以成立。

参 考 文 献

1. Aghion, Ph., P. Howitt, and D. Mayer – Foulkes (2005), *The Effect of Financial Development on Convergence: Theory and Evidence*, Quarterly Journal of Economics 120 (1), 173 – 222.

2. Arellano M. and S. Bond (1991), *Some Tests of Specification for Panel Data: Monte Carlo Evidence and an Application to Employment Equations*, Review of Economic Studies, 58, 277 – 297.

3. Bacchetta, Philippe and van Wincoop, Eric (2000), *Does Exchange Rate Stability Increase Trade and Welfare?*, American Economic Review 90, 1093 – 1109.

4. Calvo, G. A. and C. M. Reinhart (2002), *Fear of Floating*, Quarterly Journal of Economics 117, 379 – 408.

5. Devereux, M. B. and P. R. Lane (2003), *Understanding Bilateral Exchange Rate Volatility*, Journal of International Economics 60, 109 – 132.

6. Edwards, Sebastian, and Eduardo Levy Yeyati (2005), *Flexible Exchange Rates as Shock Absorbers*, European Economic Review 49 (8), 2079 – 2105.

7. Ghosh, A., A. M. Gulde, and H. C. Wolf (2003), *Exchange Rate Regimes: Choices and Consequences*, MIT Press.

8. Reinhart, C. M. and K. S. Rogoff (2004), *The Modern History of Exchange Rate Arrangements: A Reinterpretation*, Quarterly Journal of Economics 119(1): 1 – 48, February.

9. Rogoff, Kenneth, Aasim M. Husain, Ashoka Mody, Robin J. Brooks, and Nienke Oomes (2004), *Evolution and Performance of Exchange Rates Regimes*, International Monetary Fund Occasional Paper No. 229.

10. Rose, A. (2000), *One Money, One Market: Estimating the Effect of Common Currencies on Trade*, Economic Policy 30, 7–46.

11. Shambaugh, J. C. (2004), *The Effect of Fixed Exchange Rates on Monetary Policy*, Quarterly Journal of Economics 119, 301–352.

知识产权保护对我国外商直接投资的影响研究①

许和连　柒江艺　赖明勇②

> **摘要**：本文利用我国制造业6273家外资企业1998—2001年的面板数据，采用三种知识产权保护度量指标，从国家、区域、行业层面考察了我国知识产权保护对外商直接投资流入的影响。结果表明，我国知识产权保护从整体上促进了外商直接投资的进入，但存在区域和行业差异性，东部地区提高知识产权保护水平能显著促进外商直接投资，而中、西部地区知识产权保护对外商直接投资的作用表现并不明显；按两位数行业分类标准的9个行业中，医药制造业的外商直接投资对知识产权保护程度的变化最敏感；同时，高技术行业的外商直接投资对知识产权保护水平变化的敏感性强于低技术行业。
>
> **关键词**：知识产权保护　外资企业　区域差异　行业差异

---

① 本文得到国家社会科学基金重大项目（07&ZD017）、教育部人文社会科学研究规划项目（06JA790031）资助。

② 许和连，湖南大学经济与贸易学院教授、经济学博士、博士生导师，研究方向：国际贸易、外商直接投资与经济增长、跨国公司投资与贸易。联系地址：湖南大学经济与贸易学院；邮编：410079；电话：13037319676；E-mail：xuhelian@163.com。柒江艺，湖南大学经济与贸易学院博士研究生。联系地址：湖南大学经济与贸易学院，邮编：410079。赖明勇，湖南大学经济与贸易学院院长、教授、博士生导师，研究方向：国际贸易与经济增长、国际贸易系统工程。

一、引　言

随着《与贸易有关的知识产权协定》（Trips）协议的签订使知识产权保护问题进一步全球化。发达国家要求发展中国家按 Trips 协议实现统一的最低知识产权保护标准，加强知识产权保护力度；而发展中国家则希望通过较弱的知识产权保护获取对国外先进技术的吸收与模仿，实现技术与经济赶超（Kumar，2002；Glass and Saggi，2002）。因此，关于加强发展中国家知识产权保护对跨国资本的流动、社会福利、经济增长以及国际技术转移等方面影响的研究成为众多学者关注的热点。

根据传统的跨国公司理论，跨国公司对外投资的动机可以归纳为：一是为了实现跨国公司拥有的知识资产和规模经济等垄断优势；二是根据产品生命周期对外转移投资，延长获利周期；三是克服外部市场不完全的缺陷，实现内部化优势；四是绕过高关税壁垒和非关税壁垒；五是分享投资国经济高速成长的机会和利益。而知识产权保护通过对知识资产的专有性使用权进行保护，在时间和空间上给予新技术、新产品、新服务排他性的权利而影响跨国企业的跨国投资决策；同时，通过改变东道国的制度因素，从宏观上优化东道国投资环境来吸引外商直接投资。

已有关于知识产权保护对外商直接投资影响的研究结论具有不一致性。

一种观点认为，加强东道国知识产权保护有利于吸引外商直接投资。如 Helpman（1993）假定技术转移只发生在发达国家和发展中国家之间，发达国家创新后将技术转移给发展中国家，在模仿能力外生且无成本时，发展中的南方国家要加强知识产权保护才有利于吸引外商直接投资；Lai（1998）采用质量提高型模型，发现南方国家知识产权保护水平的提高有利于外商直接投资（FDI）的流入和创新；黄静波、孙晓琴（2008）发现当发展中国家知识产权保护水平提高时会促进 FDI 的流入等；Lee 和 Mansfield（1996）、Belay（1998）、Smith（2001）等的研究结果均支持上述观点。知识产权保护水平对外商直接投资的影响还受行业限制，技术含量较低或者难以模仿的行业对知识产权保护的要求较低，易于模仿且技术密集度越高的 FDI 对东道国知识产权保护的依赖程度越大（Maskus，1998；Javorcik，2004）。

另一种观点则认为，提高东道国知识产权保护水平不利于吸引外商直接投资或与外商直接投资之间没有确切关系。如 Ethiera 和 Markusen（1996）的研究发现，当东道国处于较低知识产权保护水平时，提高知识产权保护水平反而会降低 FDI 的流入；Maskus（1998）的研究表明，南方国家知识产权保护程度的增加会促使更多的 FDI 转为技术许可行为，即不利于吸引外商直接投资；Markusen 和 Penubartib（1995）发现当初始的知识产权保护水平较低时,加强知识产权保护水平反而会减少 FDI 的流入;McCalma (2004) 从发达国家的角度,运用好莱坞大型影视企业在 40 个国家的企业数据,发现美国影视企业会在知识产权保护较低或较高的国家选取直接投资形式,而在知识产权保护适中的国家采用技术许可的进入模式;Andrea (2004) 的研究发现,知识产权保护水平与 FDI 之间并没有显著关系。

改革开放 30 年来,我国的引资规模大幅增长,实际利用外资一直保持在世界前列。据统计,截至 2007 年年底,中国累计批准设立外商投资企业 63.5 万家,实际吸收外商直接投资超过 7700 亿美元,已成为全世界吸收外资最多的国家之一。而对我国知识产权保护影响 FDI 的研究均是从国家宏观或行业层面展开,如李辉(2008)用专利授权量作为知识产权保护指标,运用 1990—2005 年的时序数据,发现知识产权保护与 FDI 呈正相关关系,但系数较小;朱竹颖(2008)以发明和实用新型两类专利授权量作为知识产权保护水平的度量指标,发现行业的知识产权保护程度对促进 FDI 具有不同程度的作用等。Wei 和 Liu(2006);Liu(2008)等特别强调微观企业数据在实证研究中的重要性,由于跨国投资行为的主体是企业,因此利用企业微观数据分析知识产权保护对 FDI 的影响将更具合理性。

鉴于此,本文利用我国制造业 6273 家外资企业 1998—2001 年的面板数据,分东、中、西部三个区域,按 2 位数行业分类标准的 9 个行业及按《高技术产业统计分类目录的通知》中的 4 位数行业分类代码分为高技术行业和低技术行业,考察了我国知识产权保护对 FDI 的影响效应。

二、实证模型设定

已有文献表明,东道国经济基础、市场规模等宏观经济环境是吸引 FDI 的重要因素(Graham 和 Krugman,1992;Wheeler 和 Mody,1992);Samuel 和 Stella(2000)的研究则强调了政策优惠等制度环境对吸引 FDI 的显著作用;而 Alan et al(2004)认为,对跨国公司而言,东道国"所创资产"比"自然资产"更具有吸引力;Smith(2001)指出,知识产权保护作为一种政策体现,能优化东道国的制度环境,强化东道国的区位优势,增强外资企业的所有权优势,吸引 FDI;同时,企业特征变量如企业规模和产品市场规模(Beata,2004)、东道国的工资成本(Chen,1996;Cheng 和 Kwan,2000)等均会影响跨国企业的对外投资行为。

基于以上考虑,本文将实证基本模型设定为:

$$FDI = f(MIC, ECO, INS) \tag{1}$$

FDI为外商直接投资额；MIC代表企业控制变量，包括企业规模、工资成本和产品市场规模等；ECO代表东道国宏观经济环境，包括人均GDP和经济开放度等。INS是制度变量，以知识产权保护指数（IP）作为代理指标。

由于经济数据的水平序列一般存在非平稳性、异方差性、偏态性等问题，对数化后能够缓和这方面的问题（祝树金等，2008）。因此，本文对所有变量取对数，原基本模型变为：

$$\ln FDI_{jit} = a_0 + a_1 \ln size_{jit} + a_2 \ln fwag_{jit} + a_3 \ln sale_{jit} \\ + a_4 \ln IP_t + a_5 \ln agdp_t + a_6 \ln open_t + u_t + \varepsilon_{jit} \quad (2)$$

式中，i、j、t分别代表地区、企业、时期，ε_{jit}为随机误差项。模型（2）中的u_t包含可能影响FDI而又观测不到的因素，如区域特征、行业特征等。由于不同行业生产技术、劳动密集度、资本要求等方面的不同，即使在其他区域、经济、制度因素相同的情况下，不同行业对FDI的吸引力度也不尽相同；同时，这些行业因素还可能与企业生产成本、市场占有率等因素相关。为了剔除这些与自变量相关的非观测因素，保证模型估计的有效性和一致性，本文引入行业虚拟变量，行业虚拟变量以仪器仪表及文化、办公用机械制造业为基期。对于区域因素，由于模型（2）中已包含宏观经济环境与制度变量，能在一定程度上解释吸引FDI的区域因素，因此模型中不考虑反映区域性的虚拟变量。基于此，模型（2）中的u_t只代表行业虚拟变量，以便控制未观测的行业影响。

三、数据来源及变量描述

（一）数据来源

本文所用样本数据来源于国家统计局的《工业企业统计年报》（1999、2000、2001、2002）。经过整理，将部分存在数据缺失、代码错误等问题的企业数据剔除后，得到了共30个省、市、自治区（不包括西藏和中国台湾、香港和澳门）的制造业6273家外资企业1998—2001年的平衡面板数据，按2位数行业分类标准分为9个行业：农副食品加工业，食品制造业，饮料制造业，纺织服装、鞋、帽制造业，医药制造业，通用设备制造业，交通运输设备制造业，通信设备、计算机及其他电子设备制造业，仪器仪表及文化办公用机械制造业。

同时，在本文计算过程中用到的人均GDP、各种价格指数、进出品贸易总额、GDP、专利授权量、人口等宏观数据均来自于《中国统计年鉴》和《中国科技统计数据库》（1999、2000、2001、2002），样本区间为1998—2001年。

（二）变量定义及描述

FDI 及企业控制变量的具体定义如下：

FDI：外资企业的总资产。包括流动资产、固定资产、无形及递延资产，由于无法分别对三种不同类型的资产进行平减，故选取固定资产价格指数作为统一平减指数，以消除价格因素的影响。

size：企业规模。现有用于测度企业规模的主要方法为：企业产出与该行业平均产出比、拥有职工人数等，本文用每个企业全部职工人数表示（从业人员平均数）。

fwag：工资成本，指人均工资水平，其计算公式为：本年应付工资总额/职工人数，用居民消费价格指数进行平减。

sale：产品市场规模。用来衡量产品市场规模的指标一般有产品销售总额、产品销售利润、产品销售总额占该行业销售总额等。由于利润综合考虑了收入与成本因素，但模型中 fwag 变量已考虑了生产成本，再次考虑可能会出现重复估计扩大成本作用的问题，因此，本文选取产品销售收入作为代理指标，同时用居民消费价格指数进行平减。

东道国宏观经济环境与制度政策变量有：

agdp：全国人均 GDP。用人均 GDP 指数进行平减。

open：经济开放度。关于经济开放度的度量指标存在很大争议，到目前为止，使用较多的对外开放度指标有贸易依存度、平均关税率、黑市交易费用（BMP）、非关税壁垒（NTBs）、贸易数量限制（QRs）、集成关税率（CTR）、Leamer（1988）的贸易开放度指标、Sachs & Warner（1995）指标等。国内学者赖明勇、许和连、包群（2003）的研究表明，贸易依存度能较好地反映中国经济增长的变化，因此本文借鉴赖明勇、许和连、包群（2003）的研究结论，采用贸易依存度（进出口贸易总额与 GDP 的比值）作为经济开放度的代理指标。

IP：知识产权保护指数。知识产权保护指数一般从立法与执法两个方面考虑。立法方面一般选取与专利立法相关的静态指标来度量知识产权保护水平，如 Rapp 和 Rozek（1990）综合一系列专利权特征变量指标，将知识产权保护水平划分为 1、2、3、4、5 五个整数等级；Ginarte 和 Park（1997）对上述指标进行修正，从五个方面衡量知识产权保护状况：专利覆盖范围、是否是国际知识产权相关协议的成员国、权利丧失的司法救济、有关执法的措施、专利保护期限，加权算出 110 个国家 1950—1995 年的知识产权保护指数，该指数是国际上通用的知识产权保护指数。Walter G. Park（2008）则利用 Ginarte and Park 指数的计算方法将该指数更新至 2005 年，并将测度国扩充为 122 个。而从专利产出方面来度量的指标有专利申请量、人均专利申请量、专利授权量、人均专利授权量等，由于专利授权量代表实际受法律保护的专利，因此专利授权量比专利申请量更接近于知识产权保护的实际程度，国内大多学者的研究均采用这些指标。对于一些法律尚未完善的国家，立法程度与司法水平相距甚远，为了准确度量知识产权的实际保护水平，有些学者加入知识产权保护的执法力度对静态指标进行修正。如 Maskus 和 Penubarti（1995）采用美国商业理事会（US chamber of commerce）商业调查数据来度量知识产权保护执法水平；Javorcik（2004）则借用美国"特殊301条款"的评价标准来度量各国知识产权保护的执法力度；我国韩玉雄、李怀祖（2005）从社会法制化程度、法律体系的完备程度、经济发展水平、国际社会的监督与制衡机会四个方面度量我国的知识产权保护执法情况；许春明、单晓光（2008）则将执法度量指标扩充为司法保护、行政保护、发展水平、公众意识、国际环境五个方面。

为了增加估计的稳健性，本文采用三种指标来度量全国知识产权保护程度：Walter G. Park（简称WGP）（2008）更新后的 Ginarte 和 Park 指数（简称GP）（wip），并按均值法推出中间年度的指数；韩玉雄、李怀祖（2005）算出的知识产权保护指数（hip）；人均专利授权量（patent）。

四、估计结果及分析

在本文的估计过程中，关于 Panel 数据估计模型的选择，使用 Hausman 检验来实现，通过判断分析，本文的估计模型均采用固定效应模型较合适，估计及计算均用STATA10.0完成。

（一）基于全样本的估计结果及分析

根据模型（2）对全样本的估计结果见表1。方程整体均通过 F 检验，且各变量除开放度在10%的水平下显著外，其余变量均在1%水平下显著，说明模型中的每个解释变量对被解释变量均具有很强的解释力。

表1　　　　基于全样本的我国知识产权保护对外资企业的影响

解释变量	hip 指标		wip 指标		patent	
	①	②	③	④	⑤	⑥
lnsale	0.2346 (0.0140)***	0.2323 (0.0140)***	0.2331 (0.0140)***	0.2323 (0.0140)***	0.2329 (0.0140)***	0.2323 (0.0140)***
lnsize	0.0630 (0.0090)***	0.0579 (0.0090)***	0.0585 (0.0090)***	0.0579 (0.0090)***	0.0645 (0.0089)***	0.0579 (0.0090)***
lnfwag	0.0265 (0.0066)***	0.0254 (0.0066)***	0.0255 (0.0066)***	0.0254 (0.0066)***	0.0269 (0.0066)***	0.0254 (0.0066)***

续表

解释变量	hip 指标		wip 指标		patent	
	①	②	③	④	⑤	⑥
lnIP	0.1634 (0.0151)***	0.0718 (0.0209)***	0.3910 (0.0338)***	0.2522 (0.0736)***	0.2383 (0.0127)***	0.2227 (0.0650)***
lnagdp		0.0791 (0.0246)***		0.0695 (0.0257)***		0.1978 (0.0928)**
lnopen		0.1450 (0.0277)***		0.0767 (0.0437)*		−0.0235 (0.0710)
C	7.5424 (0.1477)***	13.455 (0.4926)***	7.2824 (0.0384)***	12.489 (1.9192)***	7.7228 (0.1543)***	6.3698 (0.0676)*
F(prob > F)	94.39(0.00)	92.38(0.00)	102.07(0.00)	92.38(0.00)	95.24(0.00)	92.38(0.00)
Chi^2 (N)	530.65 (12)	542.95 (14)	558.58 (12)	542.95 (14)	517.69 (12)	542.95 (14)
Prob > chi^2	0.00	0.00	0.00	0.00	0.00	0.00
overall R^2	0.6471	0.6452	0.6433	0.6452	0.6848	0.6452

注：*、**、*** 分别表示10%、5%、1%的显著性水平；括号内为异方差稳健性标准误。hip 指韩玉雄计算的中国知识产权保护指数，wip 为 Ginarte and Park（2008）指数，ip 为人均专利授权量。所有方程均包含行业虚拟变量。

方程①、③、⑤只考虑了企业控制变量以及知识产权保护制度变量，从估计结果中可以看出，企业规模、销售收入对外商直接投资企业均具有积极的促进作用。但外资企业平均工资变量系数也为正且统计显著，即外资企业工资成本的提高将有利于 FDI，这与 Raymond et al（1991）所得出的 FDI 与工资成本成正相关关系的结论一致。他们认为，工资水平可以作为劳动力质量的代理变量，高技术人才的使用反映了企业产品质量或技术的更新，提高了企业竞争力，所以工资的增加反而会促使 FDI。同时，这也可能与估计模型中选取外资企业的平均工资作为参考变量有关。在我国，由于外资企业比内资企业给员工提供了更高的工资、更高的福利、更舒适的工作环境和更好的培训，外资企业工资成本一般高于内资企业，外资企业为员工支付的人均工资、人均福利费、人均办公费以及培训教育费分别比内资企业高出约38.9%、25%、8.1%和7.4%（亓朋、许和连等，2008）。方程②、④、⑥加入经济环境变量，结果表明，宏观因素的增加并没有改变各变量前系数的符号，但企业控制变量对 FDI 的影响强度均有一定程度减弱。

所有方程中的知识产权保护指标的系数在1%水平下均显著，说明了我国知识产权保护水平的提高对外资企业的发展具有显著促进作用。当未考虑宏观经济因素时，知识产权保护对 FDI 的促进作用较大，以 hip 指标度量的知识产权保护指数每提高1%，会带来 FDI 16.34% 的增长。将人均 GDP 和开放度纳入模型后，外在宏观经济环境的优化对 FDI 起到了一定促进作用，使得知识产权保护的促进作用有所减少，其系数分别由 0.1634、0.3910、0.2383 降为 0.0718、0.2522、0.2227。同时，知识产权保护对 FDI 促进作用的强弱随着知识产权保护水平代理指标的不同而存在差异，以 wip 为知识产权保护代理指标对 FDI 的影响要大于以 hip 度量的知识产权保护指数的影响。出现这种结果的原因在于我国的立法水平与实际执法强度之间尚存在有较大的距离。作为一个法制尚在完善中的国家，其实际执法水平要低于立法水平。wip 度量方式只考虑了专利的各种立法，扩大了实际的知识产权保护水平，而 hip 加入了执法变量进行修正，故用考虑执法的 hip 指标度量出来的影响程度低于只考虑立法的 wip 的结论。

（二）分区域的估计结果及分析

我国东、中、西部地区跨度较大，不论在经济发展水平、知识产权保护水平、吸引 FDI 等方面均存在较大的差异。如我国东、中、西三个区域的知识产权保护水平在样本期内尽管呈上升趋势，但存在明显差异。以人均专利授权量为例，2000 年东部地区人均专利授权量 0.1973 项/千人，是中部地区 0.0387 项/千人和西部地区 0.0354 项/千人的 5 倍多，明显高于中、西部地区，样本期间内其余几年也呈现相同特征。西部地区的人均专利授权量最低，但与中部地区相差不是很明显。因此，本文将我国 30 个省、市、自治区划分为东、中、西三个区域，对样本进行分区域估计①，以考察知识产权保护对 FDI 分布的区域影响。

同时，前面分析表明，以三种度量指标测度的知识产权保护指数均能显著促进 FDI，知识产权保护系数的符号及显著性均不受指标选取的影响，只有数量上的差异，因此本部分选取人均专利授权量作为度量指标进行估计，估计结果见表 2。

表 2　　　　我国知识产权保护影响外资企业的区域差异

解释变量	东部		中部		西部	
lnsale	0.2544 (0.0150)***	0.2538 (0.0150)***	0.0970 (0.0250)***	0.0971 (0.0249)***	0.1932 (0.0302)***	0.1935 (0.0303)***
lnsize	0.0636 (0.0094)***	0.0571 (0.0094)***	0.0726 (0.0334)**	0.0661 (0.0334)**	0.0489 (0.0257)*	0.0660 (0.0822)
lnfwag	0.0260 (0.0071)***	0.0246 (0.0070)***	0.0268 (0.0166)	0.0250 (0.0166)	0.0313 (0.0270)	0.0303 (0.0270)*

---

① 东部地区包括北京、天津、河北、辽宁、上海、江苏、浙江、福建、山东、广东、广西、海南；中部地区包括山西、内蒙古、吉林、黑龙江、安徽、江西、河南、湖北、湖南；西部地区包括贵州、云南、四川、重庆、陕西、甘肃、青海、宁夏、新疆等；西藏由于数据缺失本文不予计算。

续表

解释变量	东部		中部		西部	
lnIP	0.1366 (0.0136)***	0.2141 (0.0687)***	0.1593 (0.0397)*	0.3486 (0.2169)	0.0735 (0.0565)	0.0610 (0.4049)
lnagdp		0.1867 (0.0982)*		0.3484 (0.2050)*		0.7807 (0.4592)*
lnopen		0.0171 (0.0754)		0.1434 (0.0843)*		0.5614 (0.4091)
F (prob>F)	95.40 (0.00)	91.46 (0.000)	8.99 (0.00)	8.14 (0.00)	9.3 (0.00)	6.75 (0.00)
overall R^2	0.6823	0.6529	0.5542	0.5489	0.6037	0.5675

注: * 表示10%的显著性水平, ** 表示5%的显著性水平, *** 表示1%的显著性水平;括号内为异方差稳健性标准误。所有方程均包含行业虚拟变量。lnIP 为以人均专利授权量度量的知识产权保护水平的对数。

从估计结果可以看出,当只考虑知识产权保护制度变量而不考虑其他宏观经济因素时,东部、中部地区知识产权保护与 FDI 存在正向相关性,分别在1%和10%水平下统计显著,说明加强知识产权保护水平能促进该地区的 FDI。引入宏观经济因素变量后,只有东部地区知识产权保护指标前面的系数通过了显著性检验,中部与西部地区的知识产权保护指标系数均不显著。由于以人均专利授权量度量的东部知识产权保护水平较高,明显高于中、西部地区,甚至高于世界平均水平,因此,在东部地区由于较高的知识产权保护水平能增加东道国企业模仿成本,保护外资企业专有知识资产,促进 FDI。中、西部地区知识产权保护水平相对较低,投资于这些地区的外资企业主要为劳动密集型和资源获取型企业,企业所含知识资本相对较低,与知识产权相比,它们更关注企业控制变量或宏观市场环境因素,因此知识产权保护水平的提高对这些地区的 FDI 的促进作用不显著。

(三) 分行业的估计结果及分析

本部分按两位数行业分类标准将所有观测样本企业分为农副食品加工业,食品制造业,饮料制造业,纺织服装、鞋、帽制造业,医药制造业,通用设备制造业,交通运输设备制造业,通信设备、计算机及其他电子设备制造业,仪器仪表及文化、办公用机械制造业共9个行业进行行业面板分析。同时,进一步根据行业特征,将所有行业划分为高技术行业和低技术行业,估计知识产权保护对 FDI 的影响。按 2002 年 7 月国家统计局印发的《高技术产业统计分类目录的通知》,根据4位数行业分类代码,高技术行业包括航空航天器制造业、电子及通信设备制造业、电子计算机及办公设备制造业、医药制造业和医疗设备及仪器仪表制造业共五类行业。

样本集中外资企业主要集中于纺织服装、鞋、帽制造业 (1482 家) 和仪器仪表及文化办公用机械制造业（1084家），这两个行业的外资企业占了调查企业总数的1/3。从外资企业规模来看，制造业各行业的外资企业资本在样本时期内都呈上升趋势；农副食品加工业，纺织服装、鞋、帽制造业等行业的外资投入规模相对较小，饮料制造业、交通运输设备制造业等行业的投资规模相对较大。

表3为行业估计结果。与Lee和Masfield（1996）对美国100家大型跨国公司1991年数据的研究结果相似，各行业对知识产权保护程度的敏感性不一样。其中，医药制造业，通用设备制造业，通信设备、计算机及其他电子设备制造业，仪器仪表及文化办公用机械制造业对知识产权保护程度的反应在10%水平下显著为正，系数分别为0.3565、0.3426、0.1501、0.3209，以医药制造业对知识产权保护水平最敏感。显然，这些行业均属知识密集型行业，技术含量与产品附加值高，为了防止知识外溢与技术模仿，重视知识产权保护水平，因此提高我国知识产权保护水平将有利于这些知识密集型行业的FDI。而其他5个行业的知识产权保护系数均未通过显著性检验。

表3 我国知识产权保护外影响外资企业的行业差异

	lnsale	lnsize	lnfwag	LnIP	lnagdp	lnopen	R^2
农副食品加工	0.1616 (0.0357)***	0.0723 (0.0235)***	−0.005 (0.0151)	0.1964 (0.2001)	0.3148 (0.2834)	0.3516 (0.2068)*	0.6982
食品制造业	0.1883 (0.0357)***	0.0039 (0.0178)	0.0335 (0.0193)*	0.2239 (0.1980)	0.1972 (0.2850)	0.1426 (0.2152)	0.7293
饮料制造业	0.1283 (0.0395)***	0.0226 (0.0297)	0.0122 (0.0213)	0.1768 (0.2375)	0.4377 (0.6119)	0.0922 (0.0439)**	0.6718
纺织服装、鞋、帽制造业	0.2848 (0.0154)***	0.0622 (0.0217)***	0.0526 (0.0360)	0.2148 (0.1474)	0.2471 (0.2096)	0.1314 (0.0691)*	0.4629
医药制造业	0.0758 (0.0292)*	0.1252 (0.0652)*	0.0877 (0.0215)	0.3565 (0.1876)*	0.3198 (0.4232)	0.0535 (0.2904)	0.7115
通用设备制造业	0.2931 (0.0237)***	0.1034 (0.0392)***	−0.0065 (0.0169)	0.3426 (0.1761)*	0.3718 (0.1906)*	0.2432 (0.1867)	0.7028
交通运输设备制造业	0.2456 (0.0205)***	0.0170 (0.0189)	0.0075 (0.0157)	0.2552 (0.1927)	0.3103 (0.1193)*	0.0563 (0.2101)	0.7507
通信设备、计算机及其他电子设备制造业	0.2553 (0.0391)***	0.0895 (0.0239)***	0.0339 (0.0164)**	0.1501 (0.0750)*	0.2226 (0.2430)	0.0221 (0.1873)	0.6476
仪器仪表及文化、办公用机械制造业	0.2565 (0.0398)***	0.0843 (0.0260)***	−0.0014 (0.0192)	0.3209 (0.1716)*	0.2347 (0.0782)**	0.0682 (0.1910)	0.7202

续表

	lnsale	lnsize	lnfwag	LnIP	lnagdp	lnopen	R^2
高技术行业	0.2180 (0.0301)***	0.0898 (0.0187)***	0.0369 (0.0135)***	0.2502 (0.1362)**	0.2303 (0.1212)*	0.0140 (0.1476)	0.6810
低技术行业	0.2331 (0.0158)***	0.0482 (0.0104)***	0.0214 (0.0237)	0.1096 (0.0546)*	0.1828 (0.1056)*	0.0332 (0.0191)*	0.6684

注：*、**、***分别表示1%、5%、10%的显著性水平；括号内为异方差稳健标准误。lnIP 为以人均专利授权量度量的知识产权保护水平的对数。

对高技术行业与低技术行业的分析显示，正如 Maskus（1998）、Javorcik（2004）的研究所表明的，在那些产品旧、已标准化和劳动密集型行业中，投资和技术转让对知识产权保护的差异相对缺乏敏感。在我国，高技术行业和低技术行业的知识产权保护系数分别在5%和10%的显著性水平下统计显著，但高技术行业的知识产权保护指数的系数（0.2502）要明显大于低技术行业的知识产权保护指数的系数（0.1096），说明高技术行业对知识产权保护水平的变化比低技术行业敏感，也反映了知识产权保护水平的提高更能促进高技术行业的 FDI。

五、结论及启示

本文利用我国制造业6273家外资企业的平衡面板数据，采用三种知识产权保护指数代理指标，从宏观、区域及行业层面实证考察了我国知识产权保护对在华外资企业投资的影响，得到如下主要结论：

1. 我国知识产权保护水平与 FDI 具有显著正向相关性。以 WGP 指数（wip）、韩玉雄等（2005）提出的指数（hip）和人均专利授权量（patent）度量的我国知识产权保护水平的提高，均能促进 FDI。而以 wip 为知识产权保护代理指标对 FDI 的影响要大于以 hip 度量的知识产权保护指数的影响，这主要是由于我国的立法水平与实际执法强度之间尚存在有较大的距离，作为一个法制尚在完善中的国家，其实际执法水平要低于立法水平。wip 度量方式只考虑了专利的各种立法，扩大了实际的知识产权保护水平，而 hip 加入了执法变量进行了修正。

2. 我国知识产权保护对 FDI 的影响存在区域差异性。当只考虑知识产权保护制度变量而不考虑其他宏观经济因素时，加强知识产权保护水平能促进东部和中部地区的 FDI。引入宏观经济因素变量后，只有东部地区知识产权保护指标前面的系数通过了显著性检验,说明了东部地区知识产权保护水平的提高能促进 FDI,由于以人均专利授权量度量的东部知识产权保护水平较高,明显高于中、西部地区,甚至高于世界平均水平,因此,在东部地区由于较高的知识产权保护水平能增加东道国企业模仿成本,保护外资企业专有知识资产,促进 FDI。而中、西部地区知识产权保护水平相对较低,投资于这些地区的外资企业主要为劳动密集型和资源获取型企业,企业所含知识资本相对较低,与知识产权相比,它们更关注企业控制变量或宏观市场环境因素,因此知识产权保护水平的提高对这些地区的 FDI 的促进作用不显著。

3. 我国知识产权保护对外商直接的影响存在行业差异。其中,医药制造业,通用设备制造业,通信设备、计算机及其他电子设备制造业,仪器仪表及文化办公用机械制造业对知识产权保护程度的反应在 10% 水平下显著为正,且以医药制造业对知识产权保护水平最敏感;而其他 5 个行业的知识产权保护系数均未通过显著性检验。同时,高技术行业的 FDI 对知识产权保护水平变化的敏感性要强于低技术行业。

基于上述结论,我们认为以下政策建议值得考虑:(1)提高我国知识产权保护水平,以进一步吸引 FDI。(2)采用区域性的知识产权保护政策,尤其是加强中、西部地区的知识产权保护,缩小与东部地区的差距,发挥知识产权保护对吸收 FDI 的促进作用。(3)采用行业性的知识产权保护政策。对如医药制造业,通信设备、计算机及其他电子设备制造业等高技术行业进一步提高知识产权保护水平,促进 FDI 的流入;而对于一些标准化和劳动密集型的低技术行业则可采取适度保护政策,既能吸引 FDI,又能减少技术模仿成本和发挥 FDI 的外溢效应。(4)由于我国知识产权保护的立法水平与执法强度之间存在一定差距,因此,进一步提高我国知识产权保护执法水平,积极发挥知识产权保护对 FDI 的实际促进作用。

参 考 文 献

1. 黄静波、孙晓琴:"最优关税、专利保护期和 FDI——基于产品生命周期理论的模型拓展与实证分析",《数量经济技术经济研究》,2008 年第 2 期。

2. 韩玉雄、李怀祖:"关于中国知识产权保护水平的定量分析",《科学学研究》,2005 年第 6 期。

3. 赖明勇、许和连、包群:《出口贸易与经济增长:理论、模型及实证》,上海三联书店 2003 年版。

4. 李辉:"知识产权保护与我国利用外资的相关性分析",《国际商务》,2008 年第 2 期。

5. 亓朋、许和连、艾洪山:"外商直接投资企业对内资企业的溢出效应:对中国制造业企业的实证研究",《管理世界》,2008 年第 4 期。

6. 许春明、单晓光:"中国知识产权保护强度指标体系的构建及验证",《科学学研究》,2008年第8期。

7. 朱竹颖:"中国知识产权保护与FDI关系的实证研究",《中国科技信息》,2008年第6期。

8. 祝树金等:"政策优惠、经济环境影响FDI的动态效应与区域差异",《数量经济技术经济研究》,2008年第1期。

9. Alan Bevan, Saul Estrin and Klaus Meyer, 2004, *Foreign investment location andinstitu tional development in transition economies*, International Business Review, 13: 43 – 64.

10. Beata Smarzynska Javorcik, 2004, *The composition of foreign direct investment and protection of intellectual property rights: Evidence from transition economies*, European Economic Review, 48: 39 – 62.

11. Belay Seyoum, 1998, *The Impact of Intellectual Property Rights on Foreign Direct Investment*, The Columbia Journal of World Business., 50 – 59.

12. Cheng – Hsum Chen, 1996, *Regional Determinants of Foreign Direct Investment in Mainland China*, Journal of Economic Studies, 23 (2): 18 – 30.

13. Cheng, L. K, Y. K, Kwan, 2000, *What are the determinants of the location of foreign direct investment? The Chinese experience*, Journal of International Economics, 51: 397 – 400.

14. Ethier. W, Markusen, J. 1996, *Multinational firms, technology diffusion and trade*, Journal of International Economics, 41: 1 – 28.

15. Andrea Fosfuri, 2004, *Determinants of international activity: evidence from the chemical processing industry*, Research Policy, 33: 1599 – 161.

16. Glass Amy Jocelyn and Saggi Kamal, 2002, *Intellectual property right and foreign direct investment*, Journal of International Economics, 56: 387 – 410.

17. Graham Edward M and Krugman Paul, 1992, *Foreign Direct Investment in the United States*, New York: New York University Press.

18. Helpman, E, 1993, *Innovation, Imitation, and Intellectual Property Rights*, Econometrica, 61: 1247 – 1280.

19. Javorcik, B. S., 2004, *The Composition of Foreign Direct Investment and Protection of Intellectual Property Rights: Evidence from Transition Economies*, European Economic Review, 48: 39 – 62.

20. Ginarte Juan C, Walter G. Park, 1997, *Determinants of Patent Rights: A Cross – national Study*, Research Policy, 26: 283 – 301.

21. Kumar, N. 2002, *Intellectual Property Rights, Technology and Economic Develop-*

ment: Experiences of Asian Countries, Commission Background Paper 1b, London, pp. 27-35.

22. Lai, E. L. C., 1998, *International Intellectual Property Rights Protection and the Rate of Product Innovation*. Journal of Development Economics, 55: 115-130.

23. Lee, J. Y., Mansfield, E, 1996, *Intellectual Property Protection and U. S. Foreign Direct Investment*, The Review of Economics and Statistics, 78: 181-186.

24. Liu Zhiqiang, 2008. *Foreign Direct Investment and Technology Spillovers: Theory and Evidence*, Journal of Development Economics, 85 (1-2), 176-193.

25. Markus, K. E., and M. Penubarti, 1995, *How Trade-related Are Intellectual Property Rights?* Journal of International Economics, (39): 227-248.

26. Maskus K. E. 1998, *The International Regulation of Intellectual Property*, Journal of International Economics, (134): 186-208.

27. McCalman, P, 2002, *Reaping What You Sow: An Empirical Analysis of International Patent Harmonization*, Journal of International Economics, 55: 161-186.

28. Raymond De Bondt, Reinhilde Veugelers, 1991, *Strategic investment with spillovers*, European Journal of Political Economy, 7 (11): 345-366.

29. Rapp. R. T, Rozek. R. P. 1990, *Benefits and Costs of Intellectual Property Protection in Developing Countries*, Journal of World Trade, 24: 75-102.

30. Samuel Tung, Stella Cho. 2000, *The Impact of Tax Incentives on Foreign Direct Investment in China*, Journal of International Accounting, Auditing & Taxation, 9 (2): 105-135.

31. Smith P. J., 2001, *How do Foreign Patent Rights Affect U. S. Exports, Affiliate Sales, and Licenses?* Journal of International Economics, 55: 411-443.

32. Walter G. Park, 2008, *International Patent Protection: 1960-2005*, Research Policy, 37: 761-766.

33. Wheeler D and Mody A, 1992, *International Investment Location Decisions: The Case of U. S. Firms*, Journal of International Economics, 33 (1): 57-761.

34. Wei. Y and Liu X., 2006, *Productivity Spillovers from R&D, Exports and FDI in China's Manufacturing Sector*, Journal of International Business Studies, 37: .544-557.

"挤入效应"与FDI在中国的区位分布

高　越[①]

> **摘要**：中国国内各地区吸收FDI会受到国内其他地区的影响，各地区之间在吸引外资方面不仅具有竞争性，也具有一定的互补性。本文使用1990—2006年中国29个省份的面板数据，通过建立引力模型，考察了影响直接投资区位分布的因素以及东部地区吸收的FDI是否对中、西部地区吸收FDI产生"挤入效应"。结果表明：东部地区吸收的FDI对中部省份吸收FDI具有"挤入效应"，而对西部省份没有"挤入效应"；东部地区吸收的FDI对中部省份产生"挤入效应"有一个"门槛"，在越过"门槛"之后，中部省份的生产者服务越发达，则"挤入效应"越明显。
>
> **关键词**：外商直接投资　区位选择　门槛效应　生产者服务

一、引　言

FDI的迅速发展是经济全球化的一个重要特点。大多数国家，尤其是发展中国家，

[①] 作者简介：高越，男，山东理工大学经济学院讲师，经济学博士；通讯地址：山东省淄博市张店区山东理工大学经济学院（邮编：255049）；电话：13002718515；电子信箱：gaoyue@mail.nankai.edu.cn。

南开大学李荣林教授对本文的写作进行了指导，中山大学鲁晓东博士、南开大学张宇博士以及南开大学国际经济研究所博士生王威、于明言和姜茜参加了本文的讨论，并提出了有益的建议，在此对他们表示感谢。

把吸收 FDI 看做是促进经济发展的一个重要途径。很多学者从经验研究角度考察了 FDI 的区位决定因素，其中，FDI 在中国国内的区位分布一直以来是一个研究重点。由于中国地域辽阔，各地区差异较大，所以适合于考察 FDI 在国内不同地区的分布，同时又能避免考虑文化、社会、语言、政治等方面的影响，而只考虑经济因素的影响。因此，中国为考察 FDI 的区位分布提供了良好的检验样本。很多研究，例如 Coughlin 和 Segev (2000)，基于空间计量技术考察了中国国内邻近省份之间吸收 FDI 的相互影响，揭示了空间依存性的存在。

近些年来，中国吸收 FDI 保持了很高的增长速度。由于中国各个地区经济状况和资源禀赋的差异以及区域性 FDI 政策的影响，中国吸收 FDI 的地区分布呈现出明显的非均衡特征，绝大部分投资集中在东部地区，而中部和西部地区所占份额很少。近年来，中国期望东部地区吸收的 FDI 根据产业结构升级的需要，将部分产业转移到中、西部地区。由于中国东、中、西部地区特点鲜明，从合理配置的角度看，跨国公司应该根据各地区的优势，把不同的产业和不同的生产环节配置在不同的区域；同时，随着中、西部地区基础设施的完善和优惠政策的实施，部分产业和生产环节应该会逐步转移到中、西部地区。但从实践来看，这种转移效果并不明显，反而部分 FDI 转移到与中国相邻的东南亚国家。因此，研究东部地区的 FDI 是否对中、西部地区吸收 FDI 产生了"挤入效应"，以及"挤入效应"与什么因素相关，具有重要的现实意义。

与传统的考察相邻省份依存性的研究不同，本文在大的区域层面考察了东部地区在吸收外资上是否对中部和西部产生了"挤入效应"，以及如果存在"挤入效应"的话，挤入的条件是什么。本文的基本结论是：东部地区吸收的 FDI 对中部地区吸收 FDI 具有正的"挤入效应"，而对西部地区没有明显的"挤入效应"；东部地区吸收的 FDI 对中部省份产生正的挤入有一个"门槛"效应，即中部地区省份的生产者服务必须发展到一定水平，在越过"门槛"之后，该省的生产者服务越发达，则"挤入效应"越明显。

本文结构安排如下：第二部分分析了影响 FDI 区位分布的因素，其中包括地区之间的联系，这一部分还对相关的文献进行了回顾；第三部分设定计量模型，并解释了使用的变量和数据；第四部分说明了计量模型的回归方法和结果；最后一部分是结论。

二、影响 FDI 区位分布的因素与相关文献回顾

（一）地区之间的联系

从直觉上考虑，跨国公司决定在中国投资之后，需要选择一个具体的区位，东部

地区无论在硬件设施还是软件环境方面都要远优于中、西部地区，因此大多数投资集聚在东部地区是正常的。考虑到国内市场分割、运输成本、工资成本和对特殊生产要素的需求等因素，部分投资也会选择在中、西部。从这一点看，东部和中、西部地区在吸引外资上具有竞争性。

由于东部地区是最早吸收 FDI 的地区和 FDI 存量最多的地区，所以本文主要考察东部吸收的 FDI 对中、西部产生的挤入效应。东部吸收的 FDI 对中、西部产生挤入效应的渠道有以下几点：一是如果一个东部省份吸收的 FDI 对邻近省份产生正的溢出效应，通过集聚效应会导致邻近省份 FDI 的增加；二是随着生产工序的跨国分离越来越普遍，跨国公司主导的生产分割（Fragmentation）成为越来越重要的现象。跨国公司逐步把不同的生产环节配置在不同的国家和地区，建立起一个以价值增值链为纽带的一体化生产体系。如果东部吸收的 FDI 的增加带来为其提供中间产品的 FDI 的增加，当这些提供中间产品的 FDI 分布在其他地区时，此时东部和中、西部地区在吸引外资上是互补的。随着加入 WTO 后中国制造业及相关上、下游产业的进一步开放，跨国公司在加大投资力度的同时，围绕先期的投资项目，着手完善产业链条，带动以往为跨国公司配套的企业来华投资，增强在中国内部的配套能力。日本跨国公司在中国的配套率已经达到 51.3%，美国和欧盟的跨国公司在中国的配套率约在 60%~70%之间①；三是如果东部吸收的 FDI 的集聚带来企业竞争性的增强和工资成本的上升，一部分投资就会转移到中、西部或者直接选择在中、西部投资。最近几年，广东、上海、江苏一些地区不少外资生产企业也开始实行梯度转移，将生产基地转移到成本更低的中西部地区，而把管理中心和研发基地保留在东部地区②。目前，国家鼓励外商向中西部地区投资的一个政策是：外商投资企业到中、西部地区再投资的项目，凡外资比例达到 25% 以上的，均可享受外商投资企业待遇，允许沿海地区的外商投资企业到中、西部地区承包经营管理外商投资企业和内资企业。这项政策的出台有利于东部吸收的 FDI 对中、西部吸收 FDI 的带动。

（二）其他影响因素

由于中国国土面积大，各地区特点鲜明，并且存在较高程度的市场分割，因此，影响 FDI 在国家层面分布的大多数因素也影响着 FDI 在中国国内的区位分布。这些因素大致包括以下几类：

1. 经济规模。市场因素在 FDI 区位选择中发挥重要的作用。如果跨国公司把生产区位选择在市场规模较大的地区，可以接近消费者和要素市场，从而减少运输成

---

① 毛蕴诗："在华跨国公司呈现七大变化"，《中国信息报》，2003 年 2 月 11 日。
② 新华网，http://news.xinhuanet.com/fortune//2007 - 04/17/content_ 5988436. htm。

本,并且能够及时了解市场需求的变化。Kang 和 Lee（2007）认为,一个较大的经济体能够提供更多的外部规模经济和溢出效应,所以经济规模较大的省份能够吸引更多的 FDI。Coughlin 和 Segev（2000），Cassidy 和 Bernadette（2006）分别使用中国各省的 GNP 数据和 GDP 数据,潘镇（2005）采用各省 GDP 增长率和城市化水平来衡量市场规模。他们的研究都证实了市场规模因素在 FDI 区位选择中的重要作用。

除了本省的市场大小外,邻近地区的市场潜力也是影响 FDI 的一个因素。Blonigen, Davies 和 Waddell 等（2007）分别在考察日本对欧洲发达国家的投资和美国对经合组织国家的投资时,发现与较大市场相邻的区域倾向于吸收更多的 FDI。Kang 和 Lee（2007）使用中国邻近省份的 GDP 之和占中国 GDP 的比例来衡量一个省份的市场潜力,也验证了这个观点。

2. 劳动力成本。工资率是决定 FDI 流向的重要成本因素。然而,较低的工资率通常伴随着较低的生产率,所以效率工资并不一定低。因此,测度劳动力成本的最好方法应是效率工资。Broadman 和 Sun（1997）使用了名义工资,发现工资率与 FDI 流入的关系并不显著,而 Coughlin 和 Segev（2000）使用名义工资与生产率的比率,Cassidy 和 Bernadette（2006）使用名义工资与人均工业总产出的比率表示劳动力成本,他们都得出 FDI 与劳动力成本之间的负向关系。

3. 生产者服务。生产者服务满足的是商品和服务的生产者对服务的中间使用需求。随着科技进步和投资与贸易的自由化,跨国公司主导的垂直专业化和分离的生产方式越来越普遍。零部件和中间产品在不同的地区之间、不同的公司之间和同一公司不同的子公司之间广泛流动。生产者服务是将跨国公司分散的生产活动连接起来的主要纽带,良好的生产者服务能够降低生产成本,提高效率,从而吸引更多的 FDI。

一个地区的生产者服务包括能源、交通、运输、通信等多个方面,若生产者服务越完善,吸引外商直接投资的能力就越强。Broadman 和 Sun（1997）使用了高速公路、铁路和水路航线的长度之和与该省面积的比例作为衡量运输基础设施的指标；Coughlin 和 Segev（2000）使用了两个指标：一个是公路里程除以该省面积；另一个是国有航空从业人员的比例除以该省的总人口数,他们都发现了生产者服务对于吸收 FDI 的正的效应。

4. 集聚效应和"羊群效应"。Navatetti 和 Venables（2004）认为,由于知识的扩散、专业化要素的需求与供给以及企业之间的前后向关联促进了企业的集聚,追求与其他企业的邻近影响着 FDI 的区位分布。王焕祥和陆妙燕（2005）认为,跨国公司地理格局的集中,不仅表现在国家层面上,更进一步表现在次国家层面上,跨国公司进入一国后往往有规律地向某些特定领域集聚,这些特定的领域通常是东道国企业集群所在地。Zhang（2002）将中国 29 个省、直辖市和自治区 1987—1998 年的有关数据分成三个阶段来分析影响中国吸引 FDI 的竞争力,研究结果表明,随着时间的推移,集聚效应对 FDI 的吸引力正日益增强。

除了集聚现象之外,由于在异地投资面临着较多的不确定性,呈现出后投资者模仿先有投资者区位的现象(Kang 和 Lee,2007),即"羊群效应"。虽然集聚效应和羊群效应发生作用的机制不同,但二者都是导致 FDI 向同一地区集中的原因。Frank,Holger 和 Eric(2004)研究了美国公司在爱尔兰的分布,贺灿飞和魏后凯(2001)研究了 FDI 在中国的分布,验证了这两种效应都存在。

5. 其他因素。优惠的政策措施是吸引 FDI 的一个重要因素。大多数发展中国家,包括中国,都采取了特别的经济措施吸引 FDI 的流入。很多研究表明,政府在税收、关税、金融等方面的优惠措施有利于吸引 FDI。许罗丹和谭卫红(2003)的研究结果表明,政策优惠一直是中国吸引外资的重要动力。

一个省份是否沿海,是影响 FDI 区位分布的一个重要原因。沿海地区具有便利的运输条件,对吸收 FDI 具有正的影响。Coughlin 和 Segev(2000)验证了沿海省份对 FDI 具有更强的吸引力,并发现沿海变量和用经济特区、开放城市个数衡量的政策变量是高度相关的,因此二者不能同时放入模型中。如果把二者分别放入计量模型中时,二者产生的影响是一样的。同时,Coughlin 和 Segev(2000)使用是否沿海这个变量来控制其他没有考虑的因素,例如,与外国的邻近、沿海省份吸收 FDI 的经验等。

三、计量模型、变量和数据

本文使用 1990—2006 年的面板数据考察影响直接投资在中国的区位分布。由于西藏吸收的直接投资数量较少,所以省略西藏;由于重庆 1997 年才成立直辖市,所以把重庆并入四川省,所以本文共考察 29 个省份①。本文选用以下计量方程:

$$\ln(FDI_{i,t}) = \beta_0 + \beta_1 \ln(GNP_{i,t-1}) + \beta_2 \ln(wage_{i,t-1}) + \beta_3 \ln(transport_{i,t-1})$$
$$+ \beta_4 \ln(finance_{i,t-1}) + \beta_5 \ln(eastFDI_{i,t})$$
$$+ \beta_6 \ln(eastFDI_t) * \ln(transport_{i,t-1})$$
$$+ \beta_7 \ln(eastFDI_t) * \ln(finance_{i,t-1}) + \beta_8 sea_i + \varepsilon_{i,t} \tag{1}$$

---

① 本文中,东部地区包括北京、天津、河北、辽宁、上海、江苏、浙江、福建、山东、广东、海南共 11 个省市;中部地区包括山西、吉林、黑龙江、安徽、江西、河南、湖北、湖南共 8 省;西部地区包括四川、贵州、云南、陕西、甘肃、青海、宁夏、新疆、广西、内蒙古共 10 个省、市、自治区。

其中，i 表示省份；t 表示时间；GNP 表示经济规模；wage 表示劳动力成本；transport 和 finance 用来衡量生产者服务发展程度；eastFDI 表示东部地区吸收的 FDI 存量；两个乘积项分别表示 transport, finance 与 eastFDI 的交互项；sea 表示是否沿海；$\varepsilon_{i,t}$ 是随机扰动项。

被解释变量 FDI 是各省份当年吸收的 FDI 流量，用相应年度的人民币汇率中间价换算为人民币，单位为亿元。

反映各省份经济规模大小的变量（GNP），采用与 Kang 和 Lee（2007）类似的计算方法，用该省和邻近省份的国民生产总值表示，GNP 的单位为亿元。经济规模越大，吸引的投资就越多，因此其系数期望为正。

劳动力成本（wage），用在岗职工平均工资率除以劳动生产率表示，其中，劳动生产率采用 Cassidy 和 Bernadette（2006）的计算方法，即用工业总产出除以总劳动人数得到。在岗职工平均工资率和劳动生产率的单位均为百元/人。劳动力成本越低，则对 FDI 的吸引力越大，因此，劳动力成本的系数期望为负值。

生产者服务用两个指标来衡量：一是交通运输、仓储及邮电通信业增加值占 GDP 的比例，用 transport 表示；另一个是金融、保险业增加值占 GDP 的比例，用 finance 表示。对这两个数据标准化，即分别除以其中的最小值（transport 的最小值为 0.0257，finance 的最小值为 0.007）。二者的系数期望为正值。

东部地区吸收的 FDI 存量（eastFDI）是以 1990 年为 FDI 存量基期，按每年 7% 的折旧率，采用永续盘存法计算得到。

沿海或内陆用虚拟变量 sea 表示，沿海省份用 1 表示，内陆省份用 0 表示。因为大多数沿海地区较早地享受了政策上的优惠，并且已经吸引了大量的 FDI，所以 sea 除了表示交通运输的便利和与外国邻近等因素外，还表示了吸收投资的经验和积聚效应。由于 Coughlin 和 Segev（2000）发现沿海变量和用经济特区、开放城市个数衡量的政策变量是高度相关的，因此本文不再考察政策变量的影响。

Jones 和 Kierzkowski（2001）认为，生产者服务在商品生产过程的分割中起非常重要的作用，服务成本的降低会促进分割生产的发展。由于生产者服务是将跨国公司分散的生产活动连接起来的主要纽带，生产者服务发展的水平决定分散化生产的发展程度，因此，一个中西部地区省份的生产者服务水平越高，东部地区吸收的 FDI 对其产生的挤入效应就应该越大。式（1）中的两个交互项用来考察生产者服务水平对挤入效应的影响。

对于 FDI, eastFDI, GDP 和 wage，为了消除物价变动的影响，本文用国际货币基金组织的 GDP 缩减指数进行了处理①，然后取对数。有些省份某些年份 FDI 的值是

---

① GDP 缩减指数来自于 IMF, World Economic Outlook Database, October 2007 Edition。

零,无法进行对数化处理,传统的处理办法是用样本中最小的正值代替0(Eichengreen 和 Tong,2007),本文采用这种方法,用本文中最小的正值 0.002 代替 0。

本文所用数据,除 2005—2006 年各省份的 FDI 来自于各省份 2007 年统计年鉴外,其余均来自于中经网《中国经济统计数据库》。主要解释变量间的相关系数最高为 -0.45,因此,解释变量间的相关程度位于可接受的范围内。

四、方法与结果

在这一部分中,先用 1990—2006 年 29 个省份的数据建立一个计量模型,以考察各个解释变量对 FDI 区位分布的影响,然后分别考察东部吸收的 FDI 对中部和西部吸收 FDI 的影响。考虑到时滞问题,除虚拟变量 sea 和东部地区吸收的直接投资 Ln(eastFDI)外,其他解释变量均滞后一期。

在考察东部吸收的 FDI 对中部和西部吸收 FDI 的影响时,由于解释变量 Ln(eastFDI)和被解释变量(中、西部吸收的 FDI)受到共同因素的影响,例如,世界投资信心的高涨和低迷,所以 Ln(eastFDI)和中、西部吸收的 FDI 可能存在联立内生性。模型中可能遗漏的其他变量也会导致 Ln(eastFDI)和随机误差项之间产生相关性。因此,本文通过引入工具变量解决内生性问题。一个良好的工具变量应该既是外生的,并且又和 Ln(eastFDI)高度相关。借鉴 Eichengreen 和 Tong(2007)的方法,本文使用东部地区的 GDP 作为工具变量。

表 1 中回归方程(1)考察了各个变量对 FDI 区位分布的影响,样本范围为所有 29 个省份。由于模型中含有不随时间变化的解释变量 sea,所以模型采用时间固定效应。为了消除模型中潜在的时期异方差和同期相关,加权项选用 Period SUR。加权后,DW 值从没有加权的 0.32 达到 1.95。从回归结果看,各变量的系数符号与预期一致,并且显著性水平都较高。除了 wage 在 5% 的显著性水平上通过检验外,其他变量均在 1% 的显著性水平上通过了检验。

表 1 中回归方程(2)考察了在不考虑东部的挤入效应时,中部 8 个省份 FDI 区位分布的决定因素。模型估计方法采用截面固定效应①。为了克服模型中潜在的截面异方差和同期相关,加权项选择 Cross - section SUR。加权后,DW 值从没有加权的 0.81 达到 1.77。从回归结果看,各变量的系数符号与预期一致,并且均在 1% 的显

---

① 由于表 1 中的回归方程(3)和(4)中含有不随截面变化的解释变量 Ln(eastFDI),为了便于与他们作比较,回归方程(2)的估计方法采用截面固定效应。

著性水平上通过了检验。

表1中回归方程（3）在回归方程（2）的基础上，增加了东部地区吸收的FDI作为解释变量。估计方法采用截面固定效应，加权项选择Cross-section SUR，并使用东部地区的GDP作为Ln（eastFDI）的工具变量。回归方程（3）的拟合优度为0.94，高于方程（2）的0.88。在加入了东部地区吸收的直接投资Ln（eastFDI）作为解释变量后，反映经济规模大小的变量（GDP）不再显著，其他解释变量均通过至少5%或1%的显著性水平检验。回归结果显示，东部地区的GDP对中部地区吸收的FDI具有挤入效应，东部地区吸收的GDP每增加1%，会使中部地区吸收的FDI增加0.8%。

表1中回归方程（4）在回归方程（3）的基础上，加入了Ln（eastFDI）分别与Ln（transport）和Ln（finance）的交叉项，以考察Ln（transport）和Ln（finance）对挤入效应的影响。回归方程（4）与回归方程（3）相比，拟合优度没有变化，但DW值得到了提高。回归结果发现Ln（eastFDI）与Ln（transport）、Ln（finance）的交互项分别在5%和1%的显著性水平上通过检验。计算被解释变量与Ln（eastFDI）的偏导数，得

$$\partial \ln(FDI_{i,t})/\partial \ln(eastFDI_t) = 0.90\ln(transport_{i,t-1}) + 1.29\ln(finance_{i,t-1}) - 4.90 \tag{2}$$

表1　　　　所有省份以及中部地区FDI区位分布的决定因素

	回归方程（1）	回归方程（2）	回归方程（3）	回归方程（4）
β_0	-8.59 (-13.0)**	-5.98 (-5.76)**	-4.11 (-5.86)**	-19.5 (-4.12)**
$\ln(GDP_{i,t-1})$	1.26 (12.0)**	1.45 (10.77)**	0.39 (1.31)	0.18 (1.49)
$\ln(wage_{i,t-1})$	-0.36 (-2.34)*	-3.04 (-7.12)**	-3.49 (-5.34)**	-5.19 (-8.58)**
$\ln(transport_{i,t-1})$	0.43 (2.90)**	0.94 (6.10)**	0.34 (2.19)*	5.29 (2.15)*
$\ln(finance_{i,t-1})$	0.32 (4.02)**	0.54 (10.6)**	0.34 (7.63)**	7.42 (4.75)**
sea_i	1.00 (4.77)**			
$\ln(eastFDI_{i,t})$			0.80 (11.99)**	-4.90 (-5.58)**
$\ln(eastFDI_t)$ $*\ln(transport_{i,t-1})$				0.90 (2.05)*

续表

	回归方程（1）	回归方程（2）	回归方程（3）	回归方程（4）
$\ln(eastFDI_t)$ $*\ln(finance_{i,t-1})$				1.29 (4.64)**
R - squared	0.67	0.88	0.94	0.94
DW	1.95	1.77	1.59	1.63
样本数	464	128	128	128
方法	时间固定效应 Period SUR; EGLS	截面固定效应; Cross - section SUR; EGLS	截面固定效应; Cross - section SUR; Two - stage EGLS	截面固定效应; Cross - section SUR; Two - stage EGLS

注：表中省略了时间或省份虚拟变量；括号内的数字为 t 值；** 和 * 分别表示在 1%、5% 显著水平通过检验。

要使东部吸收的 FDI 对中部具有挤入效应，式（2）必须大于 0，也就是要有一个"门槛"，只有当式（2）大于 0 时，东部吸收的 FDI 才会对中部有正的挤入效应，在满足这个条件下，中部省份的生产者服务越发达，即 Ln（transport）和 Ln（finance）越大，东部吸收的 FDI 对中部的挤入效应就越大。

表 2 中，回归方程（5）考察了在不考虑东部的挤入效应时，西部 10 个省份 FDI 区位分布的决定因素。估计方法采用截面固定效应①，加权项选择 Cross - section SUR。从回归结果看，各变量的系数符号与预期一致。除了 Ln（finance）在 10% 的显著性水平上通过检验外，其余解释变量在 1% 的显著性水平上通过检验。回归方程（6）在回归方程（5）的基础上，增加了东部地区吸收的直接投资 Ln（eastFDI）作为解释变量，并使用东部地区的 GDP 作为 Ln（eastFDI）的工具变量。回归结果显示，Ln（eastFDI）没有通过 10% 的显著性水平检验。在回归方程（6）的基础上，回归方程（7）加入了 Ln（eastFDI）分别与 Ln（transport）、Ln（finance）的交互项作为解释变量，结果表明二者均未通过显著性水平检验。因此，东部地区吸收的直接投资对西部地区吸收的直接投资没有明显的挤入效应。这一方面可能是由于西部地区与东部地区距离较远，另一方面是由于西部地区的生产者服务不如中部地区发达，从而抑制了挤入效应的产生。

---

① 由于表 2 中的回归方程（6）中含有不随截面变化的解释变量 Ln（eastFDI），为了便于与之比较，回归方程（5）的估计方法采用截面固定效应。

表2　　　　　　　　　　　西部地区 FDI 区位分布的决定因素

	回归方程（5）	回归方程（6）	回归方程（7）
β_0	-11.76 (-12.40)***	-10.21 (-11.1)***	-12.35 (-10.2)***
$\ln(GDP_{i,t-1})$	2.32 (15.83)***	1.56 (9.21)***	1.34 (10.31)***
$\ln(wage_{i,t-1})$	-3.82 (-6.21)***	-3.38 (-5.24)***	-5.36 (-6.26)***
$\ln(transport_{i,t-1})$	0.82 (11.68)***	0.45 (3.70)***	2.63 (3.57)***
$\ln(finance_{i,t-1})$	0.11 (1.81)*	0.62 (9.02)***	1.86 (6.42)***
$\ln(eastFDI_{i,t})$		0.13 (1.34)	-2.32 (-1.27)
$\ln(eastFDI_t)$ $*\ln(transport_{i,t-1})$			0.81 (1.05)
$\ln(eastFDI_t)$ $*\ln(finance_{i,t-1})$			1.50 (1.46)
R-squared	0.96	0.97	0.97
DW	1.93	1.94	1.93
样本数	160	160	160
方法	截面固定效应； Cross-section SUR; EGLS	截面固定效应； Cross-section SUR; Two-stage EGLS	截面固定效应； Cross-section SUR; Two-stage EGLS

注：表中省略了省份虚拟变量；括号内数字为 t 值；***、** 和 * 分别表示在 1%、5% 和 10% 的显著性水平通过检验。

五、结　论

本文考察了 FDI 在中国的区位分布，一个省份的市场容量越大、劳动力成本越低和生产者服务越发达，吸收的直接投资就越多；一个省份如果沿海的话，有利于吸收更多的直接投资。由于东部地区在以上几方面占据优势，所以东部地区在吸引直接投资方面领先于中部和西部地区。为了更多地吸引外资，中、西部地区应该加快经济发展、降低劳动力成本和发展生产者服务业。

不同地区在吸收直接投资方面存在一定的相互影响,东部地区吸收的直接投资会对中部地区吸收直接投资产生正的挤入效应,东部地区吸收的FDI对中部省份产生正的挤入有一个"门槛"效应,即中部地区的生产者服务必须发展到一定水平,在越过"门槛"之后,中部地区的生产者服务越发达,则挤入效应越大。西部地区由于与东部距离较远,而且生产者服务发展水平不高,所以东部地区吸收的直接投资对其没有产生明显的挤入效应。对于中部地区来说,要积极发展生产者服务业,充分利用东部地区的挤入效应。对于西部地区来说,也应当大力发展生产者服务业,创造条件,促使东部地区的FDI对西部地区吸收FDI产生正的挤入效应。

参 考 文 献

1. 贺灿飞、魏后凯:"信息成本、集聚经济与中国外商投资区位",《中国工业经济》,2001年第9期。

2. 潘镇:"外商直接投资的区位选择:一般性、异质性和有效性——对江苏省3570家外资企业的实证研究",《中国软科学》,2005年第7期,第100~108页。

3. 许罗丹、谭卫红:"外商直接投资集聚效应在我国的实证分析",《管理世界》,2003年第7期,第38~44页。

4. Blonigen Bruce A, Davies Ronald B, Waddell Glen R, and Naughton, Helen T., *FDI in space: Spatial autoregressive relationships in foreign direct investment*, European Economic Review, 2007, 51 (5): 1303 – 1325.

5. Broadman Harry G. and Xiaolun Sun, *The Distribution of Foreign Direct Investment in China*, The World Economy, 1997, 20 (3): .339 – 361.

6. Cassidy John F. and Bernadette Andreosso – O'Callaghan, *Spatial determinants of Japanese FDI in China*, Japan and the World Economy, 2006, 18: 512 – 527.

7. Coughlin Cletus C. and Eran Segev, *Location Determinants of New Foreign – Owned Manufacturing Plants*, Journal of Regional Science, 2000, 40 (2): 323 – 351.

8. Frank Barry, Holger Görg and Eric Strobl, *Foreign direct investment, agglomerations, and demonstration effects: An empirical investigation*, Review of World Economics, 2004, 140 (3): 583 – 600.

9. Eichengreen Barry and Tong Hui, *Is China's FDI coming at the expense of other countries*, Journal of the Japanese and International Economies, 2007, 21 (2): 153 – 172.

10. Jones Ronald and Kierzkowski Henryk, *A Framework for Fragmentation*, in Arndt

Sven W. and Henryk Kierzkowsk eds. , *Fragmentation: New Production Patterns in the World Economy*, Oxford University Press 2001.

11. Kang Sung Jin and Hong Shik Lee, *The determinants of location choice of South Korean FDI in China*, Japan and the World Economy, 2007, 19 (4): 441 – 460.

12. Navaretti Giorgio Barba and Anthony J Venables, *Multinational Firms in the World Economy*, Princeton University Press, 2004.

13. Zhang Kevin Honglin, *Why does China receive so much Foreign Direct Investment*, China & World Economy, 2002, 3: 49 – 58.